U0792543

电力营销项目过程管控

培训手册

国网浙江省电力有限公司衢州供电公司　组编

周　俊　主编

中国电力出版社

CHINA ELECTRIC POWER PRESS

内 容 提 要

本书结合供电企业营销项目管理和实施工作中的问题，对电力营销项目的前期准备、实施、终结和检查4个不同阶段进行整理归纳，简述各环节要素并进行专题剖析，辅以丰富的案例和图片，让实际营销项目执行人员会查阅并快速学会操作方法。

本书主要内容有前期准备阶段，包括项目可行性研究管理、项目储备和计划管理；项目实施阶段，包括项目初步设计管理、项目采购管理、项目合同管理、项目物资管理、项目施工管理；项目终结阶段，包括项目竣工验收管理、项目结算管理；项目检查阶段，包括项目决算审计和转资、项目档案管理、项目评价和检查。

本书可作为项目营销管理人员学习，查阅相关制度要求、操作流程、信息填报和执行要点等内容的操作指南。

图书在版编目（CIP）数据

电力营销项目过程管控培训手册 / 周俊主编；国网浙江省电力有限公司衢州供电公司组编 .—北京：中国电力出版社，2019.12

ISBN 978-7-5198-4191-1

Ⅰ.①电… Ⅱ.①周… ②国… Ⅲ.①电力工业—市场营销学—手册
Ⅳ.① F407.615-62

中国版本图书馆 CIP 数据核字（2020）第 019108 号

出版发行：中国电力出版社
地　　址：北京市东城区北京站西街 19 号（邮政编码 100005）
网　　址：http://www.cepp.sgcc.com.cn
责任编辑：孙世通（010-63412326）
责任校对：黄　蓓　郝军燕
装帧设计：北京宝蕾元科技发展有限责任公司
责任印制：钱兴根

印　　刷：三河市百盛印装有限公司
版　　次：2020 年 9 月第一版
印　　次：2020 年 9 月北京第一次印刷
开　　本：710 毫米 ×1000 毫米　16 开本
印　　张：16.5
字　　数：244 千字
定　　价：45.00 元

编委会

编写组

前　言

营销项目是指为了落实电网企业决策部署、实施营销发展规划、保证营销业务正常运转，利用成熟、适用和先进的技术、设备等，提升营销服务能力或对营销设施、设备和装置进行建设、改造、修理而形成的相对独立的项目，主要包括营销建设改造项目、营销维修维护项目和营销检修试验项目。营销项目质量、工期和造价将直接影响电网企业的形象和经营效益。

近年来，地市（县）供电企业为了适应不断变化的市场形势，更好地服务客户和完成公司业务发展，机构和人员频繁地发生变动和适应性调整。通过对各级营销项目人员的管理和操作水平进行调研，发现存在两个问题：一是管理人员靠经验讲课，培训时缺乏实用的操作教材；二是实际执行人员短时间无法理解和学会营销项目的管理要求和操作流程，缺乏可查阅的工具书，不知道对应阶段该怎么做。以上问题造成营销项目实施过程中会有发生操作不规范、影响财务或物资等公司指标的情况。为了促进多元融合的高弹性电网建设，快速提升营销项目管理人员、项目负责人、项目支付及领料等实际操作人员的技能水平，方便专业人员学习、查阅相关制度要求、操作流程、信息填报和执行要点等内容，国网衢州供电公司市场营销部牵头组织所属各级相关单位营销项目管理专家共同编写了本书。

本书结合现有国家电网有限公司和国网浙江省电力有限公司的相关规定，借助各级基层单位优秀员工的经验进行开发。作者希望将本书内容融入业务培训、项目实施过程中，让实际执行人员会查阅并快速学会操作方法，提高工作效率；让培训有教材可学；让新老交替管理人员可以快速提升业务熟练度。同时，为本单位营销项目规范执行，提供可执行、可学习、可参考，易学易用的项目操作指南。

本书在编写过程中得到诸多同仁的支持与帮助，在此致以诚挚的谢意！随着技术的进步、系统的更新，本书内容也将不断滚动修编。书中不足之处，敬请读者批评指正，提出宝贵意见。

编者

2019 年 11 月

目录
CONTENTS

前　言

第一章　前期准备阶段……1

第一节　项目可行性研究管理……3

第二节　项目储备和计划管理……6

第二章　项目实施阶段……15

第一节　项目初步设计管理……17

第二节　项目采购管理……18

第三节　项目合同管理……80

第四节　项目物资管理……83

第五节　项目施工管理……152

第三章　项目终结阶段……155

第一节　项目竣工验收管理……157

第二节　项目结算管理……160

第四章　项目检查阶段……209

第一节　项目决算审计和转资……211
第二节　项目档案管理……212
第三节　项目评价和检查……212

附　录……215

附录 A　国家电网有限公司营销项目管理系统操作手册……215
附录 B　省公司营销项目精益化管控平台简介……217
附录 C　经法系统操作手册……228

CHAPTER 1

第一章
前期准备阶段

第一节　项目可行性研究管理

一、营销项目需求征集

营销项目需求征集主要工作包括编制申报要求、项目清册需求征集、前期勘查、勘查批复和收资等。

（一）编制申报要求

营销项目储备应符合营销发展重点方向，保障营销重点工作开展。申报要求应根据国家电网有限公司、省公司的要求和原则进行细化落实，如图 1–1 所示。

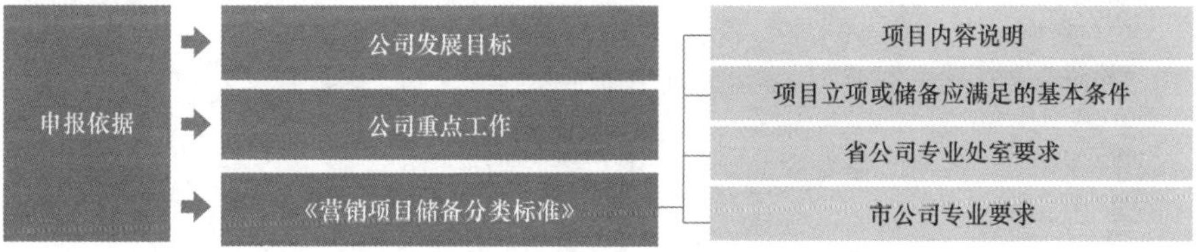

图 1–1　编制项目申报要求

（二）项目清册需求征集

项目管理专职根据《营销项目储备分类标准》和储备工作通知要求组织各单位进行需求征集。项目管理专职按照省公司统一下发的提资模板，组织各项目管理人员填报相关项目储备的建设规模、建设现状和必要性，如图 1–2 所示。

项目 名称	充分体现该项目特点，一般规范为“项目单位+项目二级分类”，项目单位明确到市、县
项目 内容	应描述清楚项目建设主要内容、规范和规模
总投资	跨年度实施项目总投资为当年投入与其他年度投入之和，不跨年度实施的项目总投资等于当年投入
项目 可行性研究情况	选填：未编制、已编制，未批复、已批复
项目 类别	选填：限上项目、限下项目、零星项目

图 1-2　项目清册需求征集

（三）前期勘查

对于涉及批量计量箱改造工程的施工类项目，各项目单位应按台区、小区、村为单位开展单元工程勘查工作，并完成单元工程勘查记录，形成项目勘查报告，如图 1-3 所示。

组织	现场查勘	编制报告
组织本单位人员或外委单位进行查勘。外委单位进行的勘查项目，需先根据项目管理要求，完成勘查外委招投标工作	对现场改造范围、现状、改造数量等进行查勘,并拍照进行记录	形成 项目勘查报告

图 1-3　前期勘查

（四）查勘批复与收资

市公司项目管理专职组织对各单位项目勘查报告进行审查，形成勘查报告审查意见。项目管理单位按照省公司《项目标准分类提资模板》进行可行性研究资料收集提报，主要包括项目必要性勾选和工程量测算等。项目管理单位按照省公司《项目标准分类提资模板》进行可行性研究资料收集提报，主要包括项目必要性勾选和工程量测算。各级营销部应审查各单项工程所包含的单元工程项目内容清单和勘查报告，并出具项目审查报告，根据审查报告进行项目必要性勾选和工程量测算。

营销项目储备库按照分级编制、逐级提报方式建立：

（1）县供电企业营销部（客户服务中心）收集、整理本单位下年度营销项目需求，并编制下年度营销项目储备汇总表、项目可行性研究报告（项目说明书），确定项目重要性等级，经本单位初审后上报地市供电企业。

（2）地市供电企业营销部（客户服务中心）组织对各县供电企业项目需求进行审核，并编制本单位下年度营销项目储备汇总表、项目可行性研究报告（项目说明书），根据项目重要性等级总体进行排序，上报省公司营销部。

（3）省公司营销部联合发展部和财务部组织对地市供电企业上报的营销项目储备进行评审，根据项目重要性等级总体进行排序，完成可行性研究评审后形成营销项目储备库。

二、营销项目可行性研究管理

（一）营销项目可行性研究报告编制

营销项目可行性研究工作须与营销项目储备库建设同步开展。营销限上项目、投资在 200 万元及以上的营销限下项目编制可行性研究报告，其余项目可编制项目说明书。

项目可行性研究报告主要内容包括项目必要性、项目建设目标、项目内容及建设方案、主要设备材料清册、投资估算书、效益分析等。

项目说明书主要内容包括项目必要性、项目内容、项目方案、投资估算等。

项目可行性研究应合理测算项目投资规模，严禁估列费用。营销项目取费标准原则上参照《国网浙江省电力有限公司营销项目工作事项库》(2018 年版)、《国网浙江省电力有限公司营销项目费用标准与计算规定》(2018 年版)、《国网浙江省电力有限公司营销项目消耗量预算标准》第一册《安装工程》(2018 年版)、《国网浙江省电力有限公司营销项目消耗量预算标准》第二册《建筑工程》(2018年版)、《国网浙江省电力有限公司营销项目消耗量预算标准》第三册《维修维护项目》(2018年版)、《国网浙江省电力有限公司营销项目消耗量预算标准》第四册《检修试验项目》(2018年版)等执行，其他未涵盖部分可参照国家及地方、行业及国家电网有限公司相关标准执行。

已批复可行性研究的营销项目，在实施中如果可行性研究条件或实施情况（如项目必要性、建设目标、主体建设内容）发生变化，须重新编制、审批可行性研究研报告（项目说明书）。

（二）营销项目可行性研究报告评审

营销项目可行性研究评审要侧重于项目必要性、项目主要技术方案可行性、项目投资测算合理性。

营销项目可行性研究报告（项目说明书）应由省经研院组织评审，未履行可行性研究评审程序的，不得纳入项目储备。涉及批量计量箱改造工程的施工类项目未提交市公司项目审查报告的，不得纳入评审。

第二节　项目储备和计划管理

一、项目储备和计划管理流程

项目储备和计划管理流程如图1–4所示。

（1）营销项目储备是编制年度项目计划和预算的重要基础，公司本部、各单位编制或调整年度营销项目计划和预算时，所安排项目均应从项目储备库中进行选择，未纳入储备库的项目不得列入年度计划和预算。根据项目性质和投资规模，营销项目可分为限上项目和限下项目。限上项目是指单项投资在1000万元及以上的营销项目和国家电网有限公司营销部确定的营销重大项目；限下项目是指单项投资在1000万元以下的营销项目。

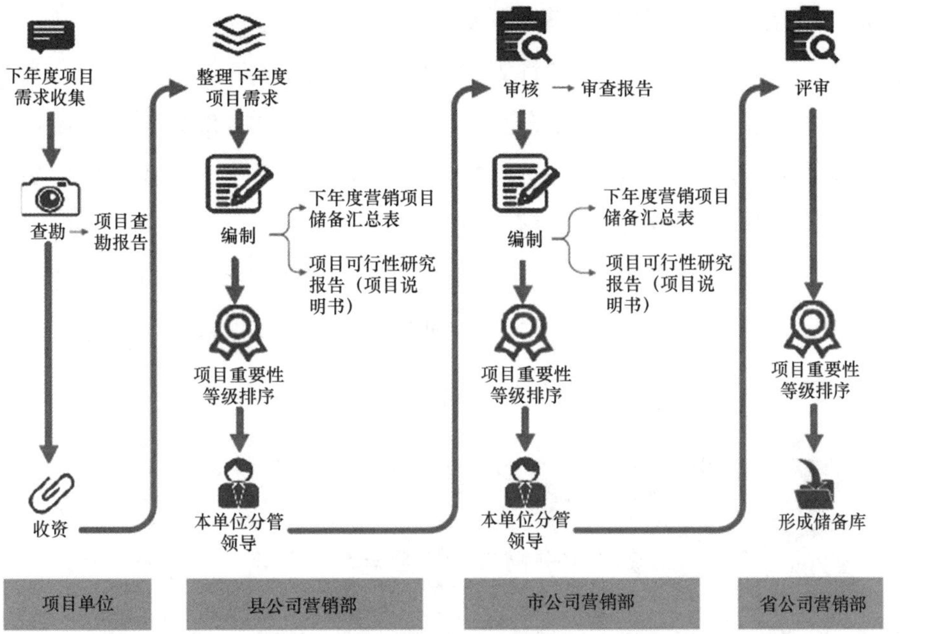

图 1-4　项目储备和计划管理流程

（2）按照专业管理分类，营销项目储备一般可分为用电营业类、电能计量类、市场与能效类、智能用电类和供电服务类五类，具体以国家电网有限公司发布的分类为准。

用电营业类项目主要包括与电费抄核收、营业业务、营销服务移动作业应用、互动服务渠道建设、营配调贯通和数据梳理、营业网点标准化建设与改造、营业厅服务提升、分布式电源接入和营销自动化等业务相关的项目。

电能计量类项目主要包括与电能计量装置、用电信息采集系统、“多表合一”信息采集建设、检测能力建设、计量体系建设及改造等业务相关的项目。

市场与能效类项目主要包括与电能替代、综合能源服务、能效与节能管理、市场化体系建设、需求侧管理、自备电厂、有序用电等业务相关的项目。

智能用电类项目主要包括与电动汽车充换电网络建设运营、充换电设施安全防护及升级改造、客户侧分布式电源服务及储能应用推广、智能用电推广等业务相关的项目。

供电服务类项目主要包括与 95598 供电服务、用电检查及客户用电安全管理、反窃电、稽查管理等业务相关的项目。

（3）营销项目储备按照重要性等级进行分级，主要分为A级、B级、C级、D级四个级别：①A级为关系安全生产的刚需项目；②B级为服务经营发展的基本项目；③C级为服务长远发展需要的优化提升项目；④D级为在投入能力富余的情况下可安排实施的预备项目。

（4）公司营销部按照国家电网有限公司统一安排，根据营销发展规划和重点工作方向，一般在每年二季度下发通知启动下一年度营销项目储备库编制，并明确编制、评审等时间计划安排，如图1-5所示。

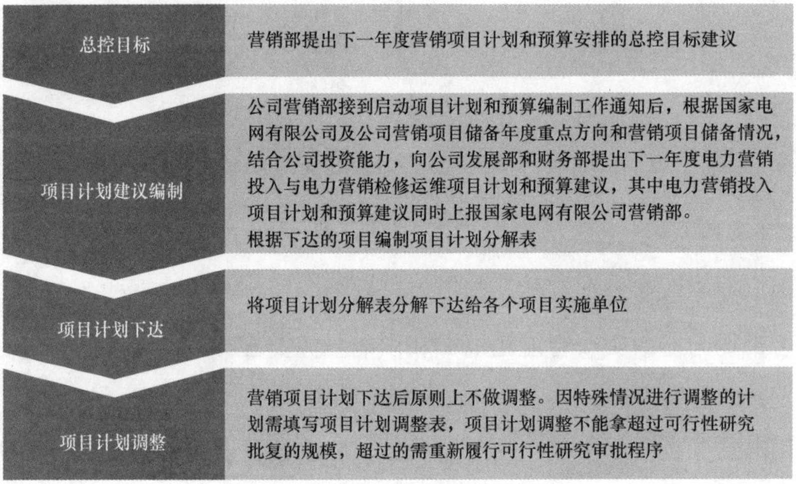

图1-5　项目计划管理

营销项目计划和预算是国家电网有限公司综合计划和全面预算的组成部分，纳入公司综合计划和全面预算进行管理。国家电网有限公司营销部根据公司营销发展形势，结合营销项目储备和各单位提出的营销专项投入规模建议情况，经与国家电网有限公司发展部和财务部沟通，提出下一年度营销项目计划规模和预算安排建议。各单位营销项目管理部门根据国家电网有限公司下达的年度营销项目投入规模和预算安排及营销项目储备情况，结合本单位投资能力，开展营销项目计划和预算建议编制工作，并报送本单位发展部和财务部。

项目计划和预算的确定，坚持局部服从全局、专项服从综合、各种要素优化配置的原则。年度营销项目投入规模和预算由国家电网有限公司发展部和财务部分别纳入公司综合计划规模和全面预算统一下达。年度营销项目投入规模和全面预算下达后，各单位可根据具体情况分批分解项目计划。各单位要严格执行公司下达的营销项目计划和预算，严禁计划和预算外安排项目。营销项目计划下达后原则上不做调整。因涉及国家、地方及行业政策，企业经营情况变化，电网安全运行等突发性原因需要调整的项目，应按公司综合计划和全面预算管理办法有关规定程序办理。因自然灾害或不可抗力突发的、威胁电网安全的应急项目及公司决策急需实施的营销项目等，由省公司营销部组织审核，按公司相关管理文件和项目建设程序可先组织实施。

1）各单位在项目开始实施 20 个工作日内履行项目储备入库程序。

2）如需调整本单位营销专项计划和预算规模，向总部提出调整建议，国家电网有限公司营销部会同发展部和财务部，履行公司决策程序后，统一纳入综合计划和预算调整。

项目计划下达后，可通过国家电网有限公司营销项目管理系统和省公司营销项目精益化管控平台对营销全过程进行可视化管控，具体操作见附录 A 和附录 B。

二、项目计划下达 ERP 操作

（一）程序导入方式搭建项目架构

省公司统一创建项目定义及首层 WBS 元素后，根据项目编码，各单位营销项目管理人员可以通过项目 WBS 架构创建程序自动搭建营销投入项目架构。

系统菜单及交易代码如图 1-6 所示。

ERP 菜单	ZPS11002 搭建项目架构（开发程序，无菜单路径）
事务代码	ZPS11002

图 1-6　系统菜单及交易代码

系统操作及栏位解释如图 1-7 所示。

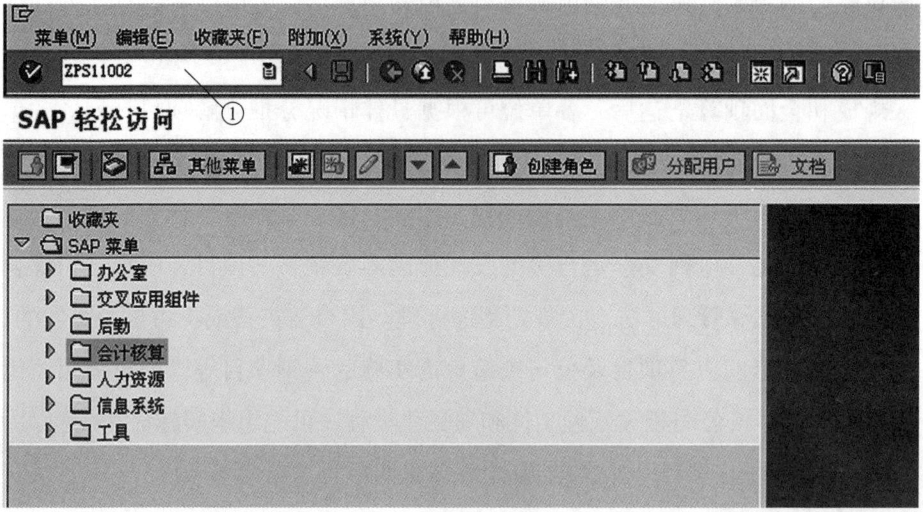

图 1-7 系统操作及栏位解释

（1）在交易代码栏输入交易代码“ZPS11002”（如图 1-7 中①所示），回车或单击。

（2）输入需要搭建项目架构的项目编码，如图 1-8 中②所示。

（3）选择输入标准 WBS 模板编码，如图 1-8 中③所示。

（4）输入“项目开始日期”，项目完成日期为非必输项，如图 1-8 中④所示。

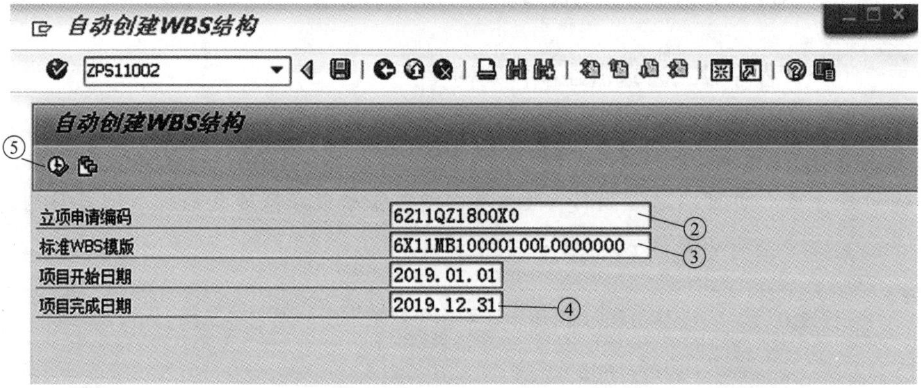

图 1-8 自动创建 WBS 结构

（5）单击进行创建（如图 1–8 中⑤所示），系统自动完成项目 WBS 架构搭建工作（如图 1–9 所示），回车可进入 CJ20N 项目构造器查询项目结构（如图 1–10 所示）。

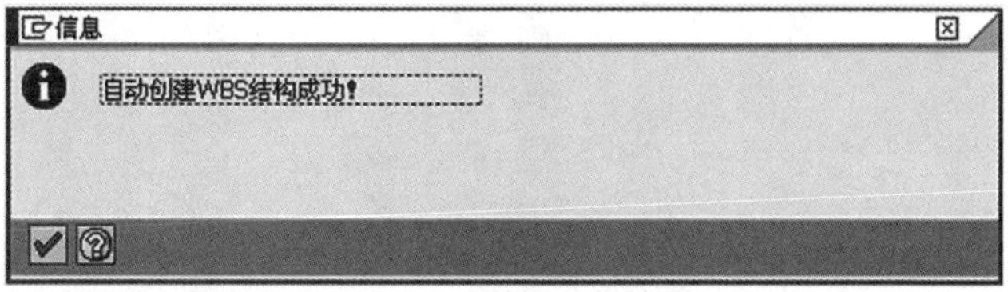

图 1–9　项目 WBS 架构搭建完成

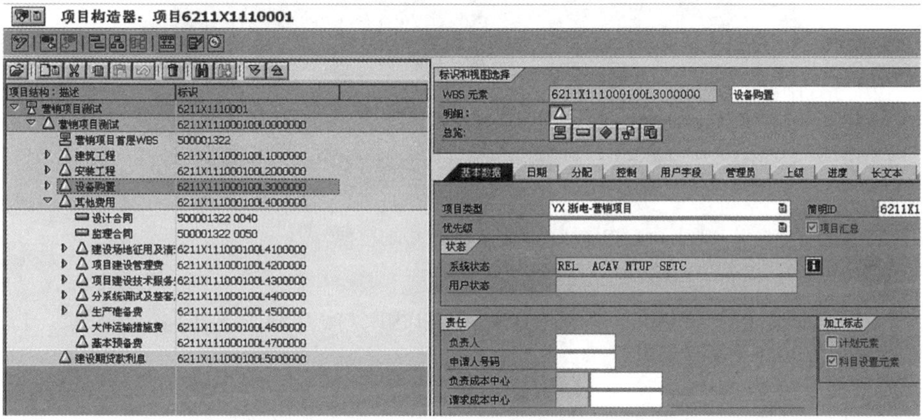

图 1–10　查询项目结构

（二）项目计划下达

项目经过财务审核，由项目管理部门在系统中对项目执行下达的操作，项目计划下达后才可以进行相关物资采购、服务采购需求的提报。

系统菜单及交易代码如图 1–11 所示。

ERP 菜单	后勤 → 项目系统 → 项目 →CJ20N- 项目构造器
事务代码	CJ20N

图 1–11　系统菜单及交易代码

系统操作及栏位解释如图 1–12 所示。

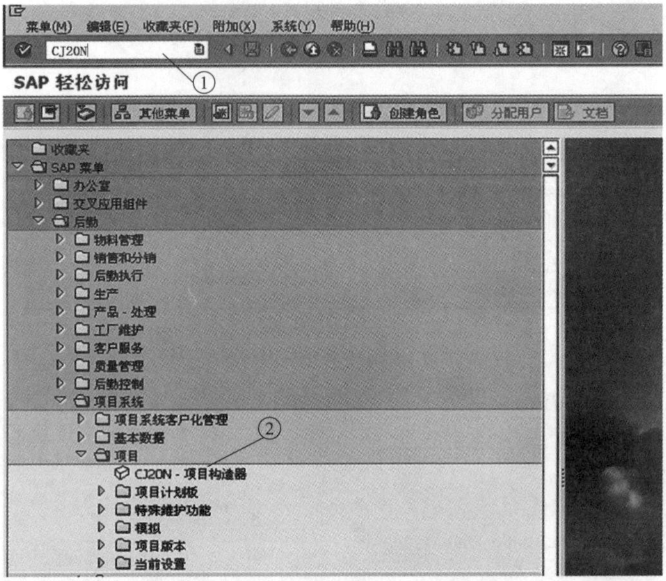

图 1–12　系统操作及栏位解释

（1）在交易代码栏输入交易代码“CJ20N”，回车或者单击，如图 1–12 中①所示。

（2）在 SAP 菜单中根据路径找到“CJ20N–项目构造器”，双击进入，如图 1–12 中②所示。

通过以上两种方式都可以进入“项目构造器”主界面，如图 1–13 所示。

（3）单击按钮，在弹出的对话框“打开项目”中输入项目定义，如图 1–13 中③所示。

（4）项目定义：输入需要处理的项目定义，如图 1–13 中④所示。

（5）回车或者单击，打开项目，如图 1–13 中⑤所示。

（6）选中项目定义层，单击菜单编辑 – 状态 – 下达，如图 1–14 中⑥所示。

（7）状态设置成功，单击按钮，系统回到“项目构造器”界面，如图 1–15 中⑦所示。

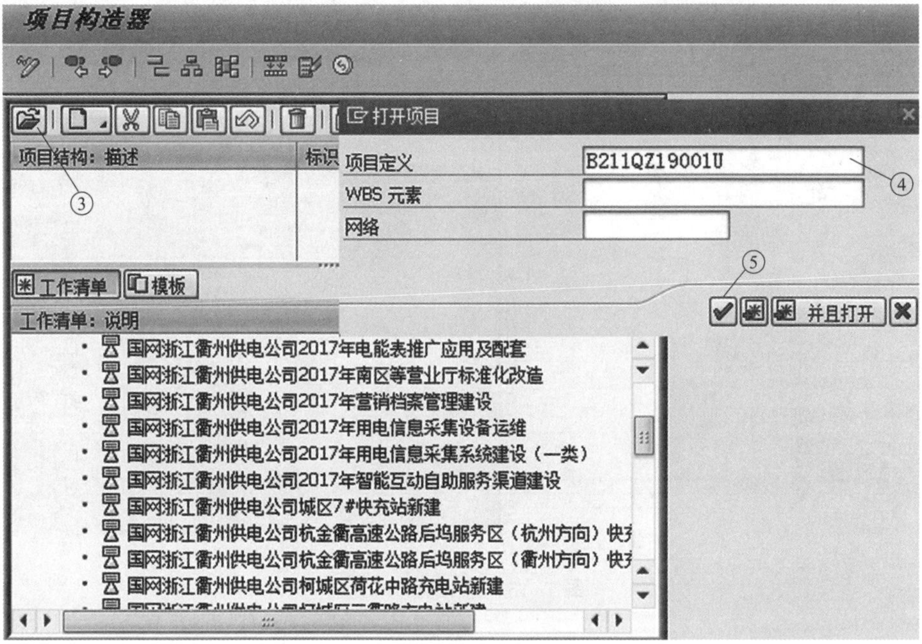

图 1-13　项目构造器中查询项目

注：项目下达是财务能否记账、物资能否发货到项目的前提条件，完成项目计划下达操作后系统状态将由“CRTD”变成“REL”。

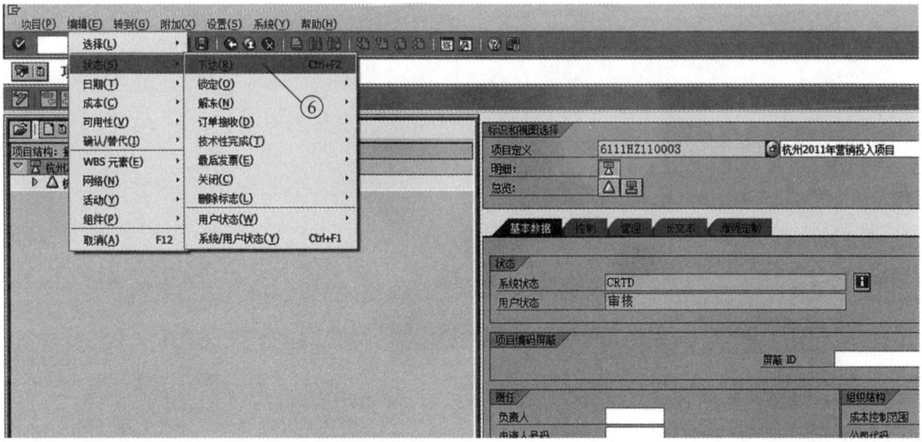

图 1-14　查询需处理的项目

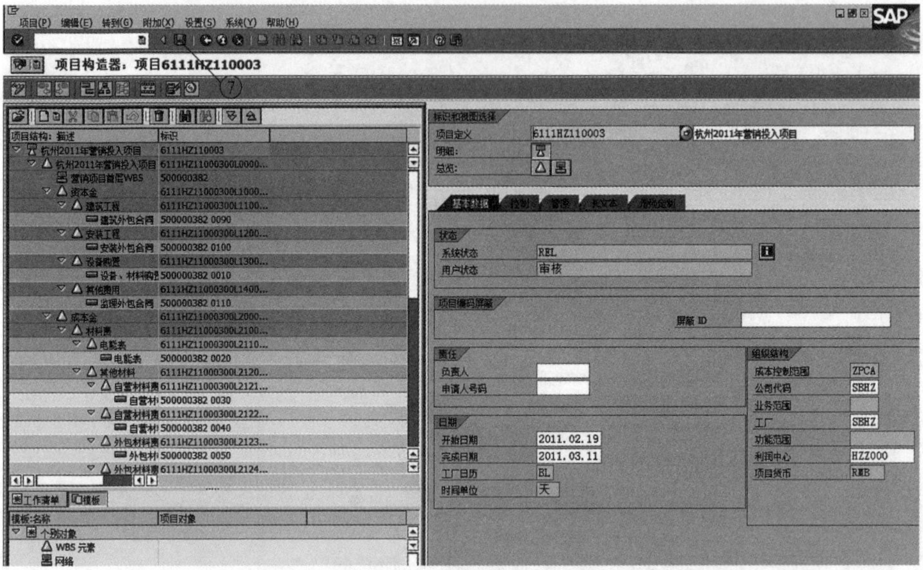
项目(P) 编辑(E) 转到(G) 附加(X) 设置(S) 系统(Y) 帮助(H)
项目构造器：项目6111HZ110003
⑦
标识和视图选择
项目定义
6111HZ110003
杭州2011年营销投入项目
明细:
总览:
基本数据
状态
系统状态
REL
用户状态
审核
项目编码屏蔽
屏蔽 ID
责任
负责人
申请人号码
日期
开始日期
2011.02.19
完成日期
2011.03.11
工厂日历
BL
时间单位
天
组织结构
成本控制范围
ZPCA
公司代码
SBHZ
业务范围
工厂
SBHZ
功能范围
利润中心
HZZ000
项目货币
RMB
项目结构：描述
标识
杭州2011年营销投入项目
6111HZ110003
营销项目首层WBS
500000382
资本金
建筑工程
建筑外包合同
500000382 0090
安装工程
安装外包合同
500000382 0100
设备购置
其他费用
监理外包合同
500000382 0110
成本金
材料费
电能表
500000382 0020
其他材料
500000382 0030
500000382 0040
500000382 0050
工作清单
模板
模板:名称
项目对象
个别对象
WBS 元素
网络

图 1-15　设置项目状态

CHAPTER 2

第二章
项目实施阶段

第一节 项目初步设计管理

初步设计是在项目可行性研究报告的基础上进一步细化各分部工程，以满足设备招标订货及工程实施需要等要求而编制的设计文件，初步设计概算是项目投资控制的重要依据。

项目投资在200万元以上并包含建筑安装工程的营销项目应编制初步设计和概算书，其余项目可编制概算书。200万元及以下包含建筑安装工程的电动汽车充换电设施建设、岸电设施建设项目宜编制初步设计和概算书。

初步设计文件应由项目单位根据公司设计招标相关规定，委托具有相应资质的设计单位编制。初步设计应以批准的项目可行性研究报告为依据，严禁擅自扩大规模或提高标准。初步设计概算应控制在可行性研究估算投资之内，对于初步设计概算超出可行性研究估算的情况，应对超出原因作出分析及说明，征得可行性研究批复单位的同意并出具变更意见。

初步设计文件应包括：①封面；②初步设计文件目录；③设计说明书；④设计图纸；⑤主要设备材料清册；⑥临时过渡措施；⑦拆旧设备清单、原资产卡片号及处置意见；⑧工程概算书。

项目单位在设计单位提交初步设计（概算书）10个工作日内，初评后上报上级部门进行审批。具体审批流程如下：

（1）营销限上项目初步设计（概算书）由省公司营销部组织评审，评审通过后出具评审意见，省公司营销部根据评审意见以正式文件的方式批复。

（2）营销限下项目初步设计（概算书）由地市供电企业营销部组织评审，评审通过后出具评审意见，地市供电企业营销部根据评审意见以正式文件的方式批复。

（3）营销限下重大项目初步设计（概算书），必要时由国家电网有限公司营销部或省公司营销部直接组织审批。初步设计评审的主要内容包括：①设计规程、规范及标准执行情况；②建设规模和工程投资与审定的可行性研究报告一致性；③设计内容深度满足规定的情况；④设计基础资料完整性；⑤技术方案及方案优化比较情况；⑥核实工程材料量；⑦对临时过渡方案进行审查；⑧核实概算编制依据、设计深度、费用构成、计算标准、项目及费用性质划分、概算表格的规范性等；核实各项费用的计算，有无漏项或重复计列。

营销项目在实施过程中不得擅自变更设计，不得擅自超出项目概算（预算）。因特殊原因造成设计内容发生变化或超过概算（预算）10% 时，应按照初步设计评审程序重新进行评审，项目可行性研究批复部门（单位）应派员参加。

包含建筑安装工程的营销项目，项目单位应根据批复的项目初步设计，组织施工设计及预算的编制和评审，项目实施过程中应严格执行评审批准的预算。

第二节　项目采购管理

项目单位应严格执行国家和公司有关的招投标管理规定，在项目计划下达后 30 个工作日内，按照营销专业物资与工程采购策略完成招标需求及相关技术条款的准备工作，避免计划外采购，严禁应招未招、违规采购。

项目单位应主动与物资部门进行沟通联系，按照采购计划批次及时提报采购需求，并跟踪好项目物资、设计、监理、施工等采购工作。

招标前，各专业应按照项目初步设计或者实施方案的技术要求完成物资及服务招标技术规范书的编制并上传至国家电网有限公司电子商务平台（简称“ECP”平台）。

一、ECP 平台操作

平台网址为 http：//ecp.sgcc.com.cn/，网站首页及登录界面如图 2–1 所示。

图 2-1　国家电网有限公司电子商务平台（CEP）首页及登录界面

输入相应账号、密码登录后，通过单击“采购标准管理”，选择“技术规范编制”进入编制界面。

首先，选择“创建单体工程”，填报工程相关信息后完成创建，标注“*”的为必填项，如图 2-2 所示，编制界面还能对已经通过审批的历史技术规范书进行搜索。

完成单体工程创建后，开始创建技术规范书，选择“创建技术规范”，填入物料编码或通过其他字段查找所需要的物料编码，如图 2-3 所示。以 60kW 充电桩物资为例，选择后会跳转到该物料的内容，按照要求填入名称、设计人员并上传工程批复文件信息后上传技术规范书文本。技术规范书文本上传

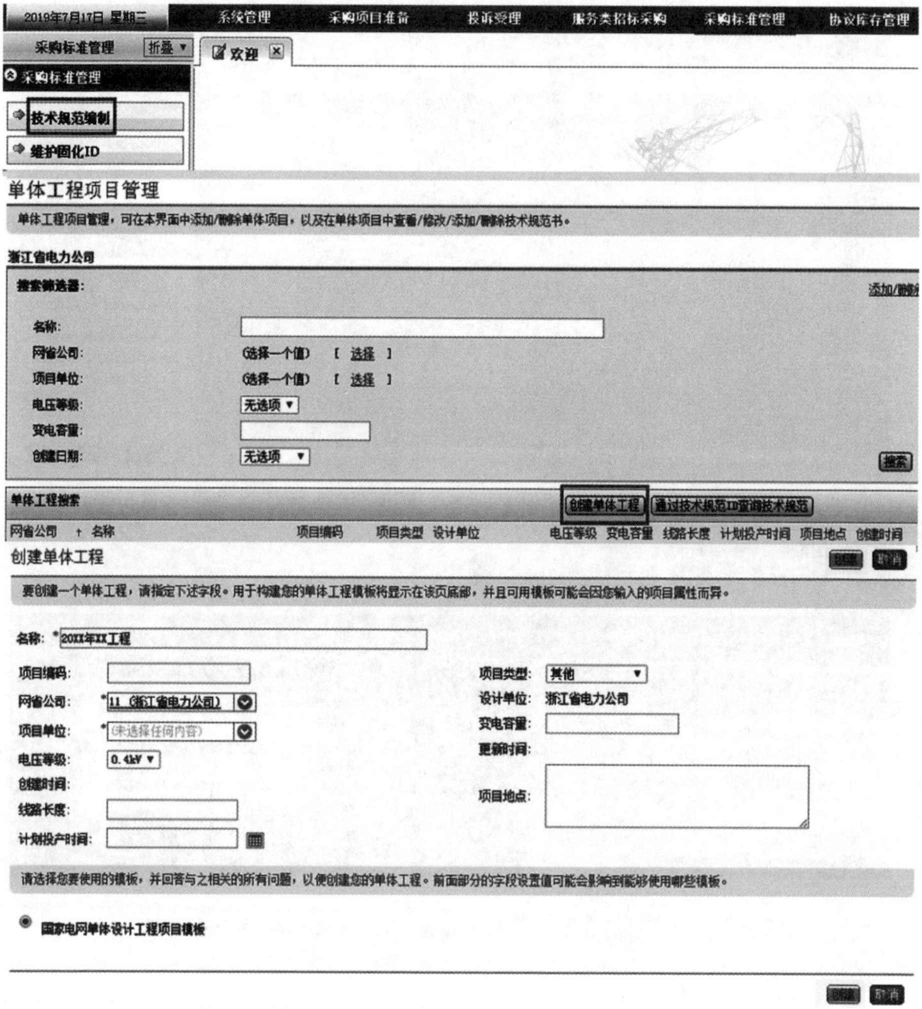

图 2-2　创建单体工程

完毕，在单体工程界面选中创建完成的技术规范书并选择“批量提交审批”（如图 2-4 所示）后会形成技术规范书 ID 号用于物资和服务招标申报，物资部门会在招标前安排技术规范书审查和修改。

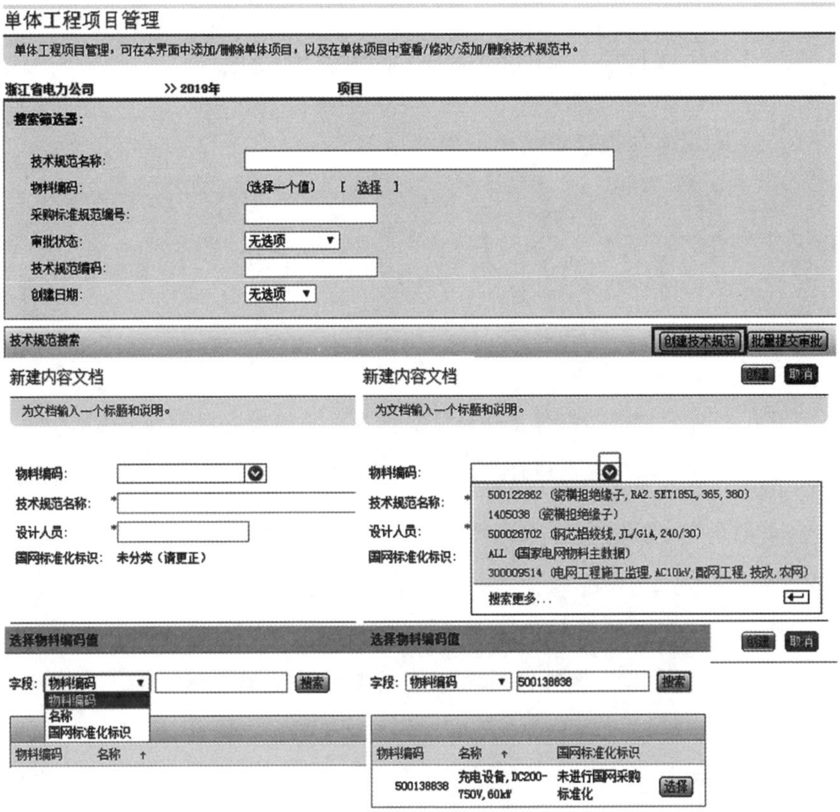

图 2-3　单体工程项目管理

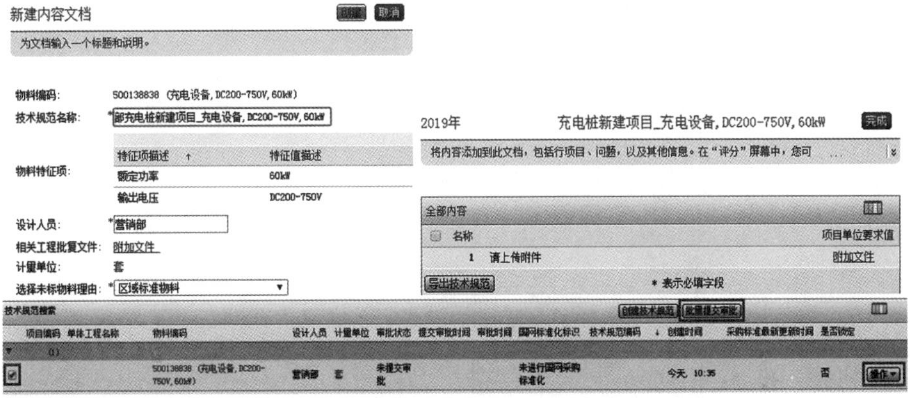

图 2-4　新建内容文档

二、ERP 操作——物资类招标采购需求提报

（一）协议库存类物资清单提报

1. 操作说明

路径：计划管理—协议库存年度计划精益化管控—配网项目材料清单提报。

操作岗位：需求单位设计人员。

说明：项目管理部门根据上传的清册信息，平衡配网项目物资需求量，确定需求，选择项目信息。提交项目材料清单至相关部门及领导进行审批，数据提交后，状态修改为“审批中”，进行锁定，可查看提交数据及审批状态信息。

2. 操作步骤

功能描述：配网项目材料清单提报。

操作说明：根据菜单路径进入配网项目材料清单提报界面，展示并提报配网项目清册，如图 2-5 所示。

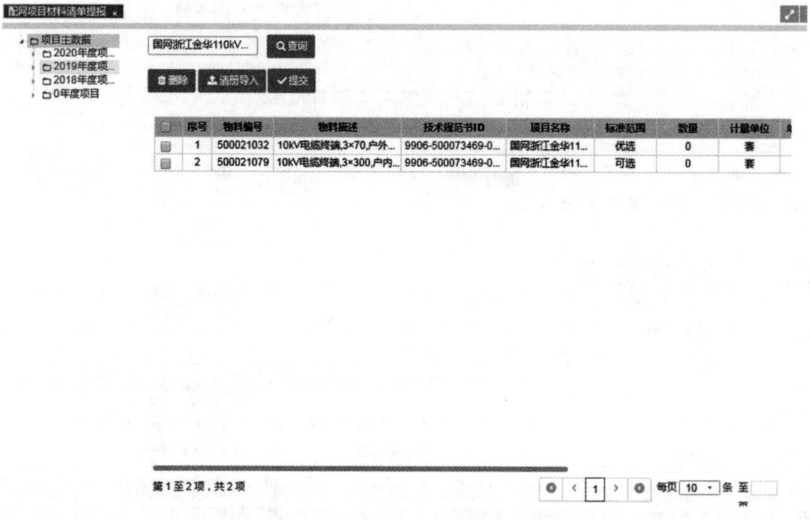

图 2-5　展示并提报配网项目清册

（1）查询。页面左侧显示项目按年度显示的树形数据，用户可以选择项目，右侧显示项目清册数据；也可以输入项目名称，模糊查询显示项目清册数据。

（2）删除项目清册信息。用户选择清册数据，单击删除按钮并单击确定删除数据，如图 2–6 所示。

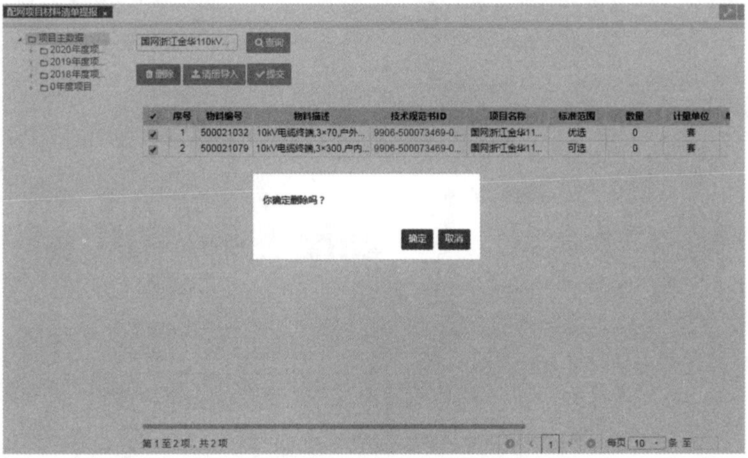

图 2–6 删除项目清册信息

（3）导入项目清册信息。用户单击清册导入按钮，弹出导入框，单击模板下载按钮下载模板，维护模板数据；用户在导入框单击或直接拖动需要上传的文件到导入框，单击提交按钮导入数据，如图 2–7 所示。

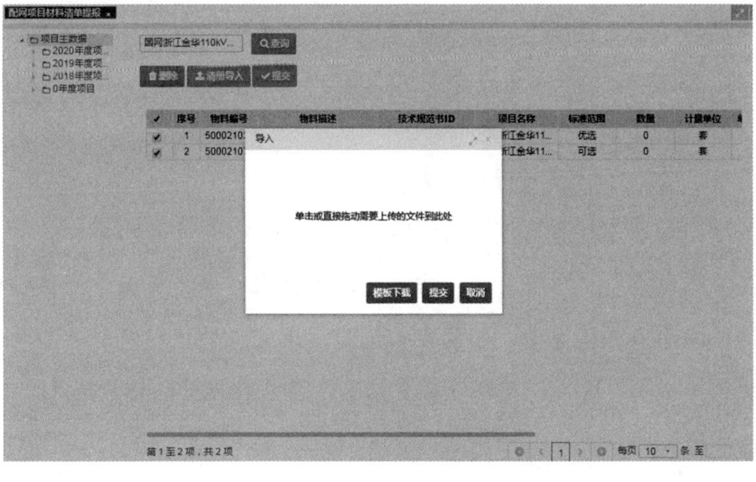

图 2–7 导入项目清册信息

（4）提报项目清册。用户选择项目清册数据，单击提交按钮并单击确定提报项目清册，如图 2-8 所示。

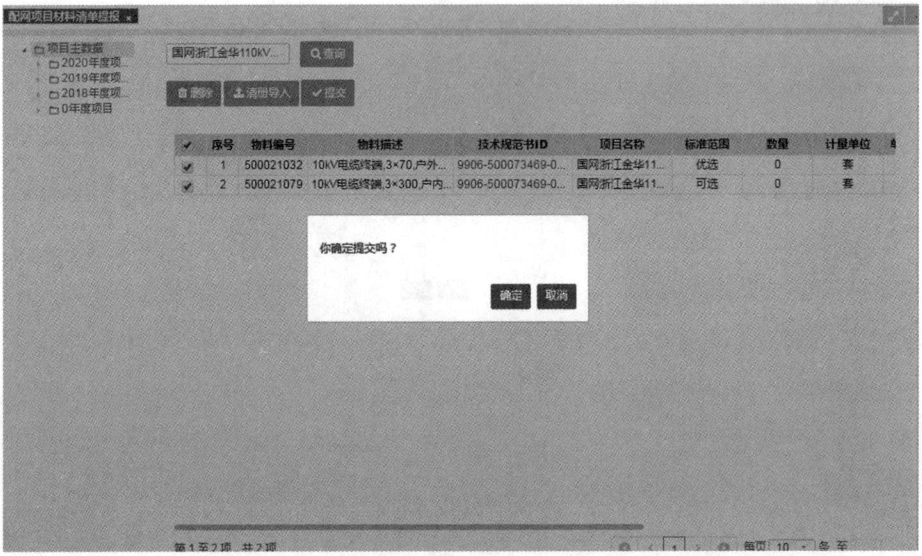

图 2-8　提报项目清册

（二）协议库存类物资清单审核

1. 操作说明

路径：计划管理—协议库存年度计划精益化管控—配网项目材料清单审核。

操作岗位：需求单位项目管理专职。

说明：清册维护信息提交后，系统配置配网年度计划审批工作流，相关业务处室在系统中审查、审核自己待审批的物资需求信息，界面中提供辅助数据。涉及技术规范书在线查看，物资当前库存、未完成协议信息、呆滞物资信息等，审批人员可在线进行调整物资数量信息，记录数据更新记录情况。

2. 操作步骤

功能描述：配网项目材料清单审核。

操作说明：根据菜单路径进入配网项目材料清单审核界面，展示并审核配网项目清册，如图 2-9 所示。

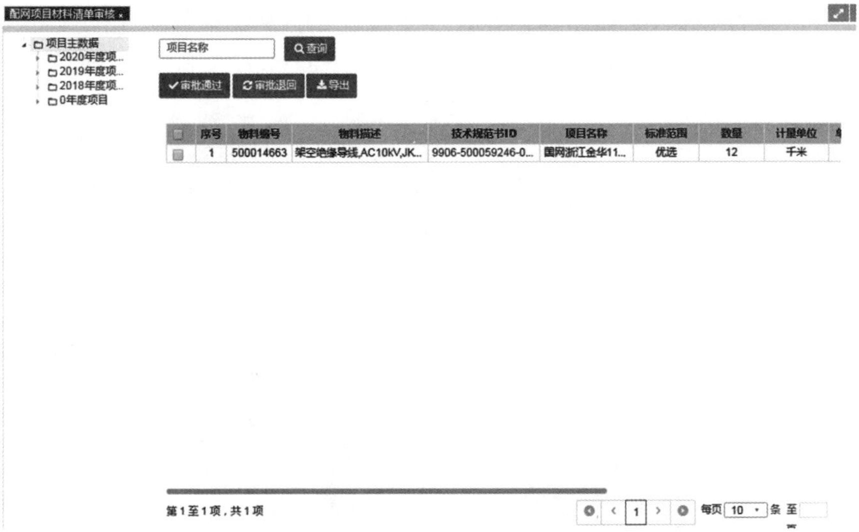

图 2-9　展示并审核配网项目清册

（1）查询。页面左侧显示项目按年度显示的树形数据，用户可以选择项目，右侧显示项目清册数据；也可以输入项目名称，模糊查询显示项目清册数据，如图 2-10 所示。

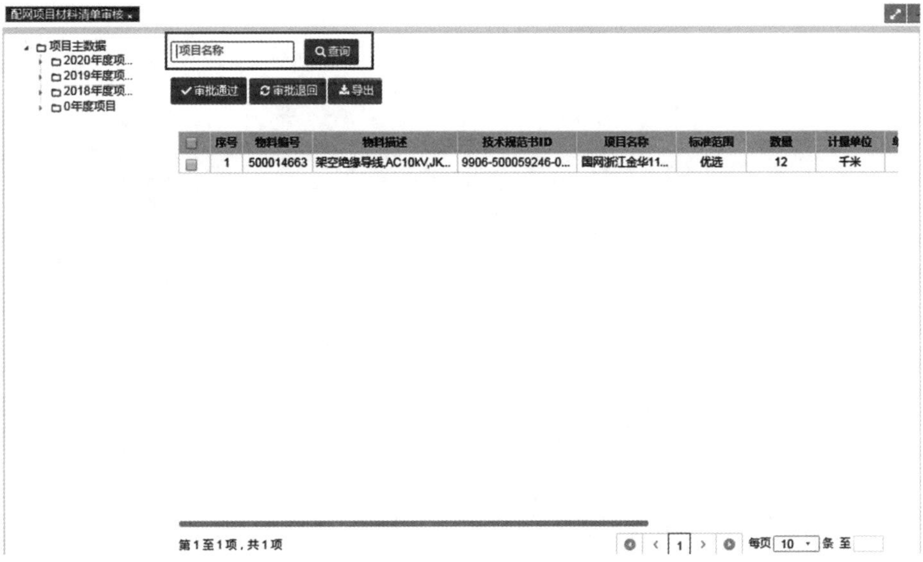

图 2-10　查询显示项目清册数据

（2）审批通过项目清册。用户选择清册数据，单击审批通过按钮并单击确定该清册审批通过，如图 2-11 所示。

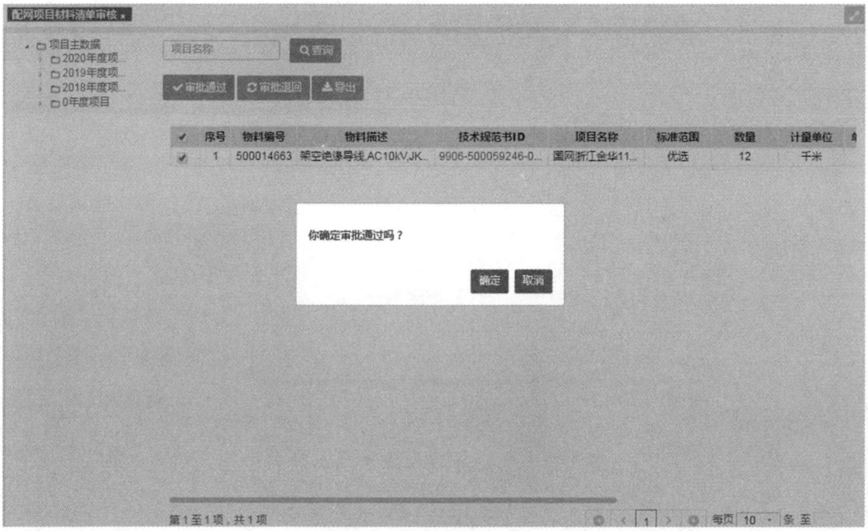

图 2-11　审批通过项目清册

（3）审批退回项目清册。用户选择清册数据，单击审批退回按钮并单击确定该清册审批退回，如图 2-12 所示。

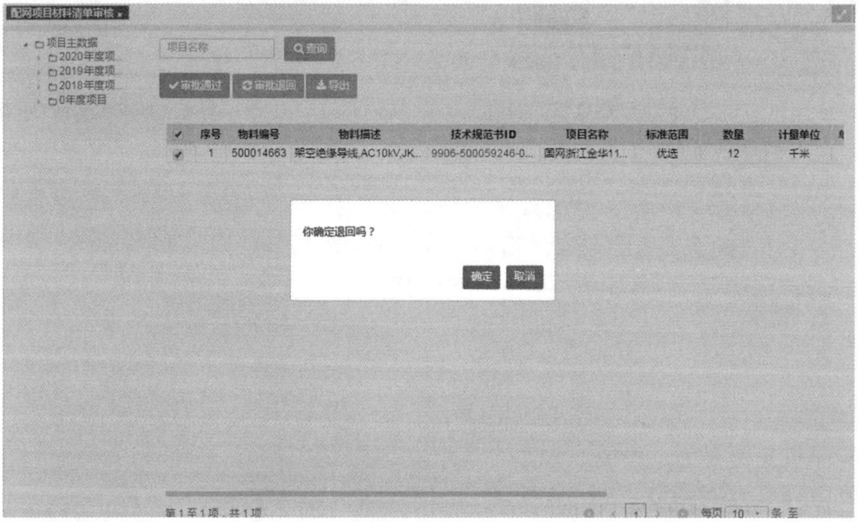

图 2-12　审批退回项目清册

（4）导出项目清册信息。用户单击导出按钮，导出并下载清册 excel 文件，如图 2-13 所示。

图 2-13　导出项目清册信息

（三）计划自动生成

1. 操作说明

路径：计划管理—协议库存年度计划精益化管控—计划自动生成。

操作岗位：县公司物资计划专职、地市公司单位物资计划专职。

说明：物资需求审批通过后，相关业务处室将需求进行合并，进行汇总需求，完成内部审查及审核工作，对接后续物资平衡利库及 ERP 采购申请创建。

2. 操作步骤

功能描述：计划自动生成。

操作说明：根据菜单路径进入计划自动生成界面，展示按批次合并前后计划及清册信息，如图 2-14 所示。

（1）查询。可以按批次编码、批次名称、年度等条件进行模糊查询，键入查询条件单击查询按钮，系统自动检索出对应的计划信息，如图 2-15 所示。

	序号	年度	批次编码	批次名称	交货日期	开始申报日期	截止申报日期
	1	2018	111806	国网浙江省电力有限公...	2019-03-11	2019-03-22 00:00:00	2019-03-29 00:00:00
	2	2018	111807	国网浙江省电力有限公...			
	3	2018	111825	国网浙江省电力有限公...			
	4	2018	1118AA	国家电网有限公司2018...			
	5	2018	1118AB	国家电网有限公司2018...			
	6	2018	1118AE	国家电网有限公司2018...			
	7	2018	1118AG	国家电网有限公司2018...	2019-03-20	2019-03-25 00:00:00	2019-03-29 00:00:00
	8	2018	1118Z1	国家电网有限公司2018...			
	9	2018	1118Z2	国家电网有限公司2018...			
	10	2018	1118Z3	国家电网有限公司2019...			

图 2-14　展示合并前后计划及清册信息

	序号	年度	批次编码	批次名称	交货日期	开始申报日期	截止申报日期
	1	2018	111806	国网浙江省电力有限公...	2019-03-11	2019-03-22 00:00:00	2019-03-29 00:00:00
	2	2018	111807	国网浙江省电力有限公...			
	3	2018	111825	国网浙江省电力有限公...			
	4	2018	1118AA	国家电网有限公司2018...			
	5	2018	1118AB	国家电网有限公司2018...			
	6	2018	1118AE	国家电网有限公司2018...			
	7	2018	1118AG	国家电网有限公司2018...	2019-03-20	2019-03-25 00:00:00	2019-03-29 00:00:00
	8	2018	1118Z1	国家电网有限公司2018...			
	9	2018	1118Z2	国家电网有限公司2018...			
	10	2018	1118Z3	国家电网有限公司2019...			

图 2-15　查询计划信息

（2）合并前年度计划。用户双击批次计划信息数据，进入年度计划合并详情页面（已经到截止日期的批次，不允许操作），默认显示合并前信息。页面左侧显示项目按年度显示的树形数据，用户可以选择项目，右侧显示项目清册数据；也可以输入项目名称、物料编号模糊查询显示项目清册数据，如图 2-16 所示。

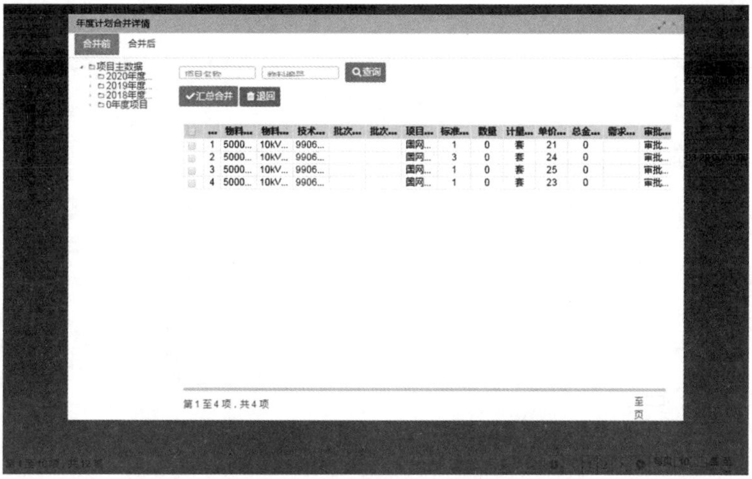

图 2-16　合并前年度计划

1）项目清册汇总合并。用户选择清册数据，单击汇总合并按钮并单击确定按钮，选中的清册数据填报当前批次编码和批次名称，相同物料和技术规范书的清册数据合并，如图 2-17 所示。

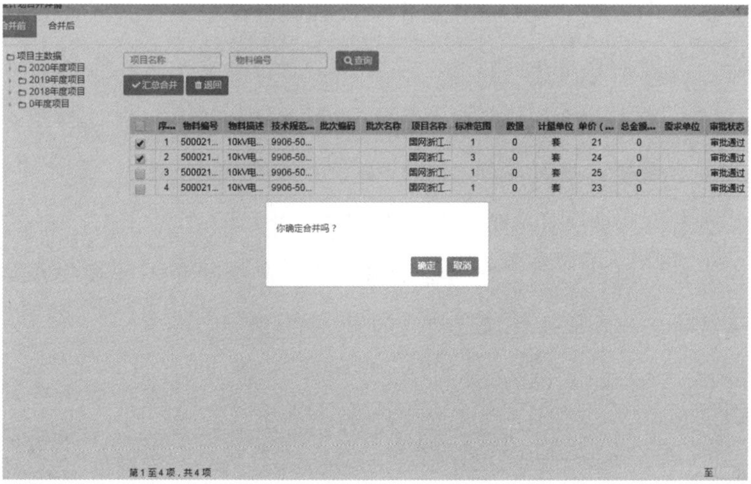

图 2-17　项目清册汇总合并

2）项目清册退回。用户选择清册数据，单击退回按钮，维护完退回原因后单击确定按钮，选中的清册数据审批状态改为审批退回，数据配网项目材料清单提报页面，如图 2-18 所示。

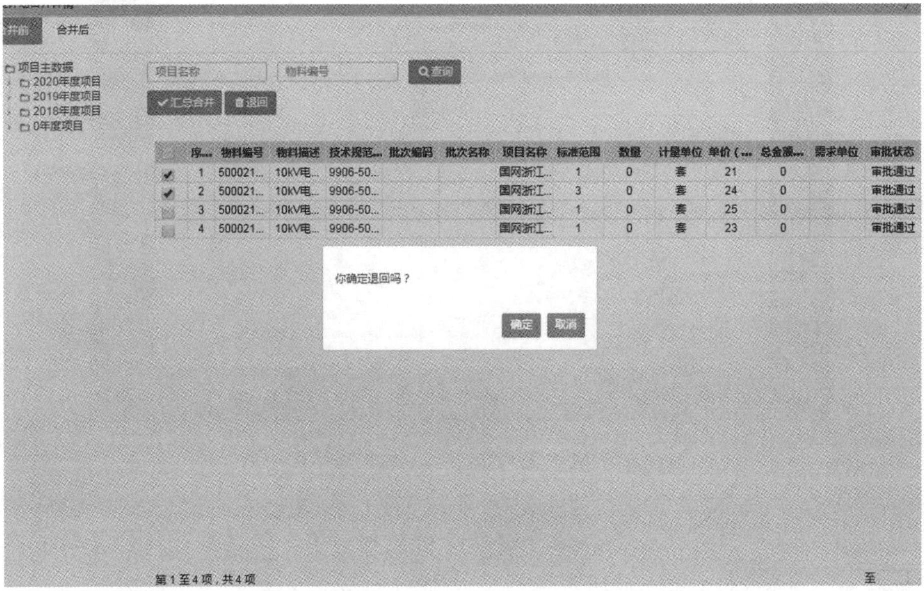

图 2-18　项目清册退回

（3）合并后年度计划。用户双击批次计划信息数据，进入年度计划合并详情页面，默认显示合并前信息。单击左上角，合并后显示合并后计划详情信息。页面左侧显示项目按年度显示的树形数据，用户可以选择项目，右侧显示项目清册数据；也可以输入物料编号、技术规范书 ID、采购申请编号、采购组模糊查询显示项目清册数据，如图 2-19 所示。

项目清册撤销合并。用户选择清册数据，单击撤销合并按钮并单击确定按钮，选中的合并后清册数据退回，如图 2-20 所示。

图 2-19　合并后年度计划

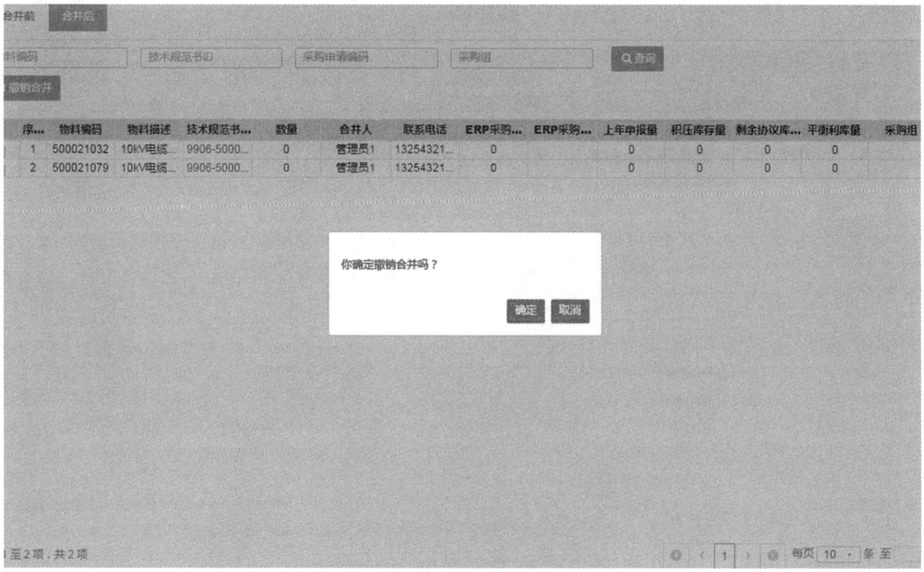

图 2-20　项目清册撤销合并

（四）单位年度计划平衡利库

1. 操作说明

路径：计划管理—协议库存年度计划精益化管控—单位年度计划平衡利库。

操作岗位：县公司物资计划专职。

说明：各县公司根据提报的需求数量，结合各单位的物资资源，进行内部平衡利库工作并提交至市公司。

2. 操作步骤

功能描述：单位年度计划平衡利库。

操作说明：根据菜单路径进入单位年度计划平衡利库界面，展示单位年度计划信息并做平衡利库，如图 2–21 所示。

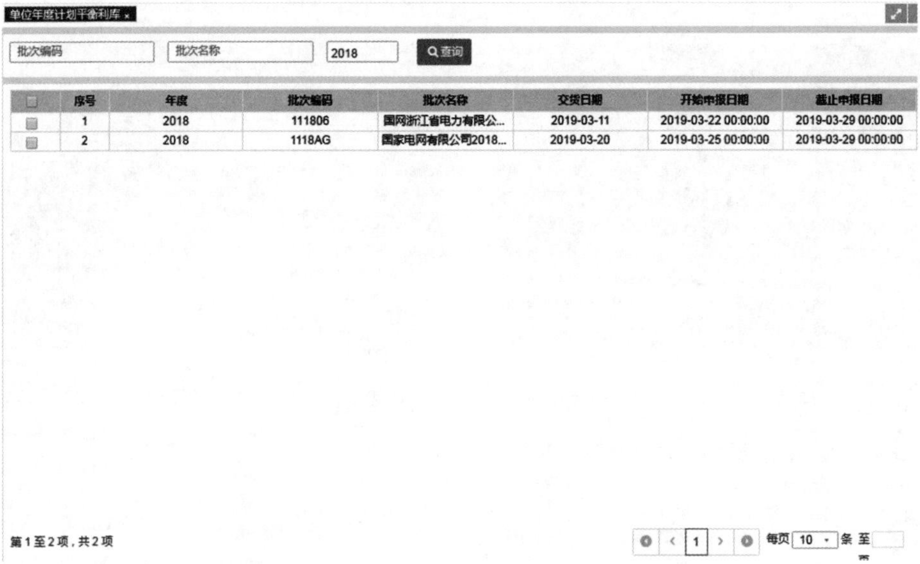

图 2–21　年度计划平衡利库

（1）批次查询。用户可以按批次编码、批次名称等条件进行模糊查询；也可以按选择年度下拉值进行查询，键入查询条件单击查询按钮，系统自动检索出对应的年度计划批次信息，如图 2–22 所示。

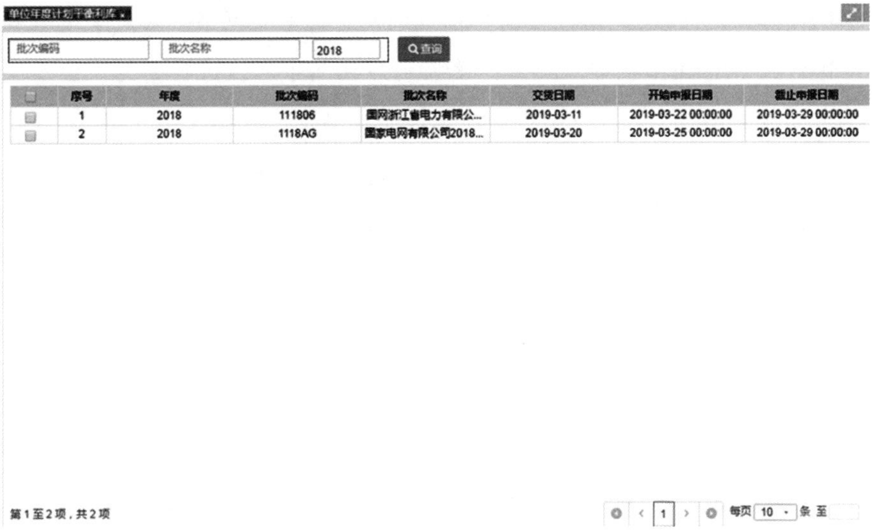

图 2-22　查询年度计划批次信息

（2）详细查询及平衡利库。用户选择批次数据，单击该条数据，弹出年度计划详细信息页面，如图 2-23 所示。

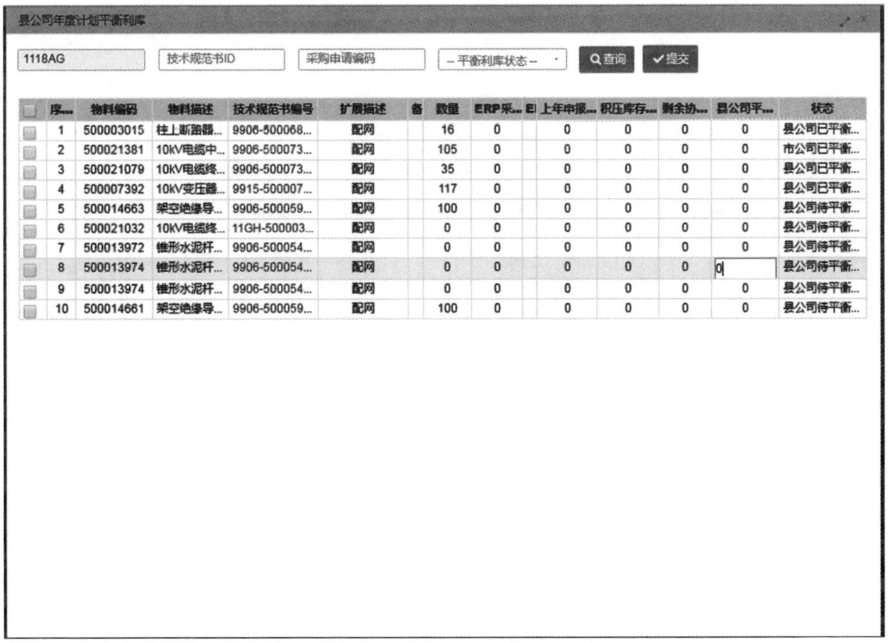

图 2-23　详细查询及平衡利库

1）查询物料信息。用户可以按批次编码、技术规范书、采购申请编码等条件进行模糊查询；也可以按选择平衡利库状态下拉值进行查询，键入查询条件单击查询按钮，系统自动检索出对应的物料信息，如图 2–24 所示。

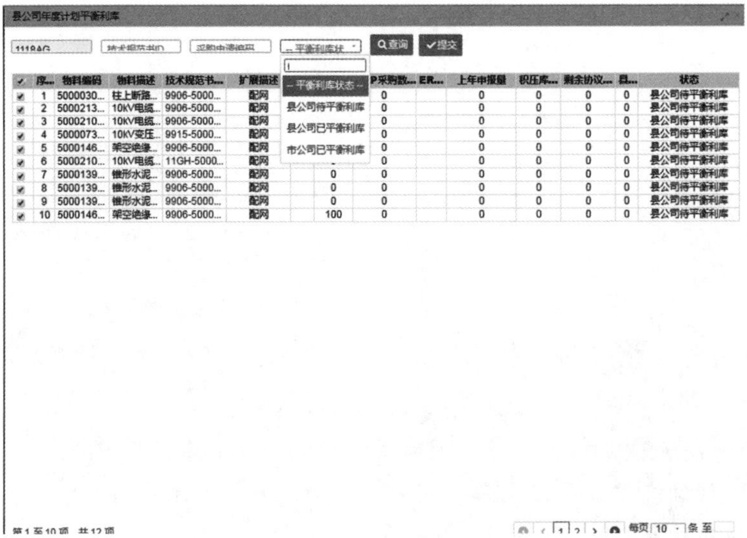

图 2–24　查询物料信息

2）物料平衡利库。用户选择物料数据，双击该行数据，修改县公司平衡利库数量，数量不能为负，如图 2–25 所示。

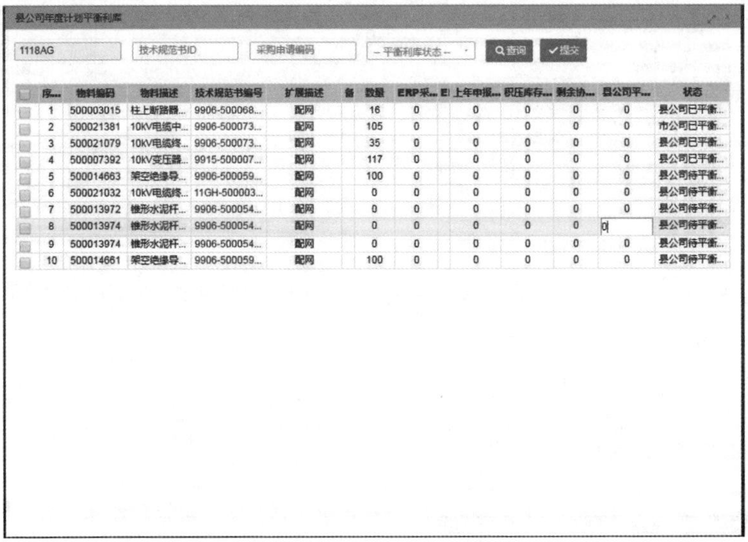

图 2–25　物料平衡利库

3）提交年度计划。用户选择物料数据，单击提交按钮并单击确定，物料数据状态变更为县公司已平衡利库，数据提交到市公司，如图 2–26 所示。如果物料数据已提交县公司平衡利库，会提示县公司已平衡利库，请不要重复提交，如图 2–27 所示。

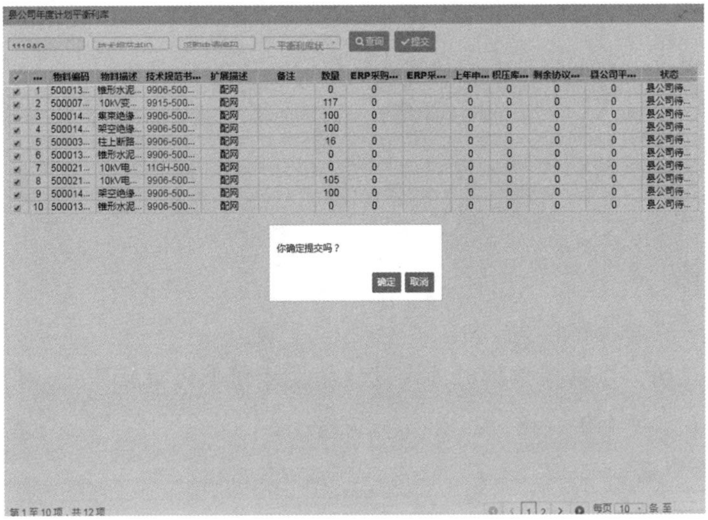

图 2–26 提交年度计划（一）

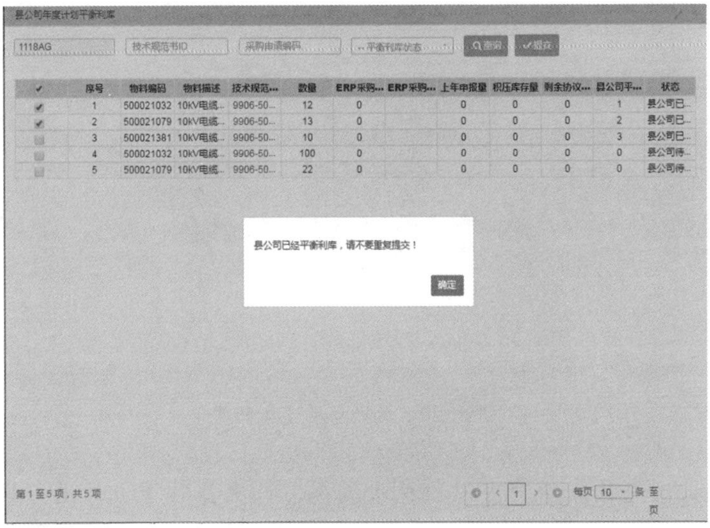

图 2–27 提交年度计划（二）

（五）区域年度计划平衡利库

1. 操作说明

路径：计划管理—协议库存年度计划精益化管控—区域年度计划平衡利库。

操作岗位：地市公司单位物资计划专职。

说明：需求合并后，市公司汇集各单位及下属县公司的物资需求信息，综合各单位的配网物资可利用资源，进行本地区内部年度计划申报协调及平衡利库工作。

2. 操作步骤

功能描述：区域年度计划平衡利库。

操作说明：根据菜单路径进入区域年度计划平衡利库界面，展示区域年度计划信息并做平衡利库，如图 2-28 所示。

图 2-28　区域年度平衡利库

（1）批次查询。用户可以按批次编码、批次名称等条件进行模糊查询，也可以按选择年度下拉值进行查询，键入查询条件单击查询按钮，系统自动检索出对应的年度计划批次信息，如图 2-29 所示。

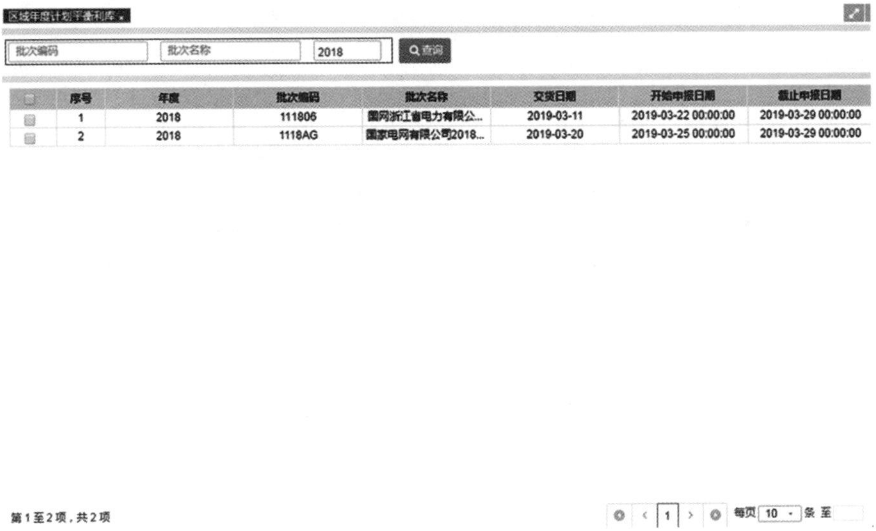

图 2-29　查询年度计划批次信息

（2）详细查询及平衡利库。用户选择批次数据，单击该条数据，弹出年度计划详细信息页面，如图 2-30 所示。

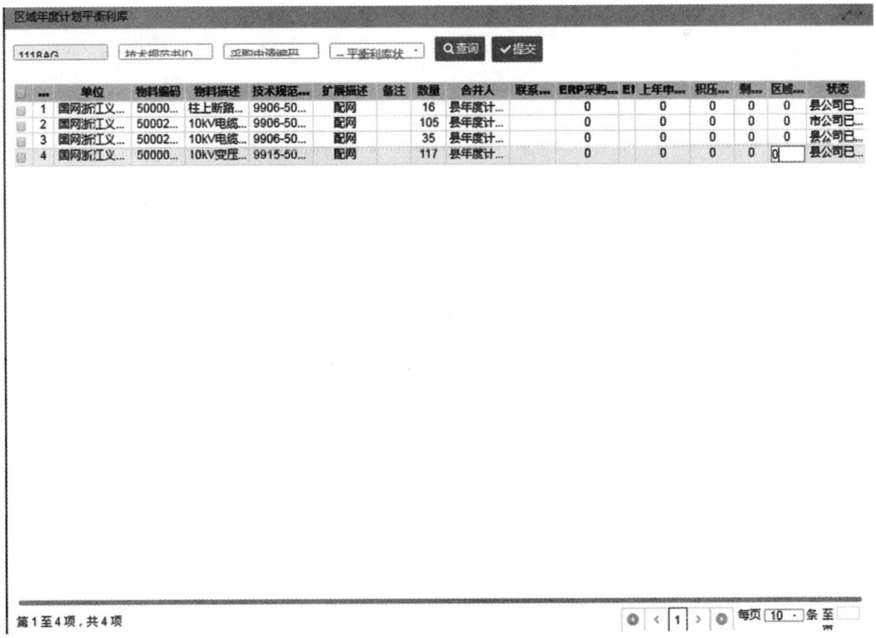

图 2-30　详细查询及平衡利库

1）查询物料信息。用户可以按批次编码、技术规范书、采购申请编码等条件进行模糊查询，也可以按选择平衡利库状态下拉值进行查询，键入查询条件单击查询按钮，系统自动检索出对应的物料信息，如图 2–31 所示。

图 2–31 查询物料信息

2）物料平衡利库。用户选择物料数据，双击该行数据，修改区域平衡利库量，数量不能为负，如图 2–32 所示。

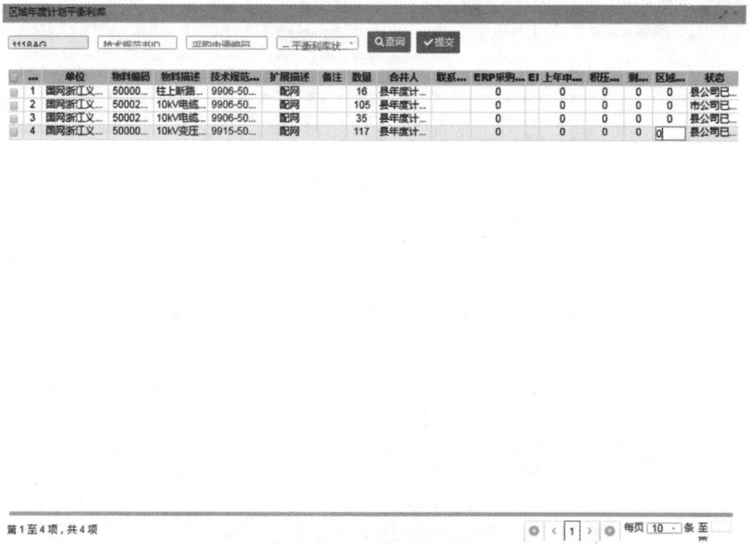

图 2–32 物料平衡利库

3）提交年度计划。用户选择物料数据，单击提交按钮并单击确定，物料数据状态变更为市公司已平衡利库，如图 2-33 所示。如果物料数据已提交，不能修改区域平衡利库数量，会提示“市公司已平衡利库，不能修改！”，如图 2-34 所示。

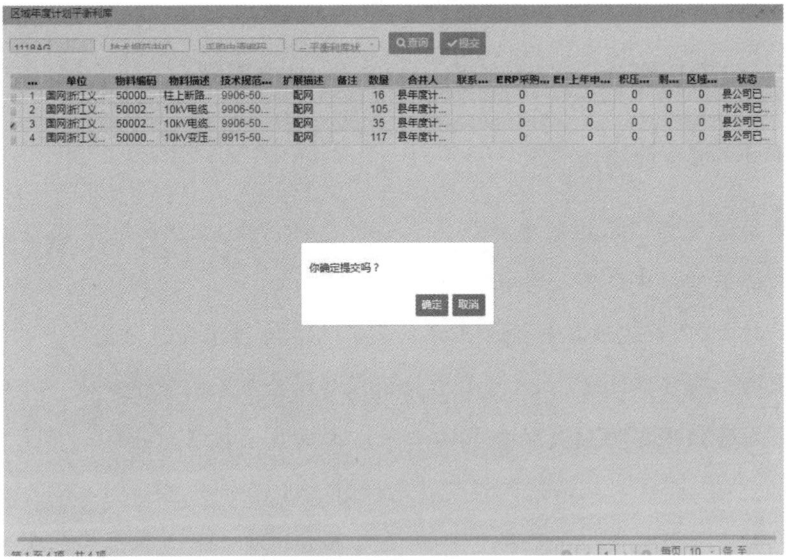

图 2-33　提交年度计划（一）

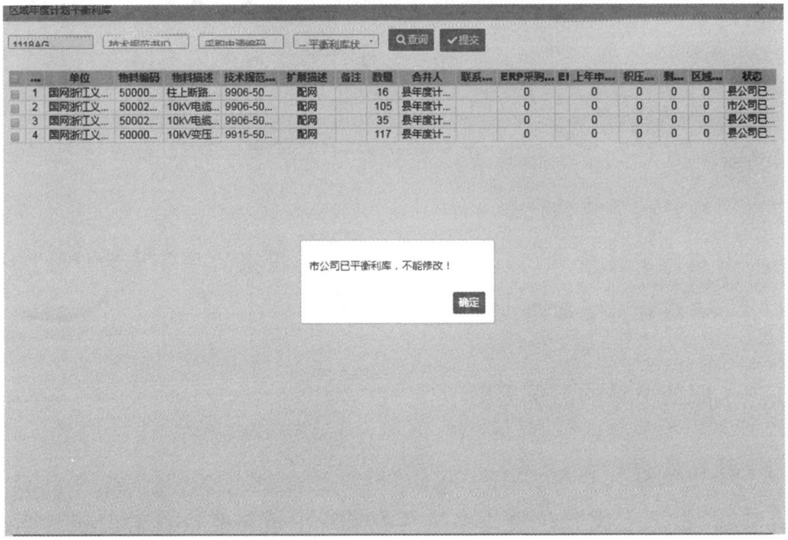

图 2-34　提交年度计划（二）

4）区域平衡利库退回。用户选择物料数据，单击退回按钮并单击确定，物料数据退回至年度计划合并后，县公司可直接在计划合并那里进行撤销合并和退回操作（状态为县公司已平衡利库时才能进行退回操作，状态为市公司已平衡利库时不允许退回）。

三、ERP 操作——服务类招标采购需求提报

（一）流程简述

项目管理部门根据服务采购需求实际情况，在 ERP 系统内 PS/PM 项目挂接或者手工创建服务采购申请。

针对 PS 已下达项目和预算已经具备采购申请创建条件的营销资本性项目服务采购，项目单位通过 PS 项目挂接需求自动产生采购申请。

针对营销成本性项目服务采购需求，由用户直接在对应的工单上挂接采购需求，自动产生对应的采购申请信息进行上报。

针对直接进入成本的服务采购或还未下达的项目，由需求单位在 MM 中手工创建服务采购申请，不带 WBS 元素。

然后由项目管理部门于招标前在国家电网有限公司电子商务平台内维护服务采购技术规范书，生成 ID 编码，再将电子商务平台生成的技术规范书 ID 在 ERP 系统中挂接至对应的服务采购申请（ZMM11028），项目管理部门主管服务招标的计划专职根据国家电网有限公司下发的服务招投标计划批次，上报本部门项目服务采购计划。

地市公司项目主管部门计划专责审核县局提报的服务采购计划，并汇总上报至省公司项目主管部门。

（二）服务类采购需求提报

1.PS 挂接采购需求

针对 PS 已下达项目和预算已经具备采购申请创建条件的营销资本性项目服务采购，项目单位通过 PS 项目挂接需求自动产生采购申请。系统菜单及交

易代码如图 2-35 所示。

ERP 菜单	后勤 → 项目系统 → 项目 →CJ20N- 项目构造器
事务代码	CJ20N

图 2-35 系统菜单及交易代码

系统操作及栏位解释，如图 2-36 所示。

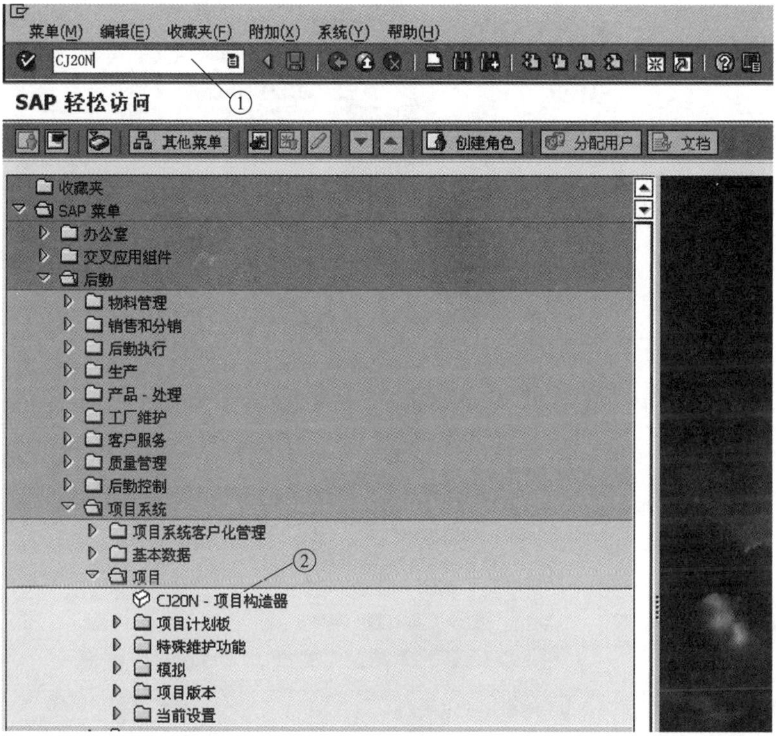

图 2-36 系统操作及栏位解释

（1）在交易代码栏输入交易代码“CJ20N”，回车或者单击，如图 2-36 中 ① 所示。

（2）在 ERP 菜单中根据路径找到“CJ20N- 项目构造器”，双击进入，如图 2-36 中 ② 所示。

通过以上两种方式都可以进入“项目构造器”主界面，如图 2-36 所示。

（3）单击按钮，在弹出的对话框“打开项目”中输入项目定义，如图 2-37 中 ③ 所示。

（4）项目定义：输入需要处理的项目定义，如图 2–37 中 ④ 所示。

（5）回车或者单击☑，打开项目，如图 2–37 中 ⑤ 所示。

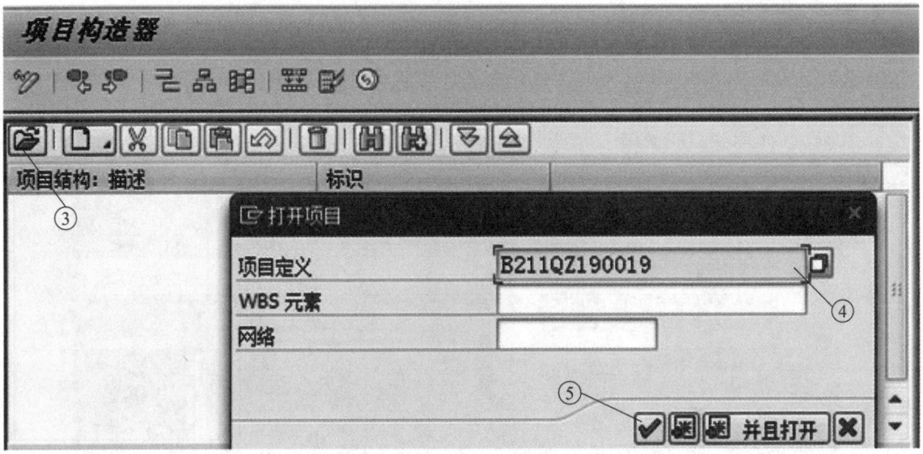

图 2–37　打开项目

（6）鼠标选择项目顶层，如图 2–38 中 ⑥ 所示。

（7）单击双下箭头“⊽”，打开项目所有层级，如图 2–38 中 ⑦ 所示。

（8）选中首层 WBS 元素，右键选择创建—网络，如图 2–39 中 ⑧ 所示。

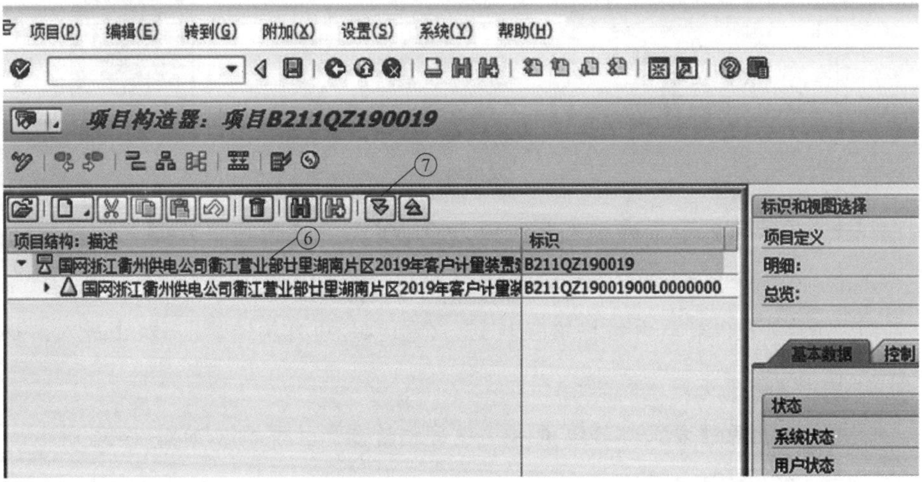

图 2–38　项目结构展开

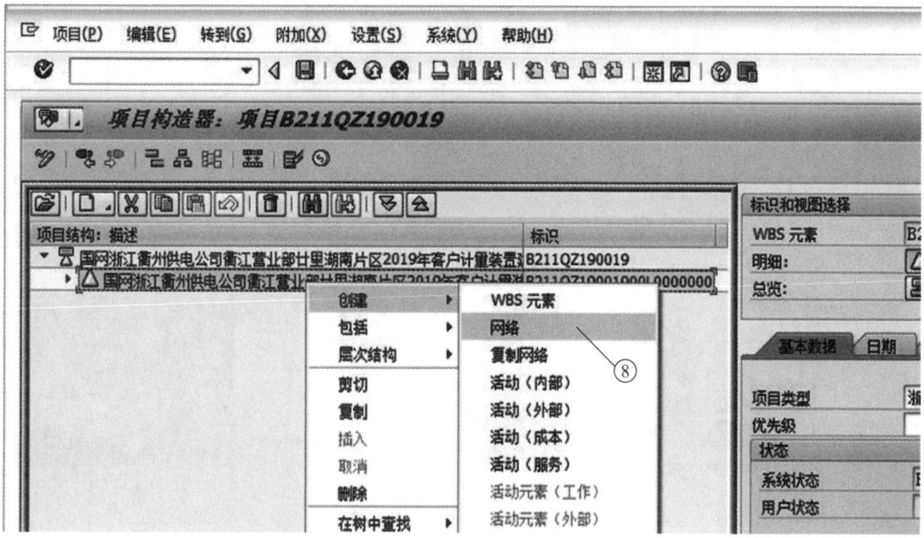

图 2-39　创建 WBS 网络

（9）在跳出的界面中，输入服务合同名称，同一份服务合同只使用一个服务合同名称，服务合同名称可以填写拟定的招标文件上的合同名称，如图 2-40 中 ⑨ 所示。

（10）输入 MRP 控制者，单击回车，如图 2-40 中 ⑩ 所示。

图 2-40　拟定招标合同

（11）选中所创建的网络，右键—创建—活动（服务），如图 2-41 中 ⑪ 所示。

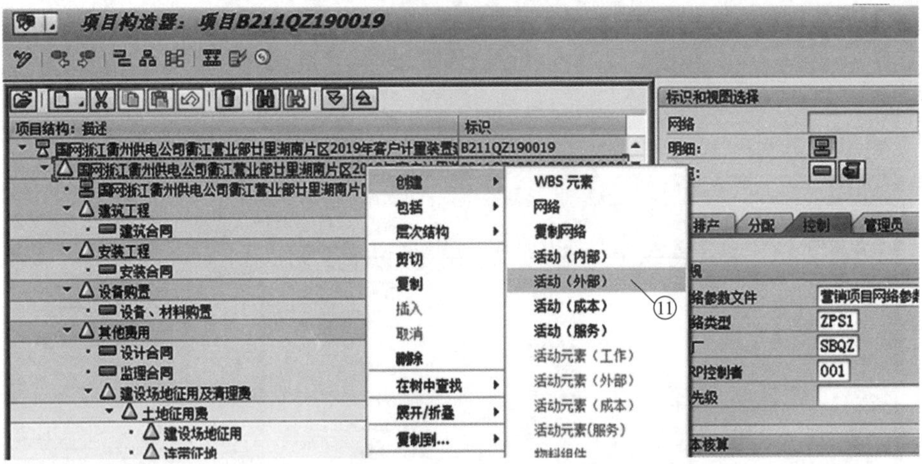

图 2-41　创建活动服务

（12）输入外包服务作业描述，如图 2-42 中 ⑫ 所示。

（13）输入采购组织，如图 2-42 中 ⑬ 所示。

（14）输入采购组，如图 2-42 中 ⑭ 所示。

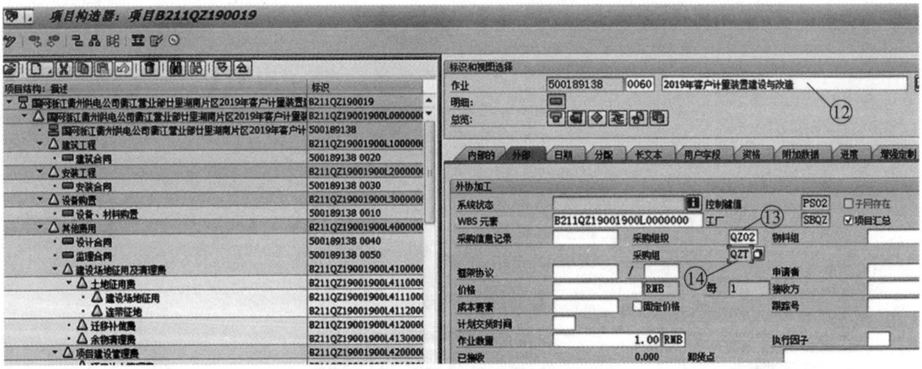

图 2-42　输入外包服务详情

（15）输入服务主数据编号，如图 2-43 中 ⑮ 所示。

（16）输入服务主数据文本，如图 2-43 中 ⑯ 所示。

（17）输入服务合同的数量，如图 2-43 中 ⑰ 所示。

（18）输入服务合同的总价格，如图 2-43 中 ⑱ 所示。

（19）输入服务合同的成本要素，如图 2-43 中 ⑲ 所示。

（20）单击返回，如图 2-43 中 ⑳ 所示。

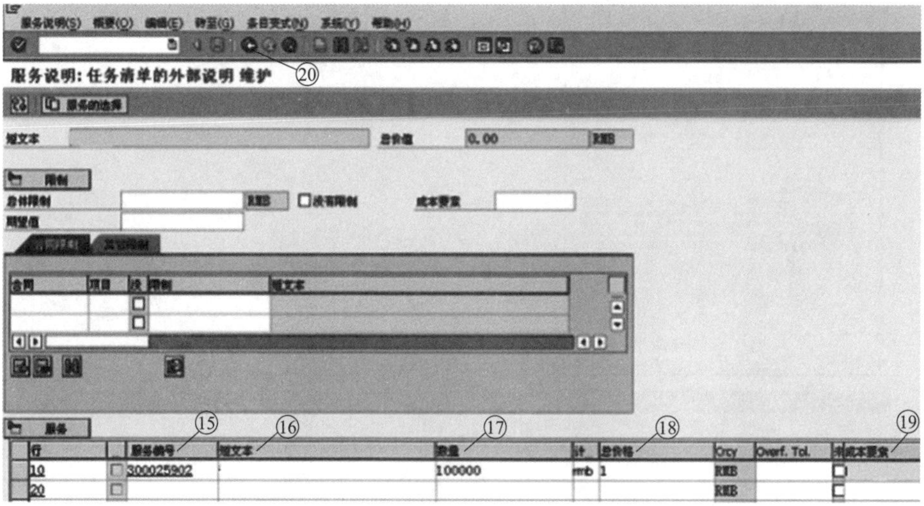

图 2-43　输入服务合同详情

（21）单击保存，如图 2-44 中 ㉑ 所示。

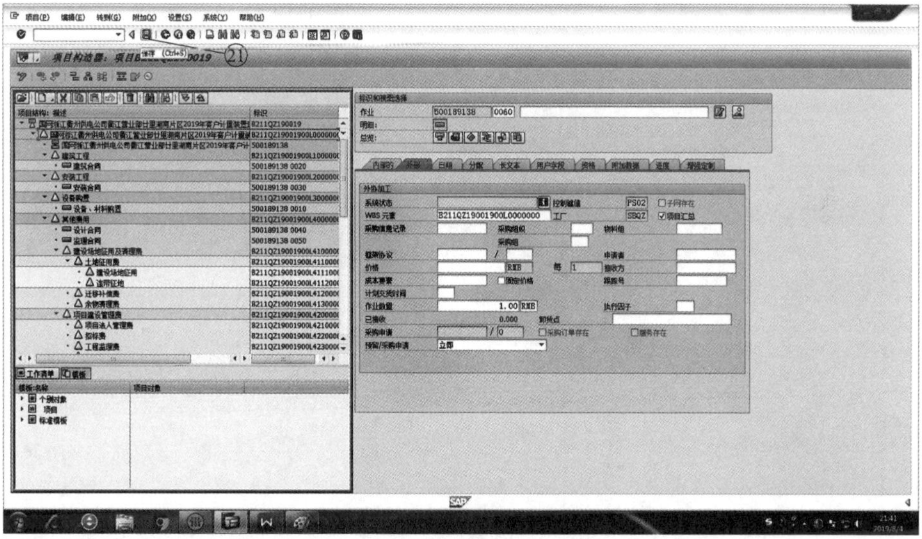

图 2-44　保存新创建项目

（22）保存后，系统返回“项目构造器”界面。重新打开项目，如图 2–45 中 ㉒ 所示。

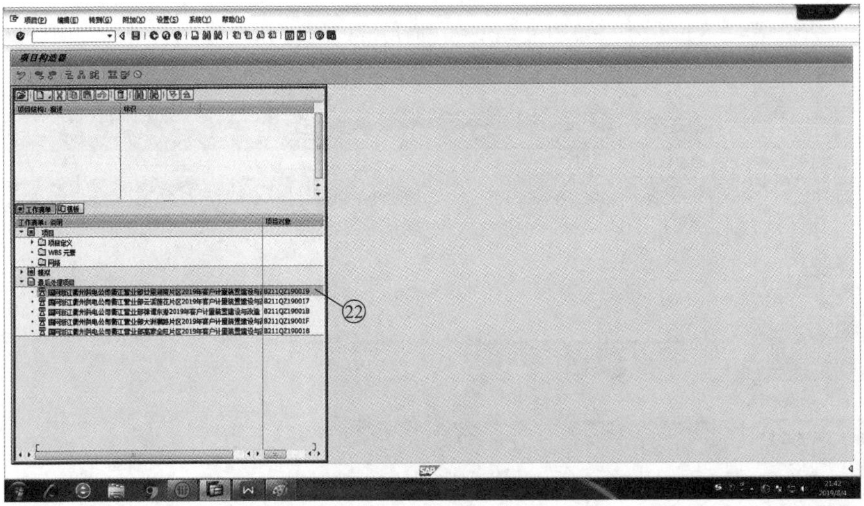

图 2–45　项目构造器界面

（23）选中刚刚挂接的服务作业，如图 2–46 中 ㉓ 所示。

（24）可以查找到采购申请编号，如 15358285，如图 2–46 中 ㉔ 所示。

注：服务采购申请成功导入之后，需确认所生成的网络是否已经下达，若未下达，则需要进行手工下达，否则会影响后续的服务确认操作。

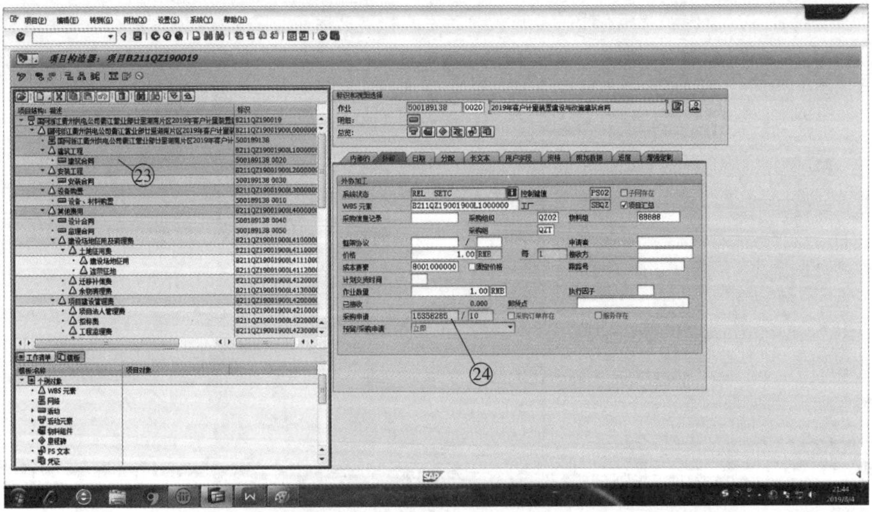

图 2–46　确认项目是否生成

2. PM 挂接采购需求

针对大修、日常维修等营销成本性项目服务采购需求，由用户直接在对应的工单上挂接采购需求，自动产生对应的采购申请信息进行上报。营销部门根据业务需求在系统中创建营销投入项目材料提报工单，录入相关的信息，主要包括订单类型（ZPM3）、公司代码、文本描述、计划人员组、工作中心、利润中心、科目类别、工序、组件及 WBS 元素等信息。

（1）订单创建。系统菜单及交易代码，如图 2-47 所示。

ERP 菜单	后勤→工厂维护→维护处理→订单→创建
事务代码	IW31

图 2-47 系统菜单及交易代码

系统操作及栏位解释，如图 2-48 所示。

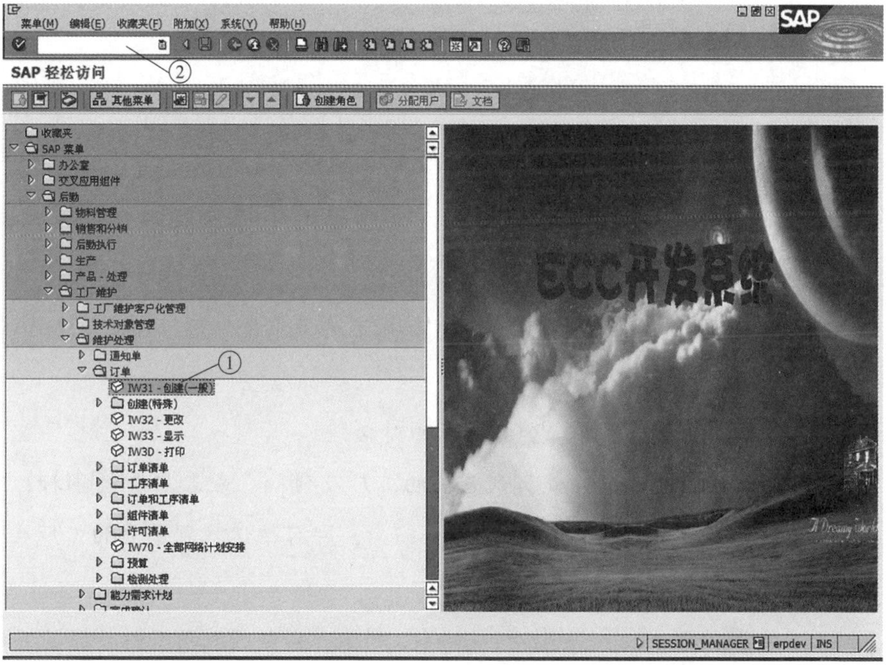

图 2-48 系统操作及栏位解释

1）双击主菜单中的“后勤→工厂维护→维护处理→订单→创建”项，如图 2-48 所示。

2）在交易栏输入事务代码 IW31 后回车，如图 2-48 中 ①、② 所示。

通过以上方法进入“建立营销投入项目材料提报：初始屏幕”界面，如图 2-49 所示。

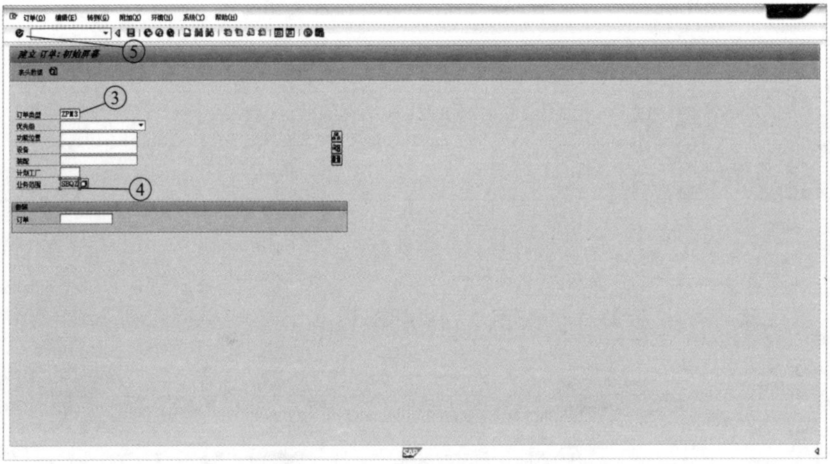

图 2-49　建立订单初始屏幕

3）订单类型：依据自身业务情况选择或输入订单类型（必填），如 ZPM3(营销投入项目材料提报工单)，如图 2-49 中 ③ ~ ⑤ 所示。

4）计划工厂：输入计划工厂代码，如果不清楚单位代码，可按图 2-50 所示操作。

a. 单击，出现图 2-50 中 ⑥ 所示的对话框。

b. 直接单击右侧的滚动条找到需要的工厂及代码，或者单击图标，在“查找”对话框里输入单位名称关键字并回车，即可快速找到需要的工厂及代码，图 2-51 中 ⑦ 所示。

5）单击按钮或表头数据按钮或回车，进入“营销投入项目材料提报工单：中央表头”界面，如图 2-52 所示。

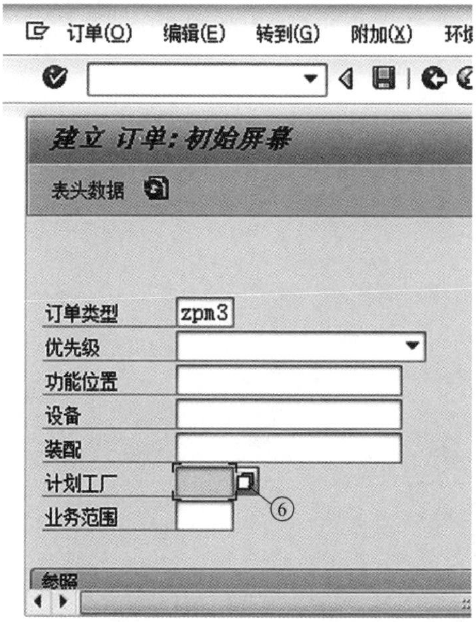

图 2-50　查找工厂代码

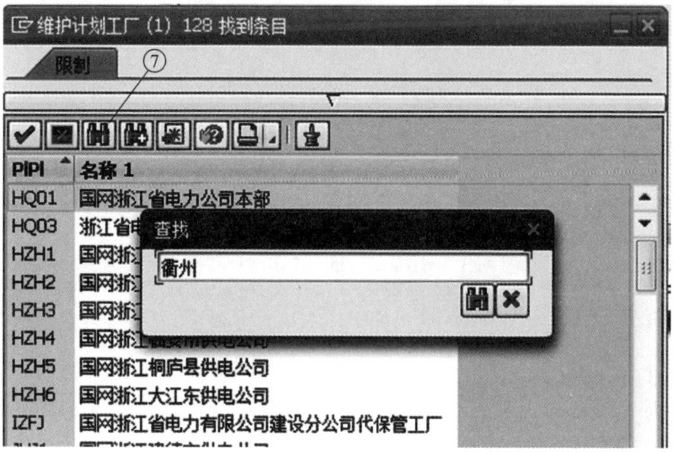

图 2-51　查找工厂及代码

提示：

计划工厂是一个逻辑上的定义。它为其所属的维护工厂进行维护工作清单的定义，维护计划的执行、管理和规划以及负责对维护工单的处理。

6）工单描述：简单描述工单的内容（必填），如图 2-52 中 ⑧ 所示。

7）计划员组：选择或输入计划员组（必填），如 YX5（营销部，如图 2–52 中 ⑨ 所示。

8）维护中心：选择或输入维护处理的检修班组（必填），如图 2–52 中 ⑩ 所示。

9）PM 作业类型：依据实际业务选择输入维护工作的作业类型。系统作业类型：必填，根据实际需要填写，如 Y05，如图 2–52 中 ⑪ 所示。

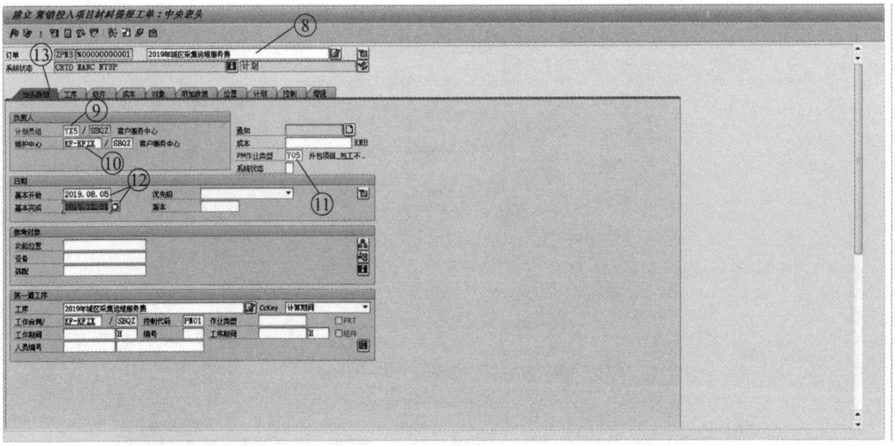

图 2–52　输入工单内容

10）基本开始：选择或输入维护工单开始执行日期，必填；基本完成日期：选择或输入维护工单计划完成日期，如图 2–52 中 ⑫ 所示。

11）单击“工序”（如图 2–54 中 ⑬ 所示）选项卡，进入“营销投入项目材料提报工单：工序总览”界面，如图 2–53 中 ⑭ 所示。

提示：

当文本框变灰时则不能输入，可以单击回车使必填项变白，再输入，或单击其他页面，然后返回输入；以前输入过的内容，单击退格键或空格键可以把输入历史显示出来。

计划员组是负责在一个特定的维护计划工厂中进行计划和处理维护任务的一组员工。每个设备和功能位置可以分配给一个维护计划组，它也可用于评估。计划人员组是各单位职能部门或专职。

维护中心是定义在维护工厂下的一个或一组人 / 机器。它是维护任务的执行者，负责维护工单的执行，并可用于能力、计划和成本核算。维护工作中心是各单位维护班组。

12）订单描述：如果在“抬头数据”中没有输入订单描述，可以在这里输入，如图 2-53 中 ⑭ 所示。

图 2-53　输入抬头数据

13）工序短文本：在这里输入工作步骤的简单描述，如果在“抬头数据”中输入了工单描述，这里的内容会自动带出，如图 2-53 中 ⑮、⑯ 所示。

14）控制码：选择 PM01（工厂维护—内部），表示内部工序。工单中涉及外委工作，则需要在工单中创建外委工序，单击“工序”选项卡，进入“工序总览”界面，创建外部工序，如图 2-54 中 ⑰ 所示。

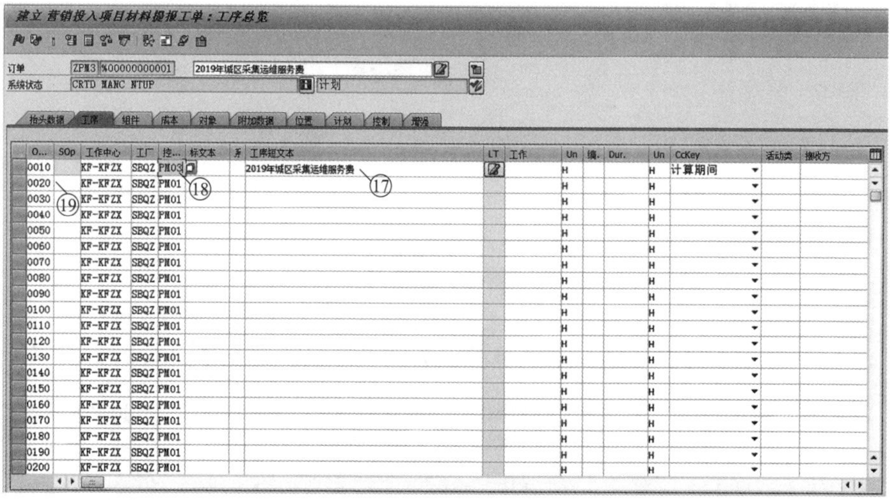

图 2-54　外委工作描述

15）修改控制码：改为 PM03［工厂维护—外部（服务）］，如图 2-54 中 ⑱ 所示。

16）工序短文本：输入外委工作的简单描述，如图 2-54 所示。

17）双击此项工序的 OpAc（如图 2-54 中 ⑲ 所示），打开“外协加工工序”界面，如图 2-55 所示。

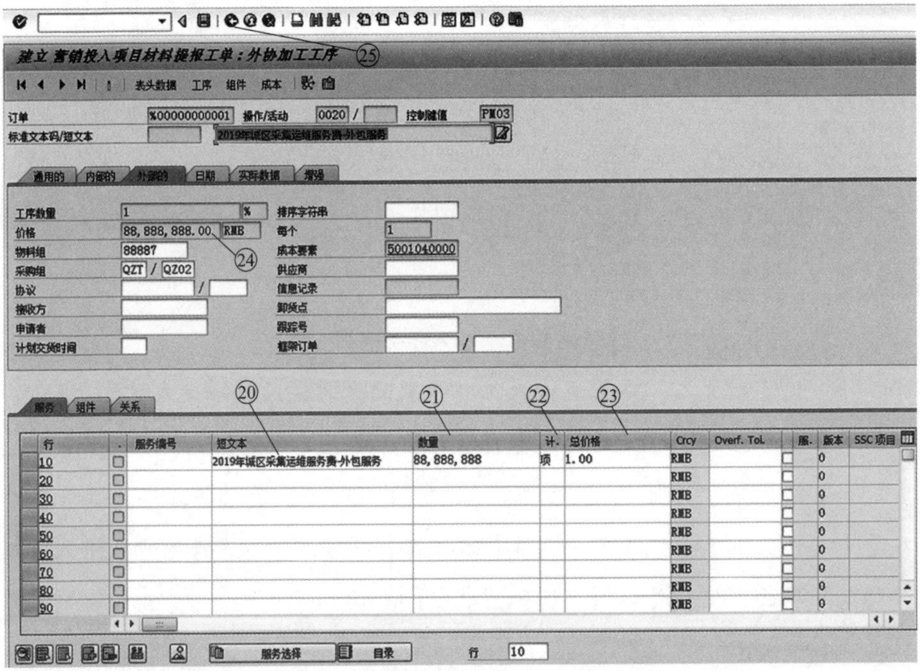

图 2-55　输入外委合同详情

18）短文本：输入与外委供应商签订的外委服务合同名称，如图 2-55 中 ⑳ 所示。

19）数量：输入合同数量（由于 ERP 要求，需填写金额），如 888888，如图 2-55 中 ㉑ 所示。

20）计量单位：必须是系统中存在的计量单位，如图 2-55 中 ㉒ 所示。

21）总价格：外委服务的费用（由于 ERP 要求，需填写数量），如图 2-55 中 ㉓ 所示。

22）价格：在输入完成之后，按下回车，此处价格就会记录所有服务的总价格，如图 2–55 中 ㉔ 所示。

23）维护完以上信息后，单击返回工序界面，如图 2–55 中 ㉕ 所示。

提示：

这里的外委服务合同数量如填写多个，在后面采购申请转换成采购订单时仍然会合并成一项处理；如果一项工作有多个外委供应商协助完成，需要在工序中分别创建外委工序，后面创建采购订单时做分别创建。

总价格可以是预估价格，在创建采购订单时可以对价格做修改。

24）单击附加数据进入附加数据界面，如图 2–56 中 ㉖ 所示。

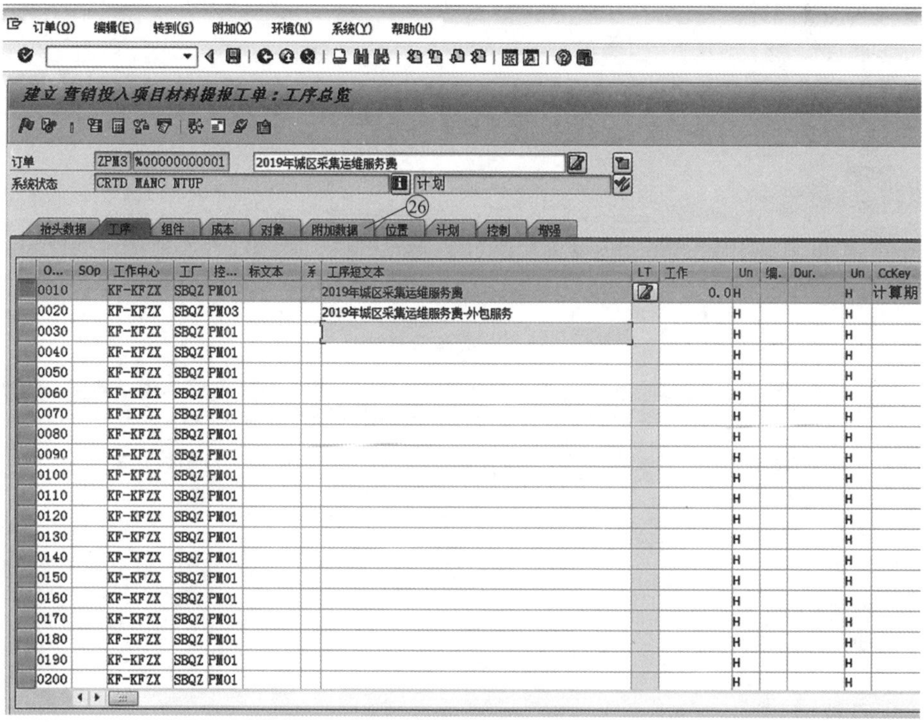

图 2–56　附加数据界面

25）输入 WBS 元素或单击按钮（如图 2–57 中 ㉗ 所示），打开 WBS 元素查询对话框（如图 2–58 所示）。

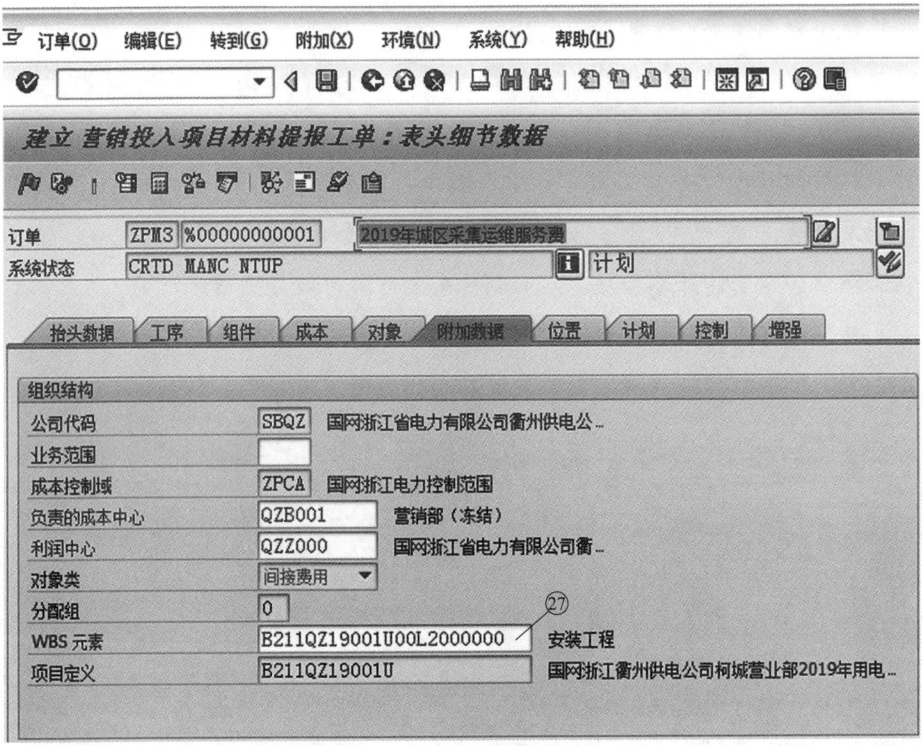

图 2-57 表头细节数据填写

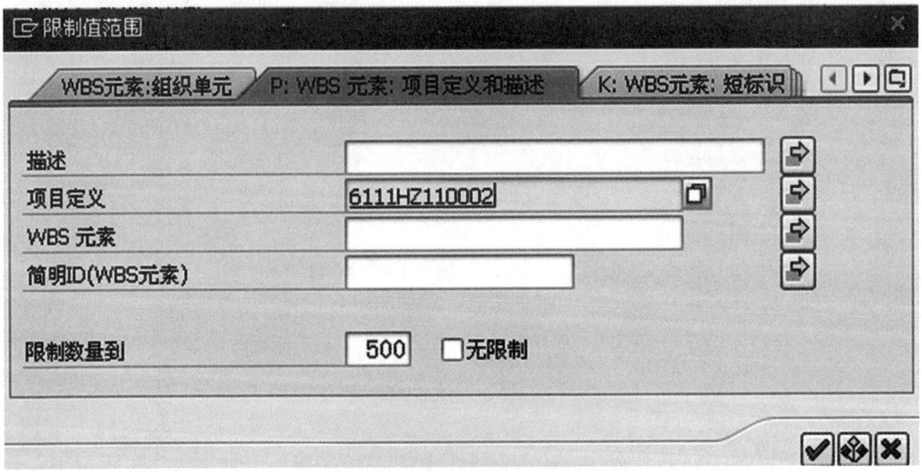

图 2-58 打开 WBS 元素查询对话框

26）单击按钮，打开 WBS 元素查询选项卡，选中“WBS 元素：项目定义和描述”，如图 2-59 中 ㉘ 所示。

27）描述：输入项目的描述，如查找项目描述中带有“采集”“运维”字样的项目，则可以输入“采集*运维*”，如图 2-59 中 ㉙ 所示。

28）WBS 元素：输入 WBS 元素编码，如查找以“B211QZ19001U”开头的 WBS 元素，则可以输入“B211QZ19001U*”，如图 2-59 中 ㉚ 所示。

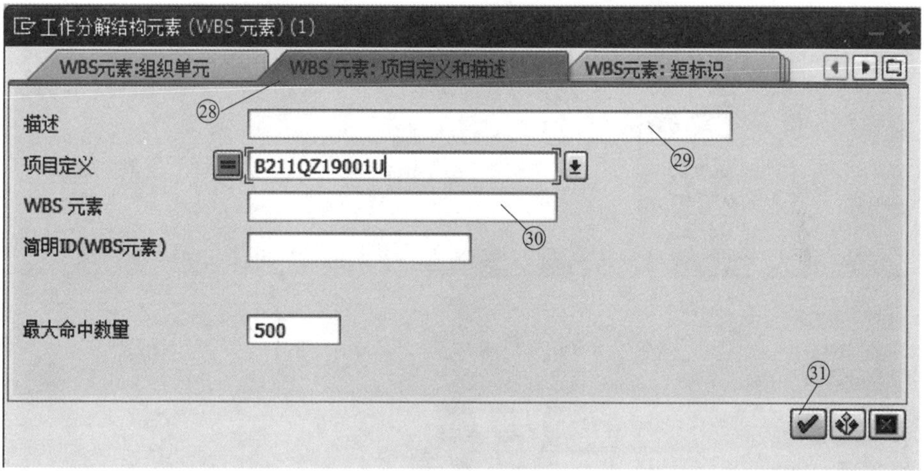

图 2-59 项目定义和描述

29）单击☑按钮或回车（如图 2-59 中 ㉛ 所示），弹出查询结果对话框，如图 2-60 所示。

图 2-60 查询结果对话框

30）双击要使用的WBS元素，返回到“表头细节数据”界面，如图2–61所示。

31）选中WBS元素后单击☑按钮（如图2–60中㉜、㉝所示），返回到“表头细节数据”界面，如图2–61所示。

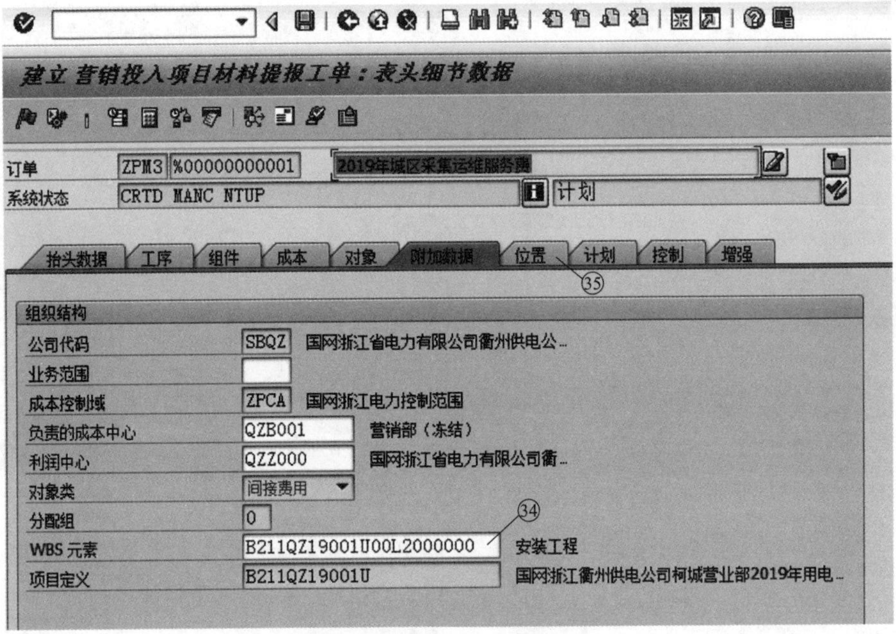

图2–61　表头细节数据填写

32）WBS元素：显示刚才选择的WBS元素号，并带入相关内容，如图2–61中㉞所示。

33）单击“位置”选项卡（如图2–61中㉟所示），进入“位置数据”界面，如图2–62所示。

34）维护工厂：输入本单位维护工厂代码，如图2–62中㊱所示。

35）成本中心：输入对应的成本中心，如图2–62中㊲所示。

36）用户状态为“计划”状态，单击☑按钮，弹出“设置用户状态”界面，如图2–63中㊳所示。

37）将状态由“计划”改为“待审”，如图2–63中㊴所示。

38）单击☑按钮或回车，返回工单主界面，如图2–63中㊵所示。

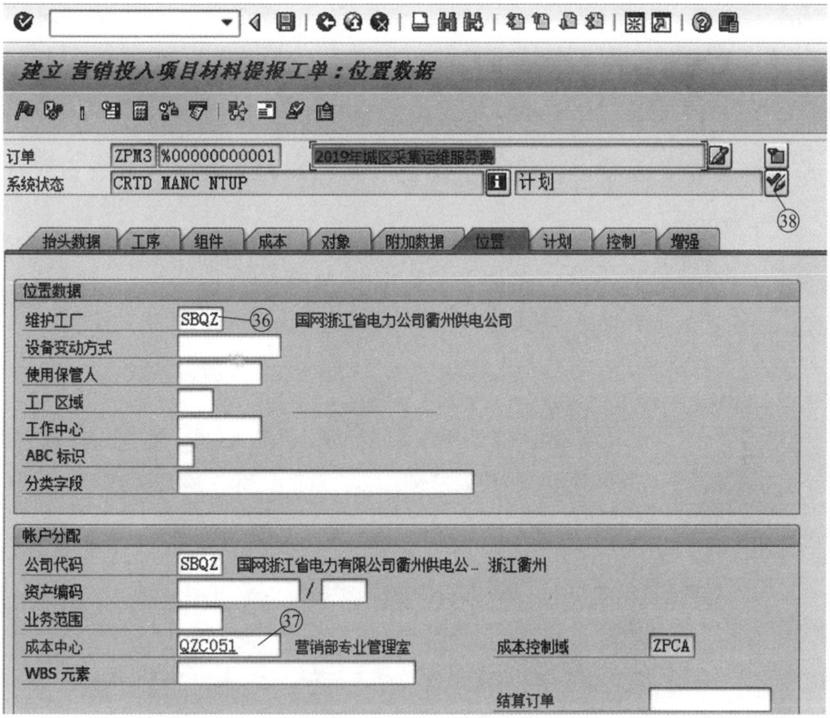

图 2-62　位置数据界面

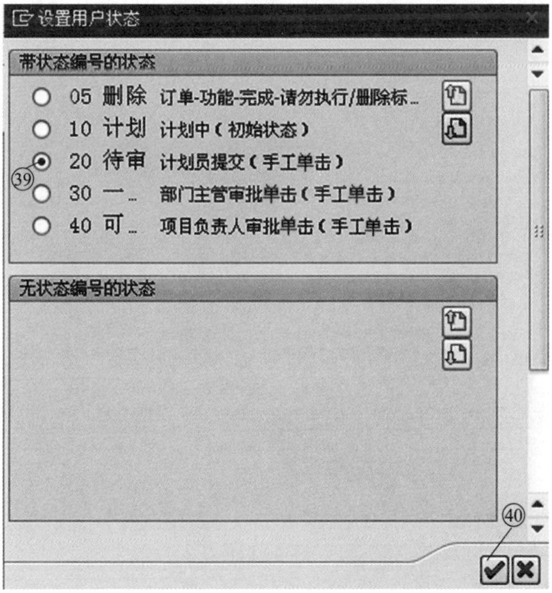

图 2-63　用户状态设置界面

提示：

不同类型工单的审批流程和用户状态不同，所有的工单类型都有计划和待审状态。

再次执行37）步操作，进入“设置用户状态”界面，将状态由“待审”改为“一审通过”。

39）单击按钮保存，如图2-64中㊶所示，选择“是”，返回到“初始屏幕”，如图2-65中㊷所示。

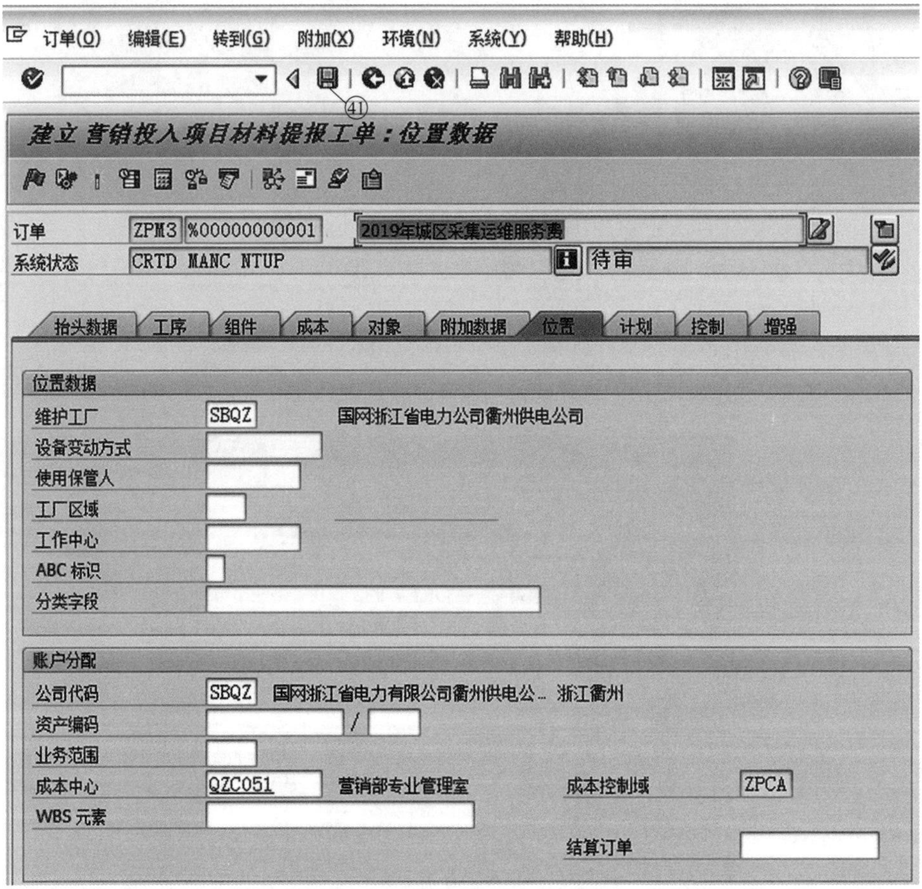

图2-64　保存订单信息

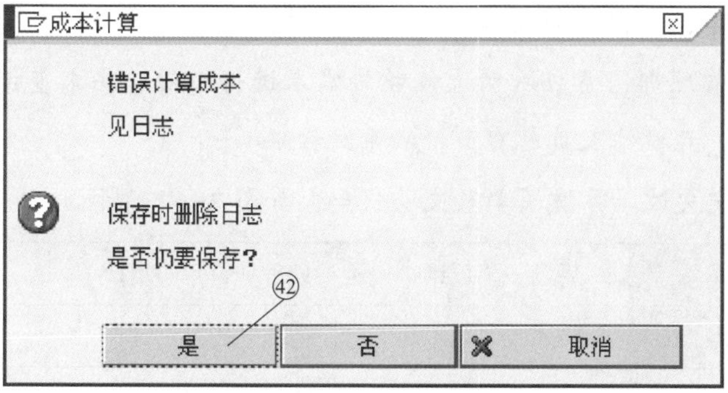

图 2-65　确认保存

40）状态栏。显示 5000089387 号的工单已保存，如图 2-66 中 ㊸ 所示。

41）单击按钮保返回系统主界面，如图 2-66 中 ㊹ 所示。

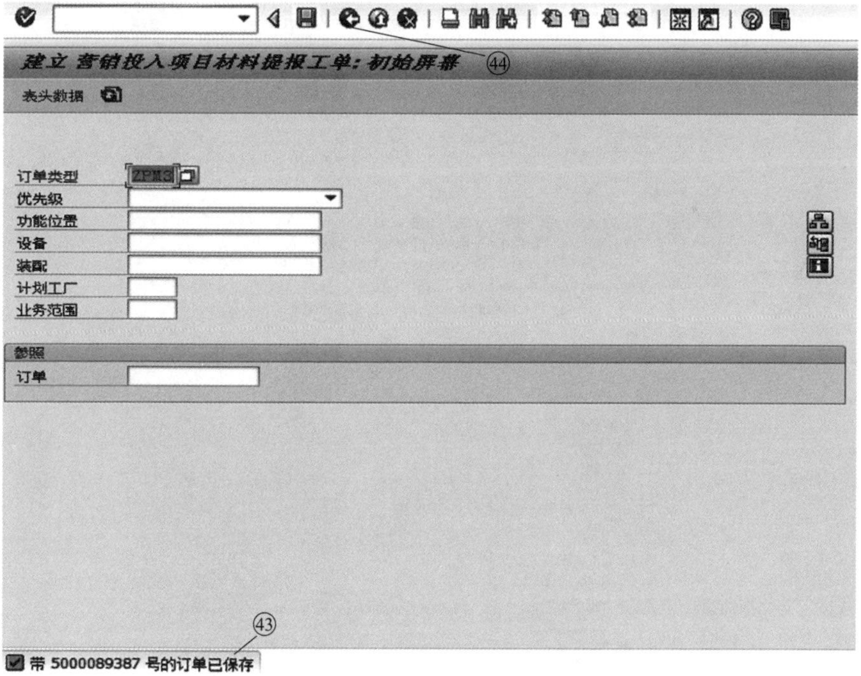

图 2-66　系统主界面

提示：

营销项目提报的工单号是由 10 位数字组成的，都是以“5”开头的。

工单审核：订单创建并安排好物料且订单状态为待审后，在设备管理模块中查询及审批工单，对物资需求进行审批，计划主管部门主管审批完后再由项目归口管理部门责任人对大修物资需求进行审核。要求查询或更改的工单已经存在，且操作人员具有审批的系统权限。

（2）订单更改。系统菜单及交易代码，如图 2-67 所示。

ERP 菜单	后勤→工厂维护→维护处理→订单→更改
事务代码	IW32

图 2-67　系统菜单及交易代码

系统操作及栏位解释，如图 2-68 所示。

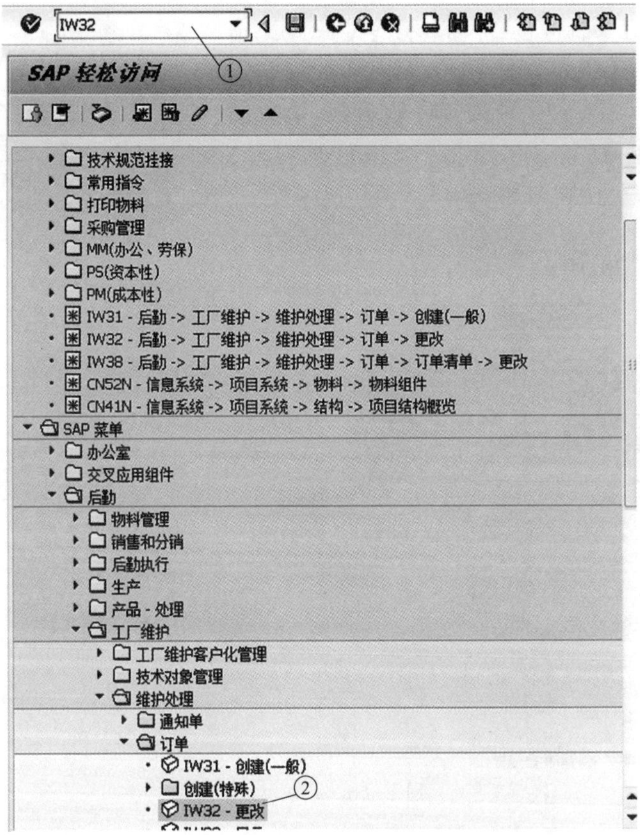

图 2-68　系统操作及栏位解释

1）双击主菜单中的“后勤→工厂维护→维护处理→订单→更改”项，如

图 2-68 所示。

2）或在交易栏输入事务代码 IW32 后回车，进入工单，如图 2-68 中①、②所示。

通过以上方法进入“更改 PM 工单：选择工单”界面，在订单后面输入用 IW31 创建生成的订单号（5 开头的 10 位数）回车，如图 2-69 所示。

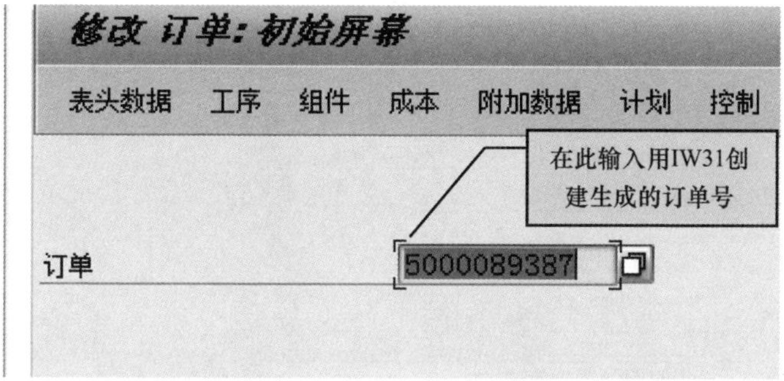

图 2-69　创建生成的订单号

提示：

回车后进入订单的主界面，如图所示的修改界面，在这里可以对工单内容进行查看或者修改。

可以依次单击表头数据、工序、组件、成本、对象、附加数据等各页进行修改或检查输入数据是否正确，如图 2-69 所示。

3）单击 组件 进入组件总览对维修所需物资进行审批，如图 2-70 中③所示。

4）审批完毕单击按钮查看工单的用户状态（如图 2-70 中④所示），弹出“设置用户状态”界面，如图 2-71 所示。

5）单击相应的用户状态，例如，把用户状态从一审通过状态改为可下达，如图 2-71 中⑤所示。

6）选择相应的状态后，单击按钮确认审批，返回工单主界面，如图 2-71 中⑥所示。

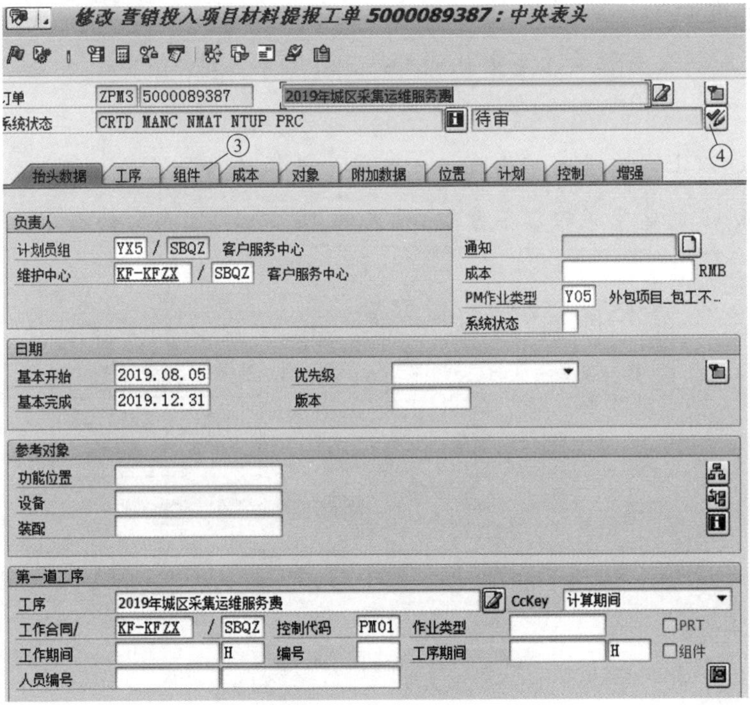

图 2-70 组件总览对物资审批界面

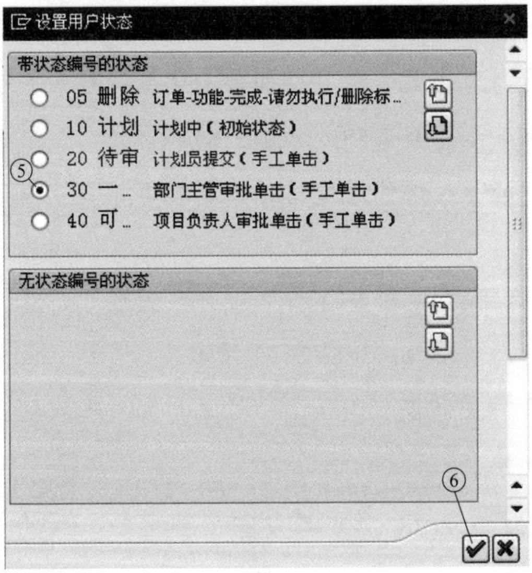

图 2-71 设置用户状态界面

7）可以看到用户状态已经由“一审通过”变为“可下达”，如图 2–72 中 ⑦ 所示。

8）单击 执行，如图 2–72 中 ⑧ 所示。

9）修改完毕后，单击 按钮保存，返回到“修改工单”界面，如图 2–72 中 ⑨ 所示。

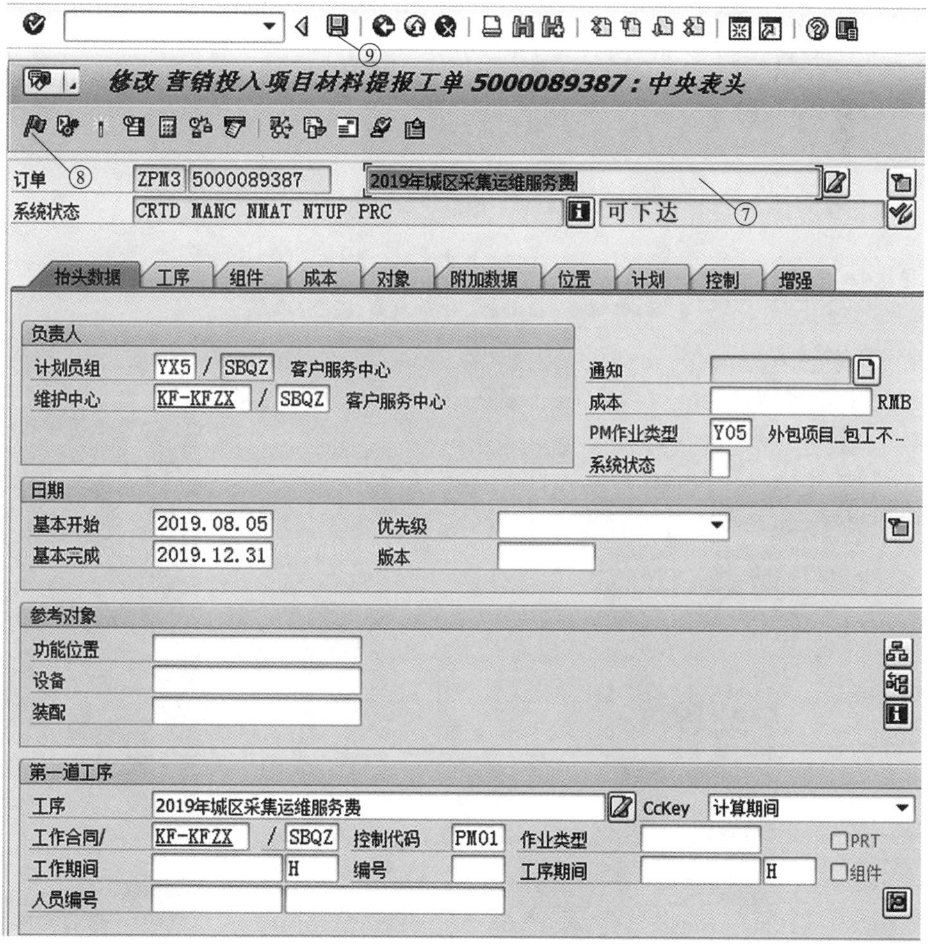

图 2–72 用户状态变更保存

提示：

重复以上操作，可以对多个工单进行审批操作，也可两次单击 按钮返回系统主操作界面。

3. 项目未下达创建采购需求

未下达项目的服务招标采购需求，由需求单位在MM中手工创建服务采购申请，不带WBS元素。

系统菜单创建及交易代码如图2-73所示。

ERP菜单	后勤→物料管理→采购→采购申请→创建
事务代码	ME51N

图2-73　系统菜单创建及交易代码

系统菜单创建操作及栏位解释如图2-74所示。

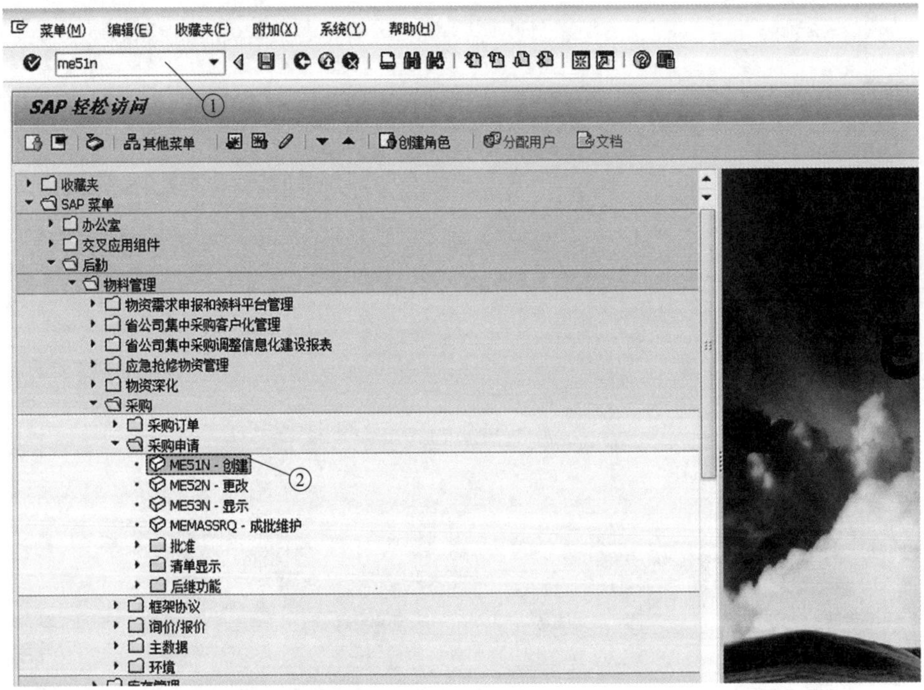

图2-74　系统操作及栏位解释

（1）在交易代码栏输入交易代码“ME51N”，回车或者单击，如图2-74中①所示。

（2）在 ERP 菜单中根据路径找到“ME51N– 创建”，双击进入，如图 2–74 中 ② 所示。

通过以上两种方式都可以进入“采购申请创建”主界面，如图 2–75 所示。

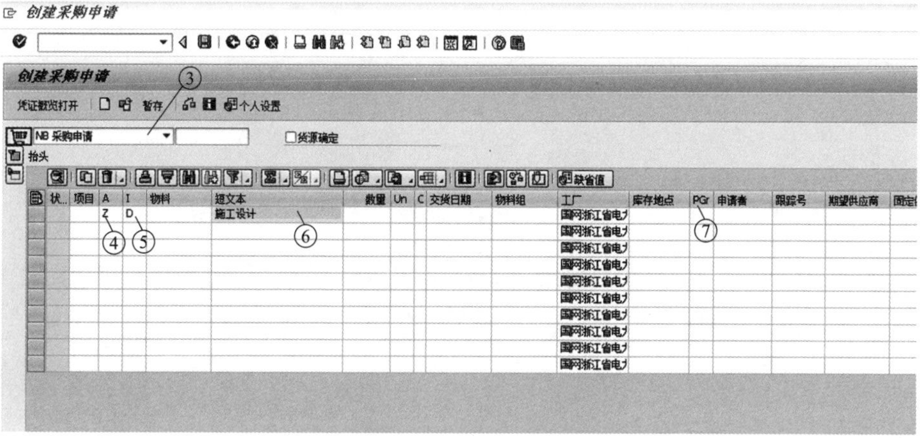

图 2–75　创建采购申请

（3）采购凭证类型选择“服务需求提报凭证”，如图 2–75 中 ③ 所示。

（4）科目分配类别选择“Z– 服务采购（浙电）”，如图 2–75 中 ④ 所示。

（5）账户类别选择“D– 服务”，如图 2–75 中 ⑤ 所示。

（6）短文本输入服务文本描述，如图 2–75 中 ⑥ 所示。

（7）输入工厂 SBQZ，输入本次采购对应的采购组信息“Q2J”。修改交货日期，维护完成后，单击回车或者✅，进入下一步，如图 2–75 中 ⑦ 所示。

（8）输入本次采购所需的服务编码，如 300000001（技术规范书 ID 中间数字，需完整九位数编号），如图 2–76 中 ⑧ 所示。

（9）数量。本次采购数据，如 1。数量填写金额，如图 2–76 中 ⑨ 所示。

（10）输入服务采购价格。总价格填 1，如图 2–76 中 ⑩ 所示。维护完成后，单击回车或者✅，进入下一步。

图 2-76 输入采购数据

（11）生产机环境：总账科目“1001010101”需维护方可正常保存，如图 2-77 中 ⑪ 所示。

（12）单击✔，往下执行，如图 2-77 中 ⑫ 所示。

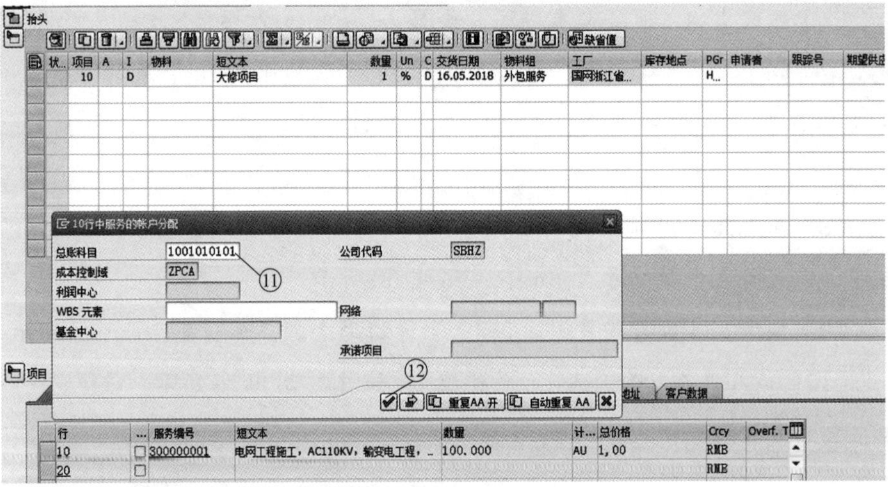

图 2-77 生产机环境

（13）检查采购申请是否存在问题，如图 2–78 中 ⑬ 所示。

（14）检查无误后，单击“保存”按钮进行保存，如图 2–78 中 ⑭ 所示。

（15）订单创建成功，如图 2–79 所示。

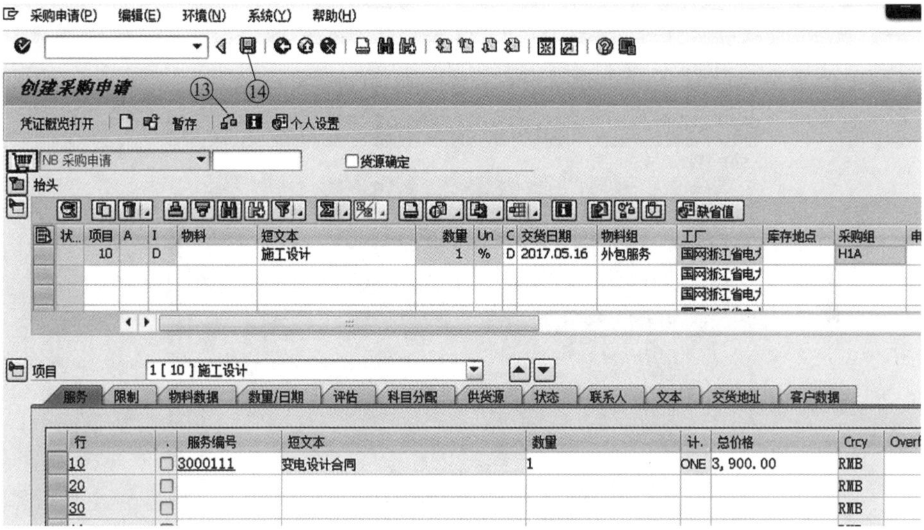

图 2–78　保存采购订单

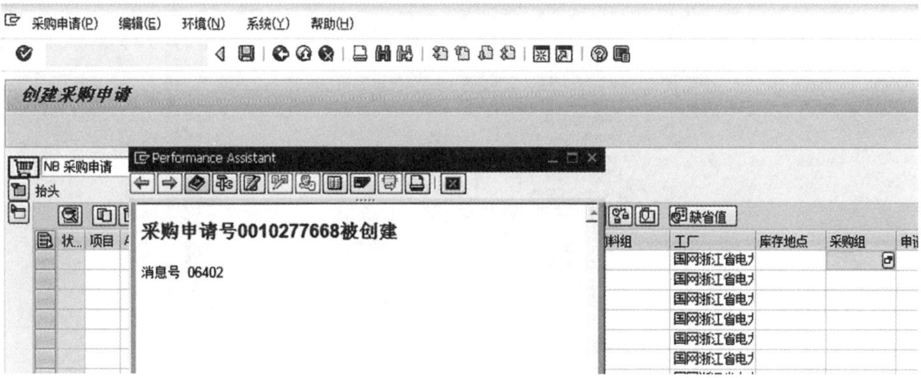

图 2–79　订单创建成功

4. 技术规范书 ID 及文件挂接

提交采购申请前，项目部门应在电子商务平台创建技术规范书，同时产生 ID 号，并在 ERP 系统维护 ID 号和挂接技术规范书。

系统菜单及交易代码如图 2–80 所示。

ERP 菜单	后勤→物料管理→物资集约化→采购过程管理→技术规范书管理→批量维护技术规范书 ID
事务代码	ZMM11028

图 2-80　系统菜单及交易代码

系统操作及栏位解释如图 2-81 所示。

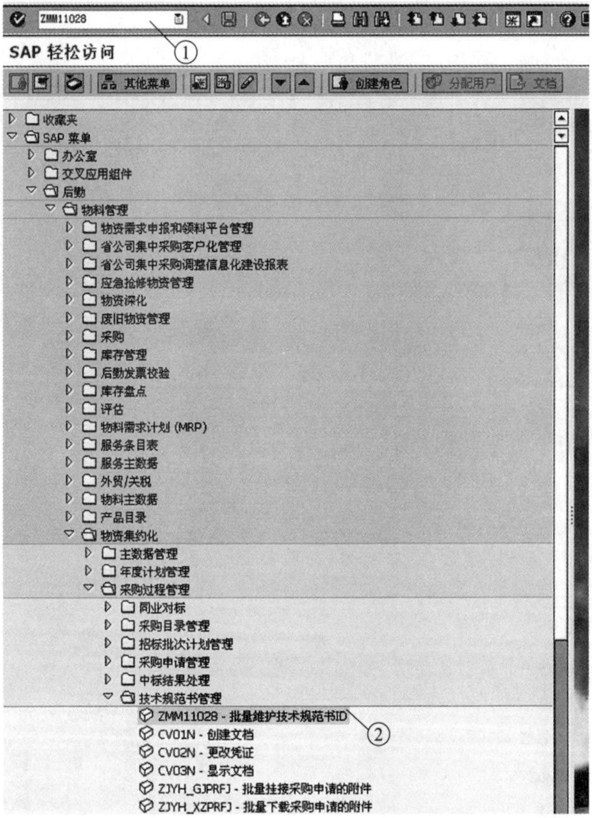

图 2-81　系统操作及栏位解释

（1）在交易代码栏输入交易代码“ZMM11028”，回车或单击，如图 2-81 中 ① 所示。

（2）双击 ZMM11028 - 批量维护技术规范书ID，如图 2-81 中 ② 所示。

（3）输入工厂代码，如图 2-82 中 ③ 所示。

（4）单击进行创建，如图 2-82 中 ④ 所示。

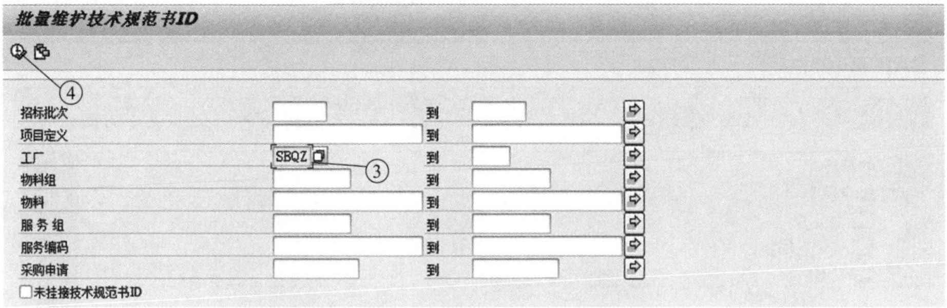

图 2-82 创建批量维护技术规范书

（5）输入技术规范 ID，如图 2-83 中 ⑤ 所示。

（6）选中整行单击保存，如图 2-83 中 ⑥ 所示。

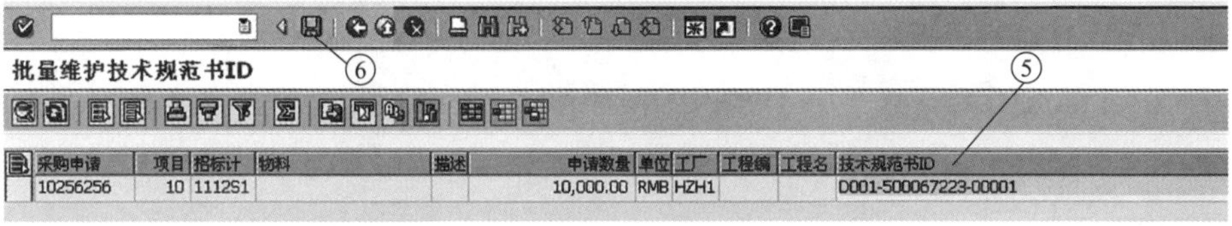

图 2-83 保存输入技术规范 ID

（三）服务类采购申请提报

1. 县公司服务类采购申请上报

服务类采购申请产生后，县公司项目主管部门按需提报采购申请。

系统菜单及交易代码如图 2-84 所示。

ERP 菜单	后勤 → 物料管理 → 物资集约化 → 非物资采购管理→县公司服务采购申请上报
事务代码	ZMM14063

图 2-84 系统菜单及交易代码

系统操作及栏位解释如图 2-85 所示。

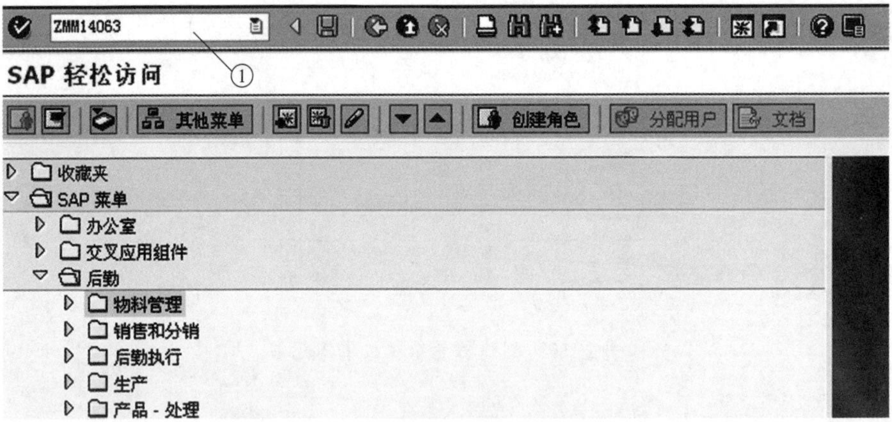

图 2-85　系统操作及栏位解释

（1）在交易代码栏输入交易代码“ZMM14063”，回车或单击，如图 2-85 中 ① 所示。

（2）输入招标方式，如图 2-86 中 ② 所示。

（3）输入招标批次，如图 2-86 中 ③ 所示。

（4）输入采购申请，如图 2-86 中 ④ 所示。

（5）选择状态，如图 2-86 中 ⑤ 所示。

（6）单击进行查看，如图 2-86 中 ⑥ 所示。

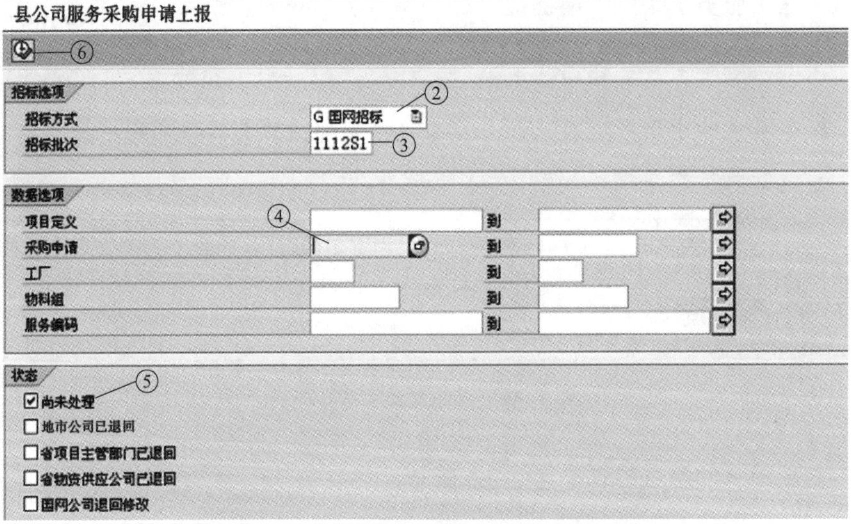

图 2-86　创建县公司服务采购申请上报

（7）选择地市公司主管部门代码，如图 2–87 中 ⑦ 所示。

图 2–87　查看订单情况

（8）填写工程规模、建设地点及承包方式、设计施工监理工程，如图 2–88 中 ⑧ 所示。

（9）按照要求维护分标名称、临时包号、招标范围、报价方式、最高限价、项目批复文号、专业资质要求、业绩要求、合同范本、联系人、联系电话，如图 2–89 中 ⑨ 所示。

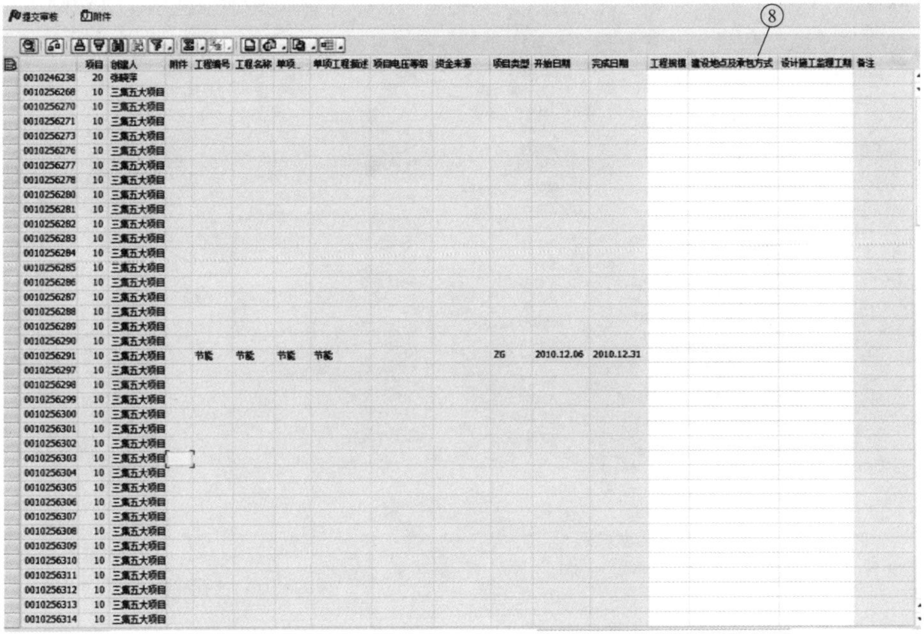

图 2–88　选择地市公司主管部门代码

批量维护：当部分需求的填报信息相同，可通过批量维护进行处理时，即将当前需求维护的信息批量维护至其他需求信息中，请谨慎使用！

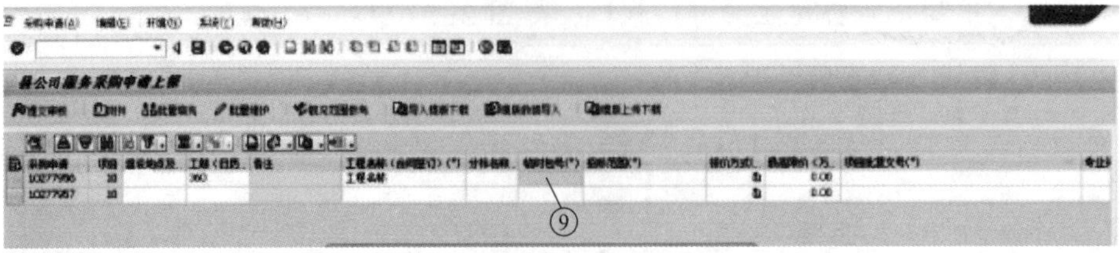

图 2-89　填写工程详情

（10）选择模板需求数据，如图 2-90 中 ⑩ 所示。

（11）单击批量维护按钮，如图 2-90 中 ⑪ 所示。

（12）弹出如图对话框，在要复制的字段前打勾，单击☑进行确认，这样其他需求的该字段自动赋值为复制内容，如图 2-90 中 ⑫ 所示。

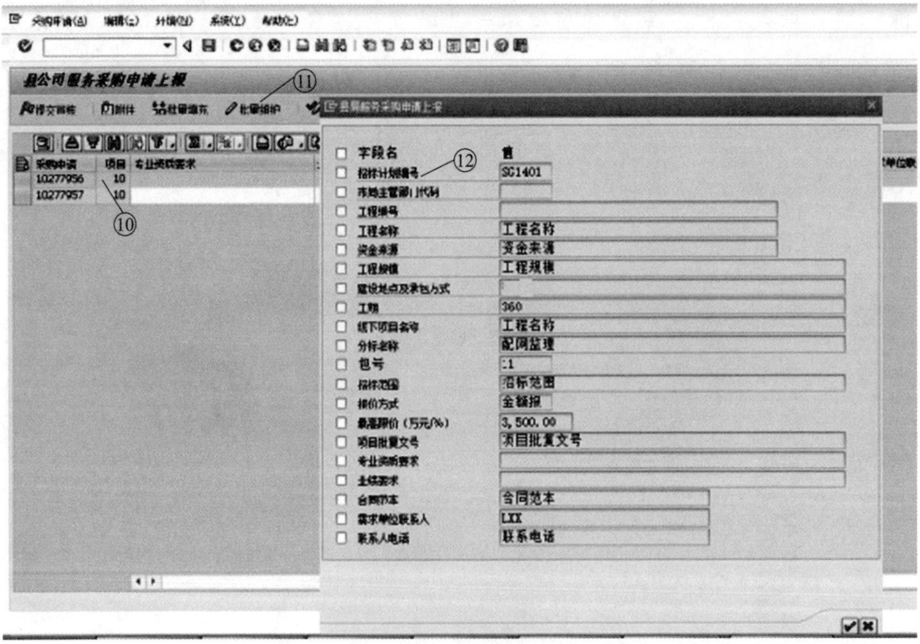

图 2-90　批量维护界面

模板导入：选择需要模板导出的需求，单击“导入模板下载”（注：下载前必须选择需导入的需求），模板下载后根据模板要求维护相应的信息，维护完成后，单击“模板数据导入”进行导入。

（13）选择需模板导入的采购需求计划信息，如图 2-91 中 ⑬、⑭ 所示。

图 2-91　导入模板下载

（14）导入模板下载及导入，如图 2-92 所示。

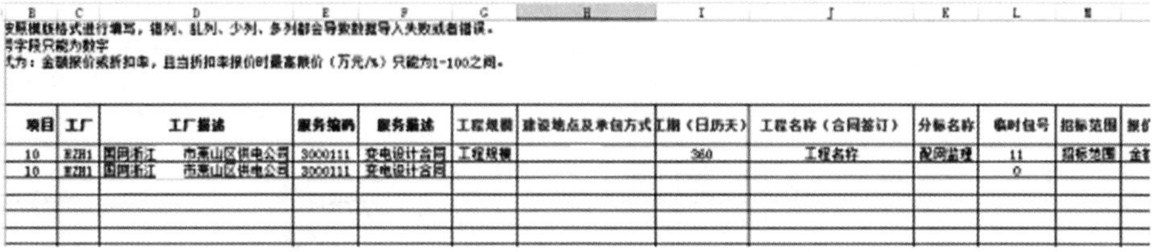

图 2-92　数据模板生成

（15）信息维护完成，且确认无误后，选择需求提交的数据，如图 2-93 中 ⑮ 所示。

（16）单击“提交审核”提交上级部门进行审核，如图 2-93 中 ⑯ 所示。

注：计划提交审批时市局主管部门代码、招标方式、技术规范书 ID、资金来源、分标名称等为必填项。

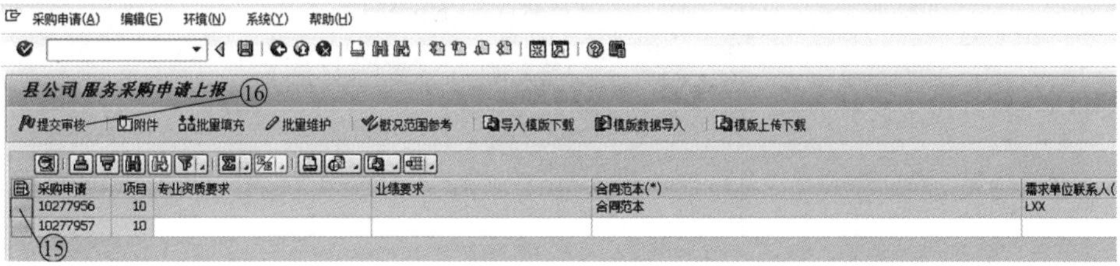

图 2-93　提交审核

填报字段说明，如表 2-1 所示。

表 2-1　计划提交审批模板

序号	字段名称	是否必须	填写说明
1	地市公司主管部门代码	是	该需求对应的地市公司主管部门
2	工程编号		针对手工创建的采购申请，目前暂不要求维护对应的工程编号
3	工程名称（ERP）	是	针对手工创建的采购申请号，要求维护相应的工程项目名称，以备 ECP 招标使用
4	项目电压等级	是	PS 及 PM 自动带出，手工创建需要手工维护
5	资金来源	是	PS 及 PM 自动带出，手工创建需要手工维护
6	工程规模	是	对工程规模的详细描述
7	建设地点及承包方式	是	该需求对应的建设地点及承包方式
8	工期（日历天）	是	该需求项目对应的工程工期
9	工程名称（合同签订）	是	工程对应签订时的名称
10	分标名称	是	需求单位期望招标时分标名称
11	临时包号	是	需求单位自行维护该需求招标时包号，临时包号非最终包号
12	招标范围	是	需求对应的招标采购范围描述
13	报价方式	是	需求招标时供应商对应的报价方式
14	最高限价	是	供应商报价的最高限价金额，其中折扣率的化只能维护在 0 ~ 100 之间
15	项目批复文号	是	需求对应的项目批复文号
16	专业资质要求	是	根据不同需求填写
17	业绩要求	是	根据不同需求填写
18	合同范本	是	需求对应的合同签订范本
19	需求单位联系人	是	需求对应的单位联系人
20	联系电话	是	需求对应的单位联系人电话

2. 地市公司 / 省直属单位服务类采购申请上报

采购申请产生后，地市公司项目部门 / 省直属单位按需提报采购申请。系统菜单及交易代码如图 2-94 所示。

ERP 菜单	后勤 → 物料管理 → 物资集约化 → 非物资采购管理→地市公司服务采购申请上报
事务代码	ZMM14064

图 2–94　系统菜单及交易代码

系统操作及栏位解释如图 2–95 所示。

（1）在交易代码栏输入交易代码“ZMM14064”，回车或单击，如图 2–95 中 ① 所示。

图 2–95　系统操作及栏位解释

（2）输入招标方式，如图 2–96 中 ② 所示。

（3）输入招标批次，如图 2–96 中 ③ 所示。

（4）输入工厂代码，如图 2–96 中 ④ 所示。

（5）数据选择，如图 2–96 中 ⑤ 所示。

（6）状态选择，如图 2–96 中 ⑥ 所示。

（7）单击进行创建，如图 2–96 中 ⑦ 所示。

（8）选择省公司主管部门代码，如图 2–97 中 ⑧ 所示。

（9）按照要求维护分标名称、临时包号、招标范围、报价方式、最高限价、项目批复文号、专业资质要求、业绩要求、合同范本、联系人、联系电话，如图 2–98 中 ⑨ 所示。

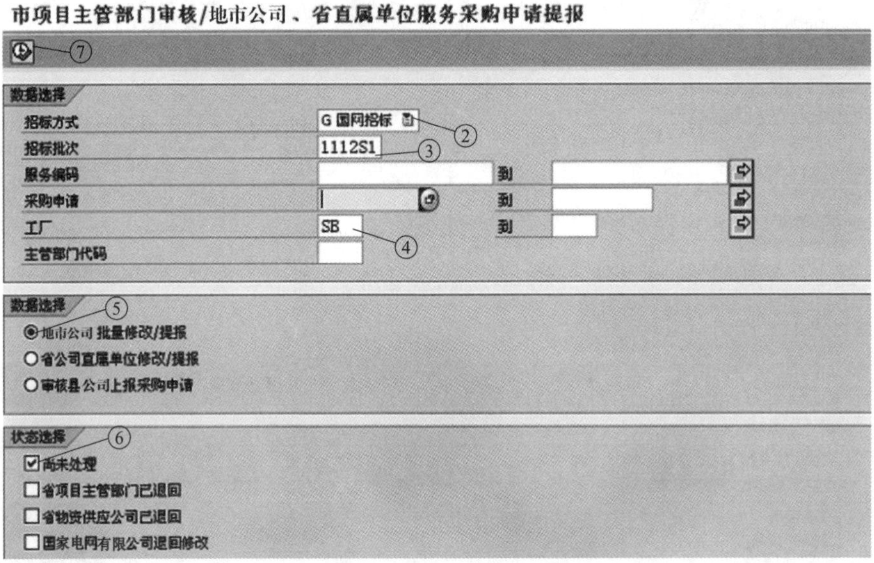

图 2-96　创建服务采购申请提报

图 2-97　选择部门代码

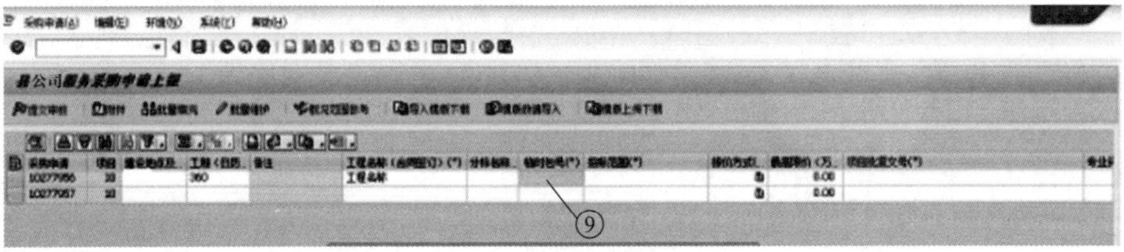

图 2-98　按照要求维护

批量维护：当部分需求的填报信息相同，可通过批量维护进行处理，即将当前需求维护的信息批量维护至其他需求信息中，请谨慎使用！

（10）选择模板需求数据，如图 2-99 中 ⑩ 所示。

（11）单击批量维护按钮，如图 2-99 中 ⑪ 所示。

（12）弹出如图对话框，在要复制的字段前打勾，单击✔进行确认，这样其他需求的该字段自动赋值为复制内容，如图 2-99 中 ⑫ 所示。

模板导入：选择需要模板导出的需求，单击“导入模板下载”（注：下载前必须选择需导入的需求），模板下载后根据模板要求维护相应的信息，维护完成后，单击“模板数据导入”进行导入。

（13）选择需模板导入的采购需求计划信息，如图 2-100 中 ⑬、⑭ 所示。

（14）导入模板下载及导入，如图 2-101 所示。

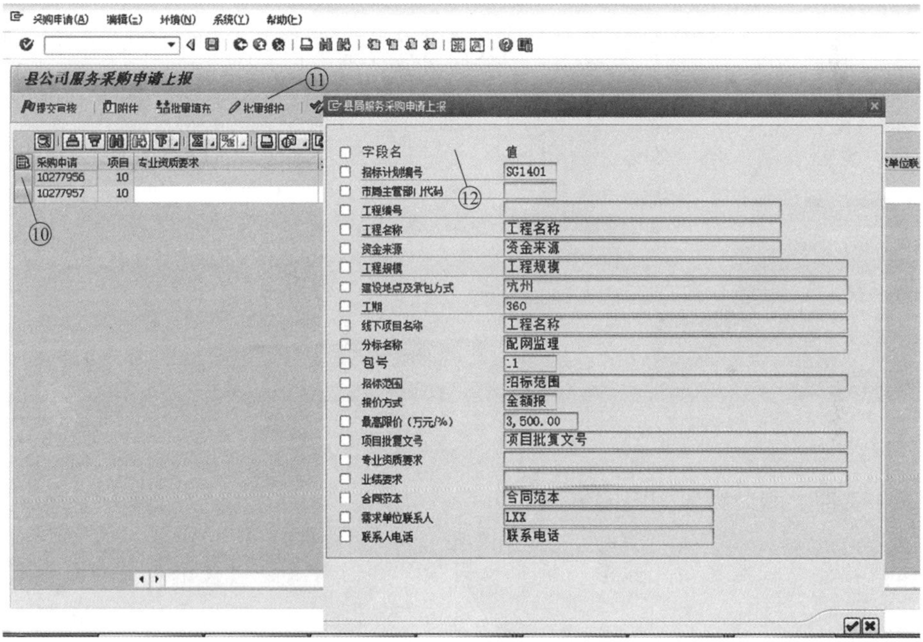

图 2-99　批量维护数据

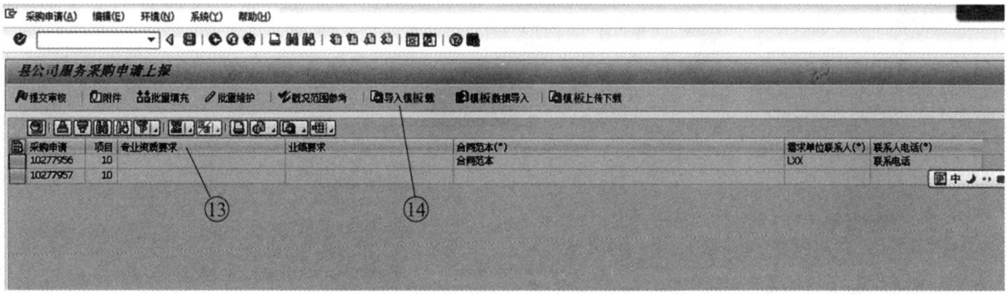

图 2-100　导入模板下载

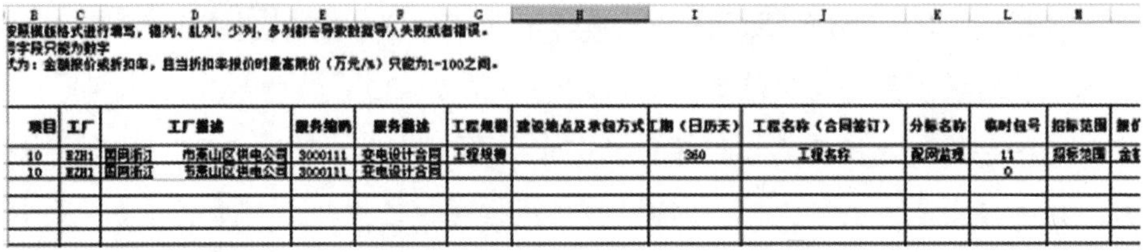

图 2-101　数据模板生成

（15）信息维护完成后，且确认无误后，选择需求提交的数据，如图2-102 中 ⑮ 所示。

（16）单击“提交审核”提交上级部门进行审核，如图 2-102 中 ⑯ 所示。

注：计划提交审批时地市公司主管部门代码、招标方式、技术规范书ID、资金来源、分标名称等为必填项。

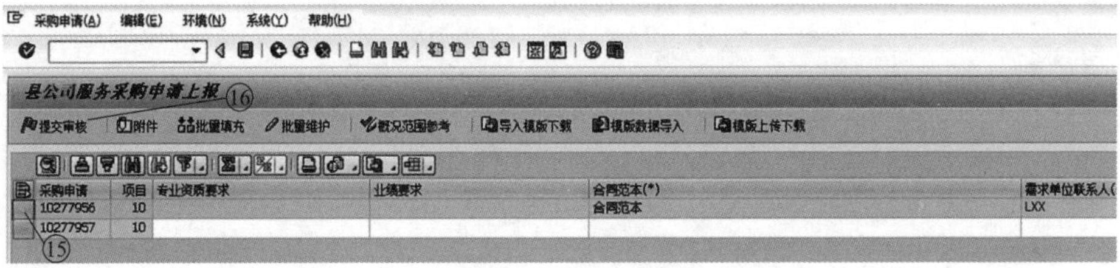

图 2-102　提交数据审核

（四）服务类采购申请审核

县公司采购申请上报后，地市公司项目部门对县公司提报采购申请进行审核。

系统菜单及交易代码如图 2-103 所示。

ERP 菜单	后勤 → 物料管理 → 物资集约化 → 非物资采购管理→地市公司服务采购申请上报 / 审核
事务代码	ZMM14064

图 2-103　系统菜单及交易代码

系统操作及栏位解释如图 2-104 所示。

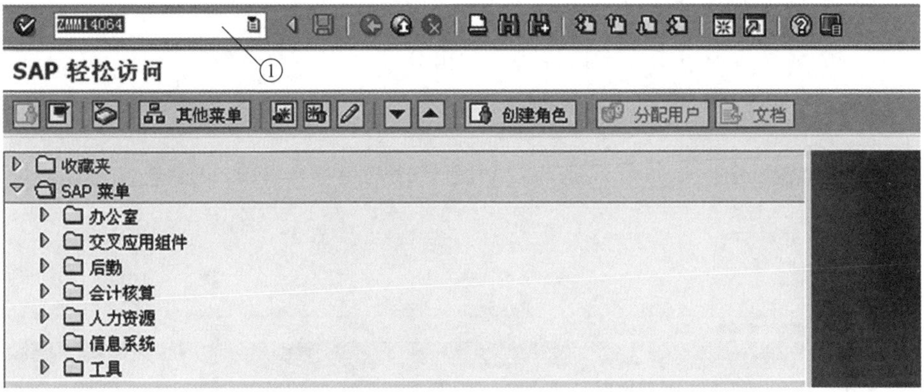

图 2-104　系统操作及栏位解释

（1）在交易代码栏输入交易代码“ZMM14064”，回车或单击，如图 2-104 中 ① 所示。

（2）输入招标方式，如图 2-105 中 ② 所示。

（3）输入招标批次，如图 2-105 中 ③ 所示。

（4）输入主管部门代码，如图 2-105 中 ④ 所示。

（5）数据选择，如图 2-105 中 ⑤ 所示。

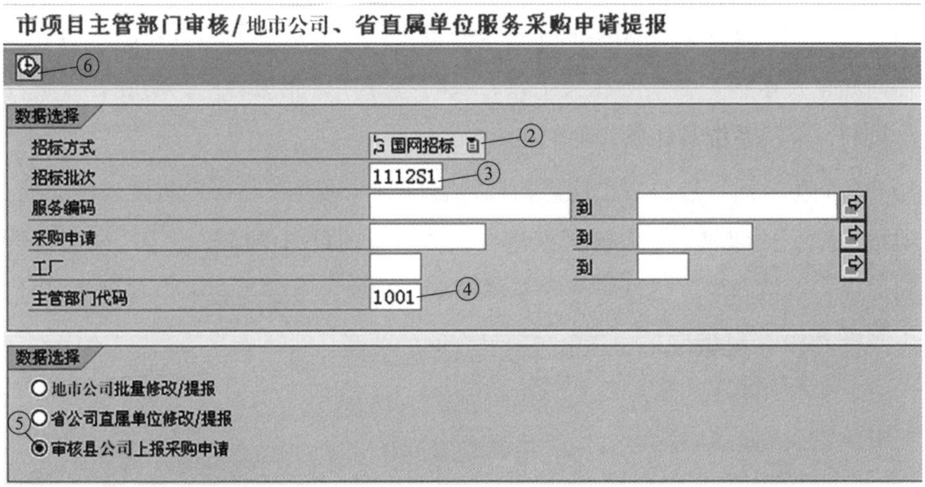

图 2-105　创建服务采购申请提报

（6）单击进行创建，如图 2–105 中 ⑥ 所示。

（7）选择省公司主管部门代码，如图 2–106 中 ⑦ 所示。

（8）单击 同意 或 退回 ，如图 2–106 中 ⑧ 所示。

注：省公司主管部门代码为计划提交时必填项，采购申请退回时需填写原因。

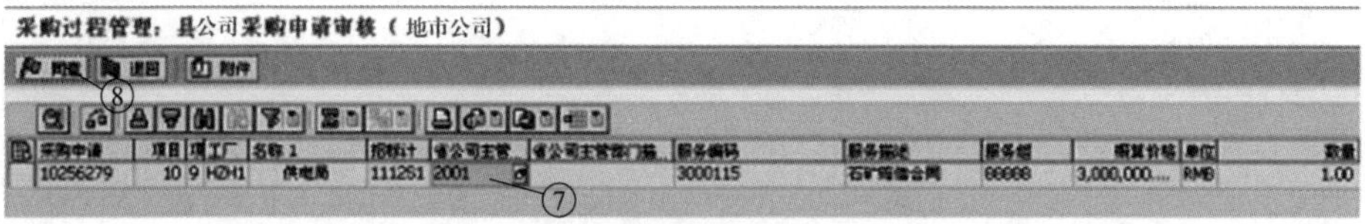

图 2–106　输入主管部门代码

第三节　项目合同管理

项目单位应自招标中标通知书发出之日起 30 日内签订合同，按照公司合同管理规定，使用公司相应的项目合同范本，各专业部门通过经法系统开展合同起草、审核、会签等相关工作，及时签订项目相关合同，明确各方责任与权利，经法系统具体操作见附录 C。

合同生效后，项目单位应严格履行合同，确需对项目实施进度、供应商、项目经费、预期成果等关键因素进行调整的，项目单位应按规定严格履行合同订立、审核会签、审批等合同变更程序。在项目实施过程中需支付费用时，应通过 ERP 系统做好采购订单与项目合同的关联。

一、ERP 关联操作

（一）打开采购订单

进入事务代码 ME22N，单击按钮，输入采购订单号，单击 其他凭证 按钮，打开采购订单，如图 2-107 所示。

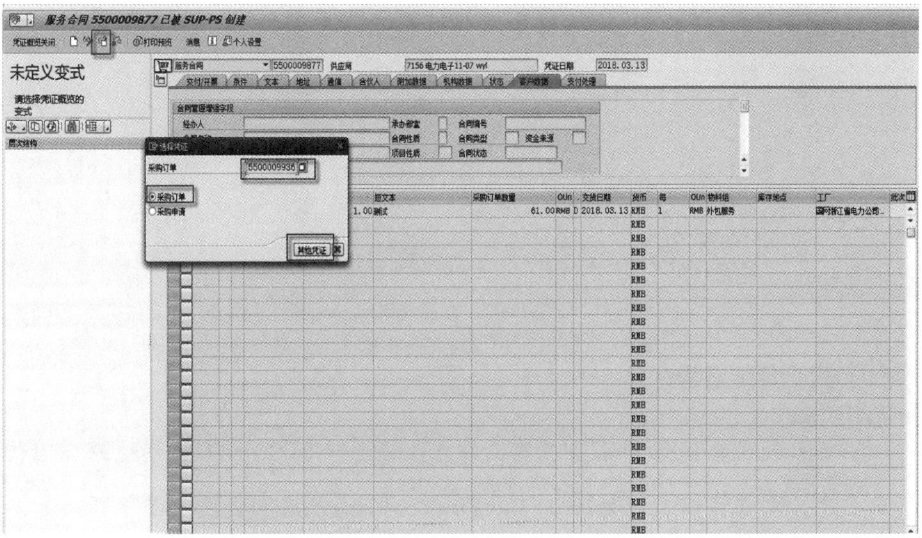

图 2-107　打开采购订单

（二）关联经法合同

选择 客户数据 页签，在合同编号内输入正确的合同编号及合同名称，单击保存按钮，如图 2-108 所示。

图 2-108　输入合同名称及编号

（三）保存采购订单

（1）如果该合同编号填写正确，即在经法系统同步给 ERP 系统的合同信息中存在，则提示信息，如图 2-109 所示，单击 是保存 保存即可。

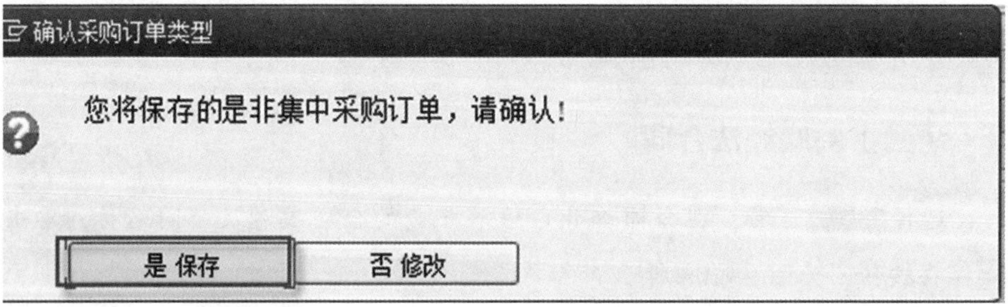

图 2-109　保存非集中采购订单

（2）如果该合同编号在经法系统同步给 ERP 系统的合同信息中不存在，则会提示信息，如图 2-110 所示。

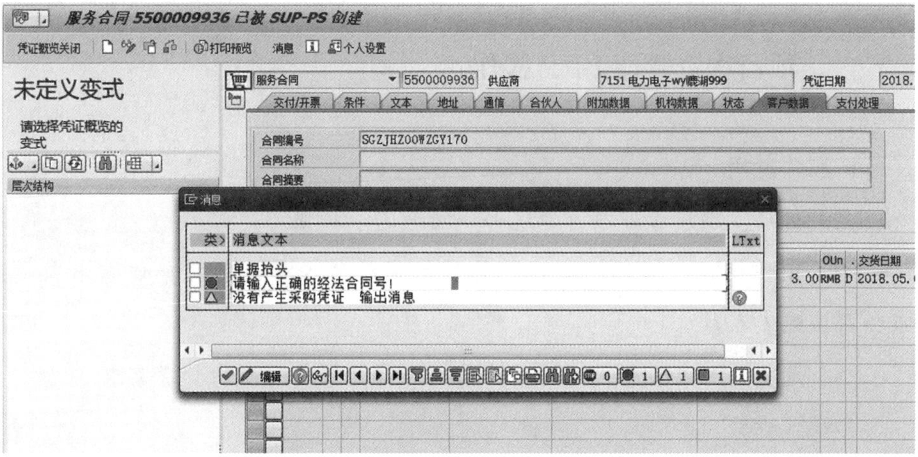

图 2-110　合同信息不存在提醒

第四节　项目物资管理

项目单位应主动与物资部门进行沟通联系，按照采购批次及时提报采购需求，并跟踪好项目物资、设计、监理、施工等采购工作。项目单位在物资到货后 3 个工作日内应按照公司物资管理规定开展相应验收工作。验收应主要包括物资外观是否破损、技术型号（规格参数）是否符合要求、设备选型是否与项目一致等。验收通过后及时出具验收单，项目单位对验收合格的物资在验收单上签字，并办理领料手续。

项目单位应严格按照营销项目实际工程进度，按照单项工程领取所需物资并办理领料手续（无纸化出库电子领料单）。项目单位应加强工程退料和废旧物资的监督管理，严禁虚列工程和私自变卖废旧物资等违规行为。具体流程如下：

（1）项目单位对单项工程剩余物资应如实填写退料单，及时办理规定的退料手续，并将结余物资退回仓库。

（2）对工程中拆除的废旧设备，应如实填写废旧物资交接单，并送至仓库，完成实物交接。

一、项目物资管理 ERP 操作

1. 操作说明

（1）路径：供应管理—资源统筹—物资需求提报。

（2）操作岗位。主网、配网、营销物资履约人员，项目单位需求人员，市公司调配室人员。

（3）说明。由市县公司项目单位需求人员提报实际配网物资需求。

2. 操作步骤

Sheet 页签：在配网 Sheet 页下提报物资需求计划，最终将在 ERP 中产生标准（NB）、寄存（JX）、电能表（BJ）采购订单。在主网 Sheet 页下提报物资需求计划，最终将在 ERP 中产生项目（J1）采购订单，同时将自动创建 ERP 预留。

配网页签：由市县公司项目单位需求人员提报实际配网物资需求。

（1）新增数据，单击按钮“新增”，弹出新增框，弹出框内物料为当前在履约框架协议的物料清单，选择物料（可多选），如图 2–111 所示。单击保存后，如图 2–112 所示。

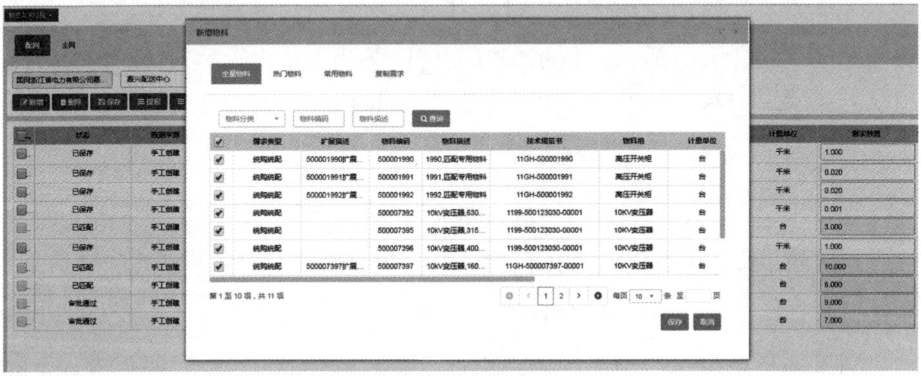

图 2–111　新增数据界面

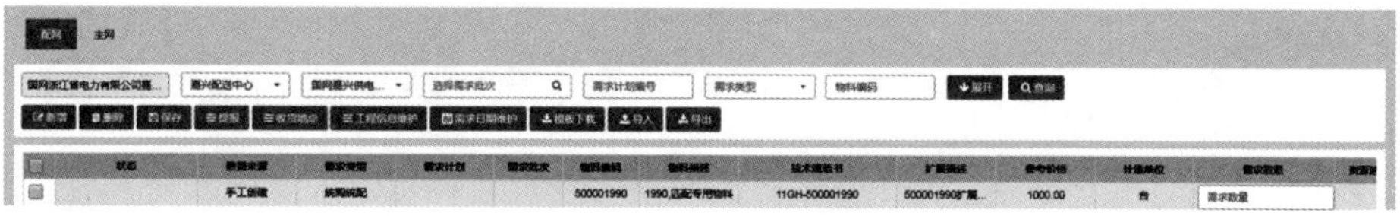

图 2-112　保存数据界面

（2）维护收货地点，勾选数据，单击按钮“收货地点”，弹出收货地点界面，选择实际收货仓库或现场地点（现场地址在配送管理—配送资源—项目现场维护进行维护），双击选中保存，如图 2-113 所示。

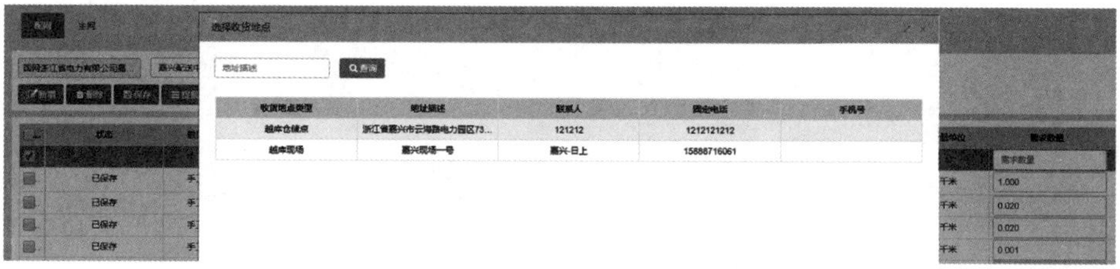

图 2-113　维护收货地点界面

（3）维护工程信息，勾选数据，单击按钮“工程信息维护”（工程信息在供应管理—基础数据—项目结构进行维护），弹出工程信息维护界面，双击选中保存，如图 2-114 所示。

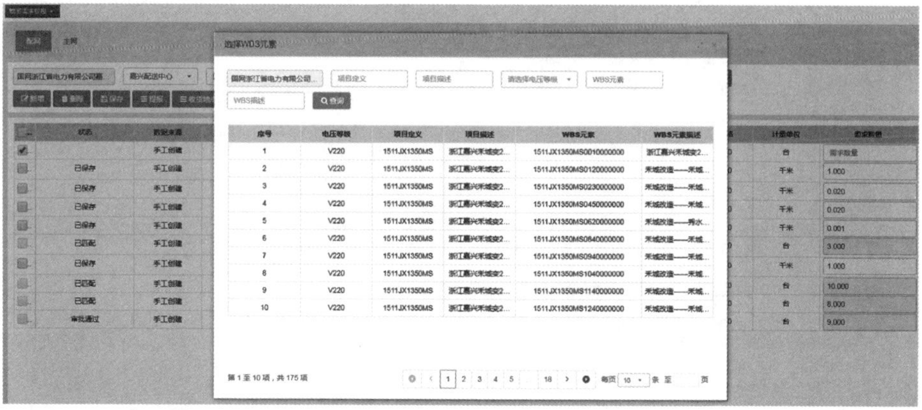

图 2-114　维护工程信息界面

（4）维护需求日期，勾选数据，单击按钮“需求日期维护”，如图 2-115 所示。

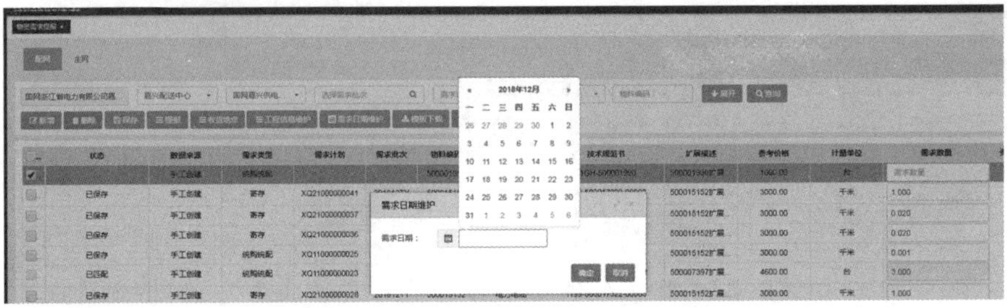

图 2-115　维护需求日期界面

（5）维护需求数量，勾选数据，维护数量，如图 2-116 所示。

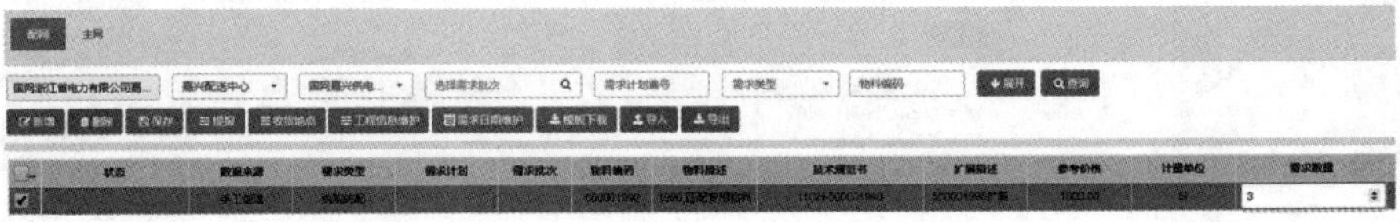

图 2-116　维护需求数量界面

（6）上传业扩附件（业扩紧急需求需上传业扩附件，物资公司将尽快完成框架协议匹配确定供应商），单击上传按钮，选中文件，单击确认，如图 2-117～图 2-119 所示。

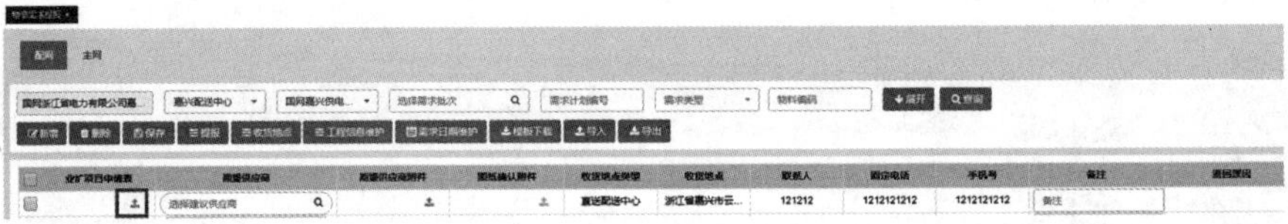

图 2-117　上传业扩附件界面

图 2-118　上传业扩附件界面

图 2-119　成功上传业扩附件界面

（7）维护期望供应商（物资公司规定部分物料可选择期望供应商，其余物料不可选择期望供应商，选择了期望供应商的需求计划在框架协议匹配时优先匹配期望供应商），单击放大镜，如图 2-120 所示，双击选中数据，如图 2-121 所示。

图 2-120　维护期望供应商界面

图 2-121　双击选中维护数据界面

（8）上传期望供应商附件（选择了期望供应商的需求计划，一定要上传期望供应商附件）单击上传按钮，选中文件，单击确认，如图 2-122 ~ 图 2-124 所示。

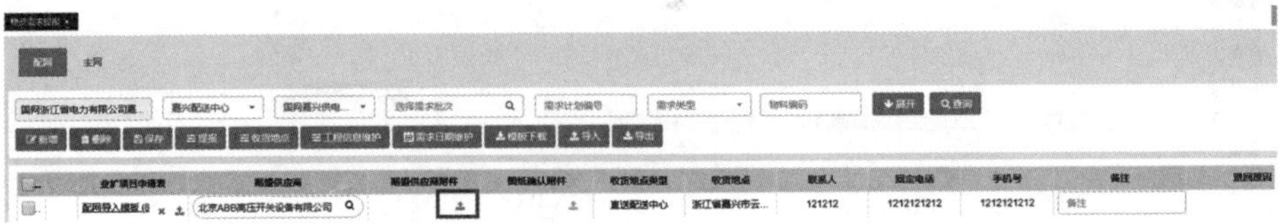

图 2–122　上传期望供应商附件界面

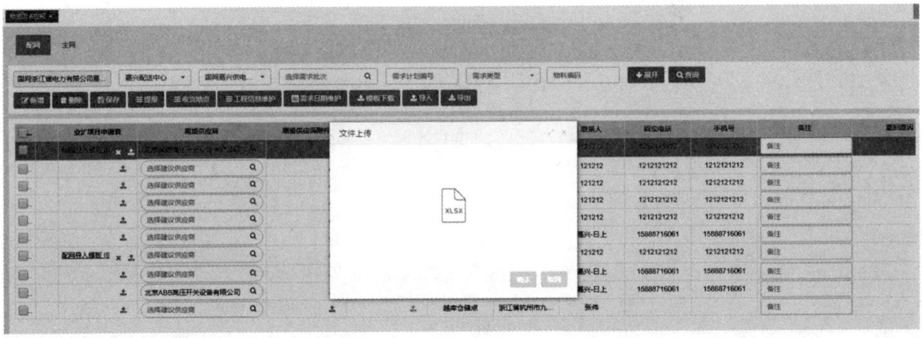

图 2–123　上传期望供应商附件界面

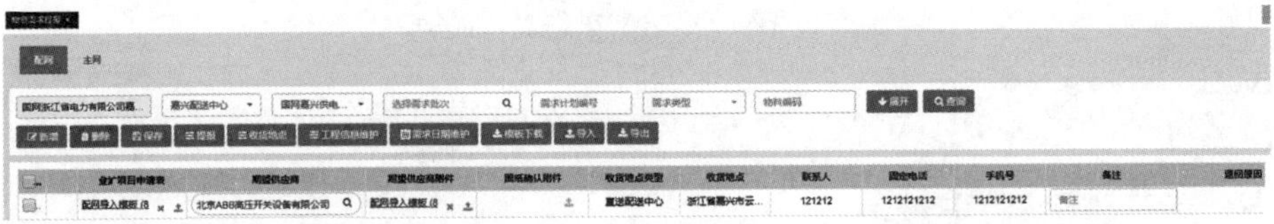

图 2–124　上传成功期望供应商附件界面

（9）上传图纸确认附件（定制类的物料需要上传图纸附件），单击上传按钮，选中文件，单击确认，如图 2–125 ~ 图 2–127 所示。

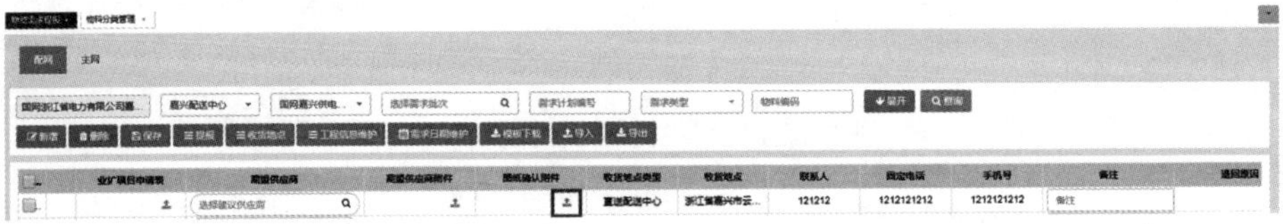

图 2–125　上传图纸确认附件界面

图 2-126　上传图纸确认附件界面

图 2-127　上传成功图纸确认附件界面

（10）填写备注，在备注列的文本框中输入备注，如图 2-128 所示。

图 2-128　填写备注界面

（11）保存数据，勾选数据，单击按钮“保存”，该条数据的状态变为“已保存”，如图 2-129 所示，该条数据的状态变为“已保存”，如图 2-130 所示。

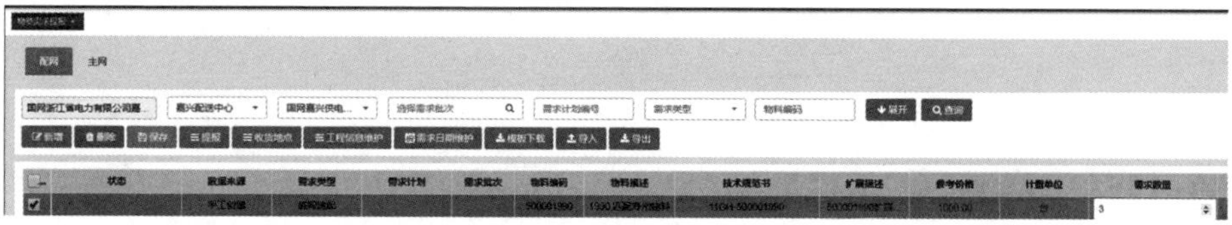

图 2-129　保存数据界面

图 2-130　成功保存数据界面

（12）提报数据，勾选数据，单击按钮“提报”，如图 2-131 所示，该条数据的状态变为“已提报”，如图 2-132 所示。

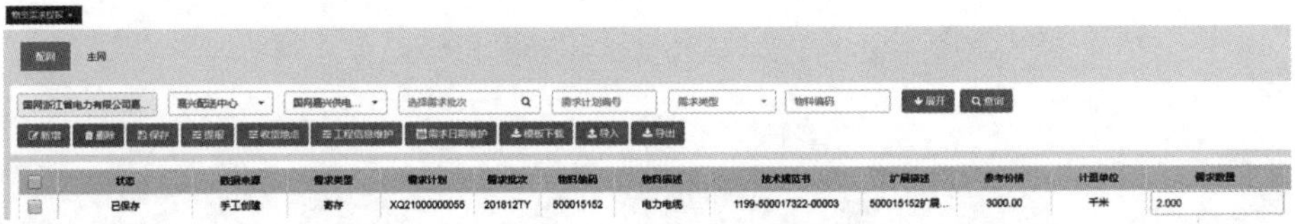

图 2-131　提报数据界面

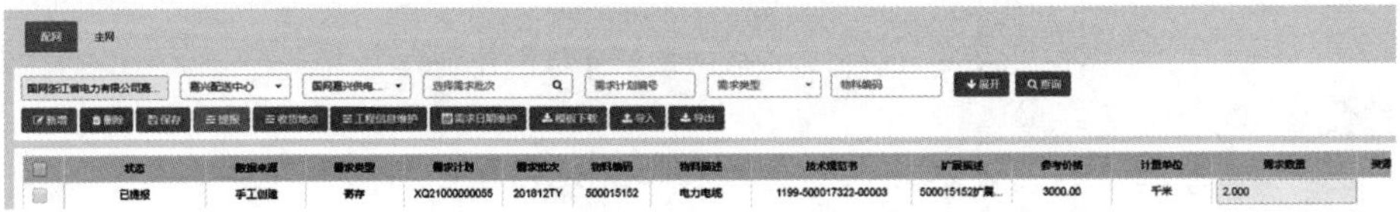

图 2-132　成功提报数据界面

（13）下载模板，单击按钮“模板下载”，生成 Excel，如图 2-133 所示。

图 2-133　下载模板界面

（14）导入数据，单击按钮“导入”，弹出对话框，如图 2-134 所示。选择文件，单击确认，如图 2-135 所示。

图 2-134　导入数据界面

图 2-135　确认导入数据界面

（15）导出数据，单击按钮“导出”，生成 Excel，如图 2-136 所示。

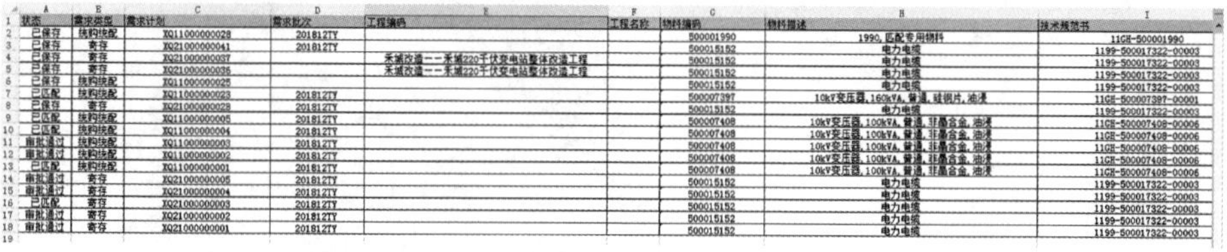

状态	需求类型	需求计划	需求批次	工程编码	工程名称	物料编码	物料描述	技术规范书
已保存	统购统配	XQ11000000028	201812TY			500001990	1990, 匹配专用物料	11GH-500001990
已保存	寄存	XQ21000000041	201812TY			500015152	电力电缆	1199-500017322-00003
已保存	寄存	XQ21000000037		禾城改造——禾城220千伏变电站整体改造工程		500015152	电力电缆	1199-500017322-00003
已保存	寄存	XQ21000000036		禾城改造——禾城220千伏变电站整体改造工程		500015152	电力电缆	1199-500017322-00003
已保存	统购统配	XQ11000000025				500015152	电力电缆	1199-500017322-00003
已匹配	统购统配	XQ11000000023	201812TY			500007397	10kV变压器, 160kVA, 普通, 硅钢片, 油浸	11GH-500007397-00001
已保存	寄存	XQ21000000028	201812TY			500015152	电力电缆	1199-500017322-00003
已匹配	统购统配	XQ11000000005	201812TY			500007408	10kV变压器, 100kVA, 普通, 非晶合金, 油浸	11GH-500007408-00006
已匹配	统购统配	XQ11000000004	201812TY			500007408	10kV变压器, 100kVA, 普通, 非晶合金, 油浸	11GH-500007408-00006
审批通过	统购统配	XQ11000000003	201812TY			500007408	10kV变压器, 100kVA, 普通, 非晶合金, 油浸	11GH-500007408-00006
审批通过	统购统配	XQ11000000002	201812TY			500007408	10kV变压器, 100kVA, 普通, 非晶合金, 油浸	11GH-500007408-00006
已匹配	统购统配	XQ11000000001	201812TY			500007408	10kV变压器, 100kVA, 普通, 非晶合金, 油浸	11GH-500007408-00006
审批通过	寄存	XQ21000000005	201812TY			500015152	电力电缆	1199-500017322-00003
审批通过	寄存	XQ21000000004	201812TY			500015152	电力电缆	1199-500017322-00003
已匹配	寄存	XQ21000000003	201812TY			500015152	电力电缆	1199-500017322-00003
审批通过	寄存	XQ21000000002	201812TY			500015152	电力电缆	1199-500017322-00003
审批通过	寄存	XQ21000000001	201812TY			500015152	电力电缆	1199-500017322-00003

图 2-136　导出数据界面

主网页签：由市县公司项目单位需求人员提报实际主网物资需求。

二、物资管理有关 ERP 操作——项目物资出库及领用

（一）预留号生成

1.PM 预留号创建

（1）订单创建。营销部门根据业务需求在系统中创建营销投入项目材料提报工单，录入相关的信息，主要包括订单类型（ZPM3）、公司代码、文本描述、计划人员组、工作中心、利润中心、科目类别、工序、组件及 WBS 元素等信息。系统菜单及交易代码，如图 2-137 所示。

ERP 菜单	后勤→工厂维护→维护处理→订单→创建
事务代码	IW31

图 2-137　系统菜单及交易代码

系统操作及栏位解释，如图 2-138 所示。

图 2-138　系统操作及栏位解释

1）双击主菜单中的“后勤→工厂维护→维护处理→订单→创建”项，如

图 2–138 中 ① 所示。

2）在交易栏输入事务代码 IW31 后回车，如图 2–138 中 ② 所示。

通过以上方法进入“建立营销投入项目材料提报：初始屏幕”界面，如图 2–139 所示。

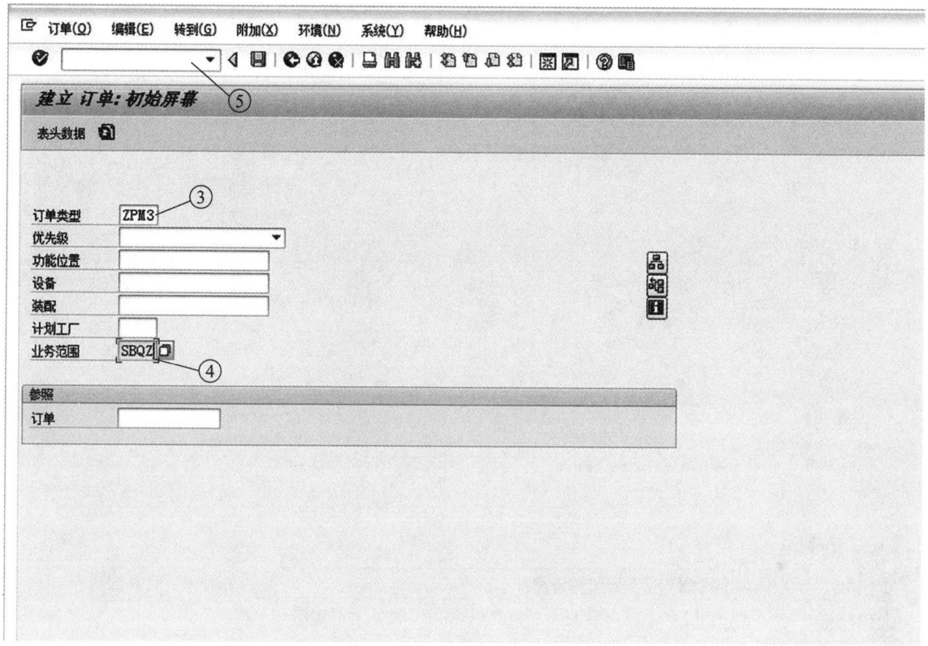

图 2–139　创建营销投入项目材料提报

3）订单类型：依据自身业务情况选择或输入订单类型（必填），如 ZPM3（营销投入项目材料提报工单），如图 2–139 中 ③ 所示。

4）计划工厂：输入计划工厂代码，如图 2–139 中 ④ 所示。

5）单击 按钮或 表头数据 按钮或回车（如图 2–139 中 ⑤ 所示），进入“营销投入项目材料提报工单：中央表头”界面，如图 2–140 所示。

提示：

计划工厂是一个逻辑上的定义，为其所属的维护工厂进行维护工作清单的定义，维护计划的执行、管理和规划，以及负责对维护工单的处理。

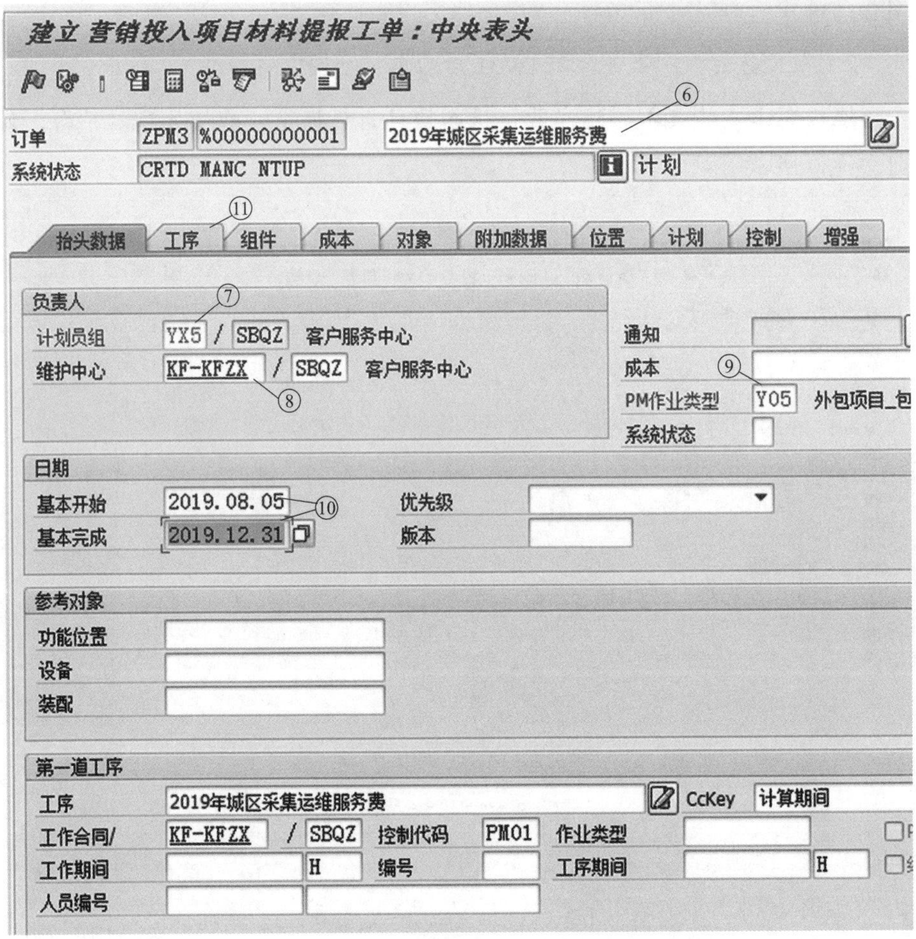

图 2-140　输入项目详情

6）订单描述：简单描述工单的内容（必填），如图 2-140 中 ⑥ 所示。

7）计划员组：选择或输入计划员组（必填），如 SBQZ（衢州公司），如图 2-140 中 ⑦ 所示。

8）维护中心：选择或输入维护处理的检修班组（必填），如图 2-140 中 ⑧ 所示。

9）PM 作业类型：依据实际业务选择输入维护工作的作业类型。系统作业类型：必填，根据实际需要填写，如 Y05（外包材料），如图 2-140 中 ⑨ 所示。

10）基本开始：选择或输入维护工单开始执行日期，必填；基本完成日期：选择或输入维护工单计划完成日期，如图 2-140 中 ⑩ 所示。

11）单击“工序”选项卡，进入“营销投入项目材料提报工单：工序总览”界面，如图 2-140 中 ⑪ 所示。

提示：

当文本框变灰时则不能输入，可以单击回车使必填项变白再输入，或单击其他页面，然后返回输入；以前输入过的内容，单击退格键或空格键可以把输入历史显示出来。

计划员组是负责在一个特定的维护计划工厂中进行计划和处理维护任务的一组员工。每个设备和功能位置可以分配给一个维护计划组，它也可用于评估。计划人员组为各单位职能部门或专职。

单击组件，进入“营销投入项目材料提报工单：工序总览”界面，如果当前工作需要多步工序才可以完成，可以继续添加，如图 2-141 所示。

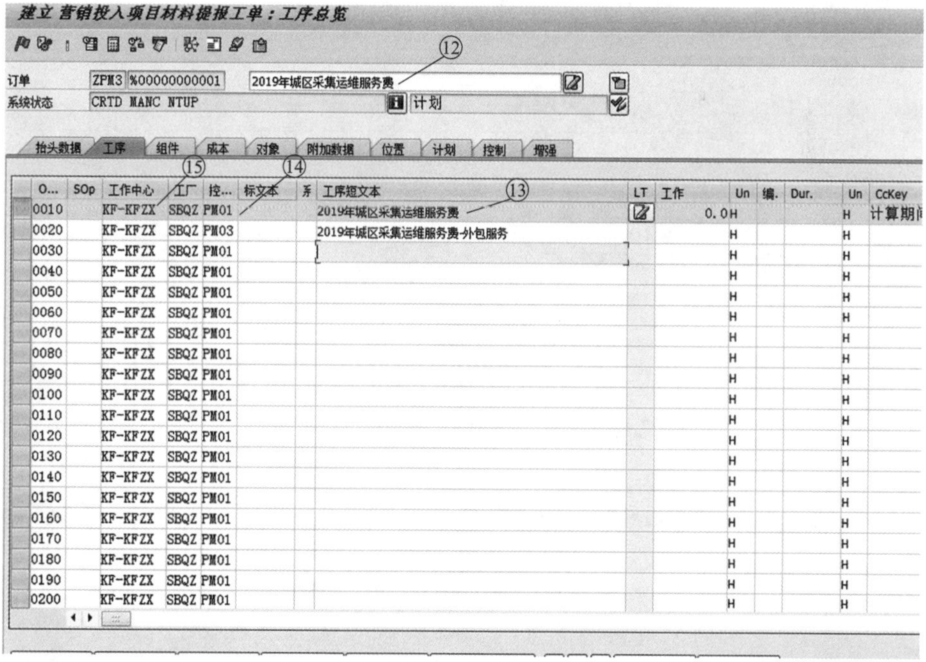

图 2-141　输入抬头数据

12）工单描述：如果在“抬头数据”中没有输入工单描述，可以在这里输入，如图 2–141 中 ⑫ 所示。

13）工序短文本：在这里输入工作步骤的简单描述，如果在“抬头数据”中输入了工单描述，这里的内容会自动带出，如图 2–141 中 ⑬ 所示。

14）控制码：选择 PM01（工厂维护—内部），如图 2–141 中 ⑭ 所示。

15）双击序号：如 0010 等，如图 2–141 中 ⑮ 所示。

16）输入物料编码及数量后返回，如图 2–142 中 ⑯、⑰ 所示。

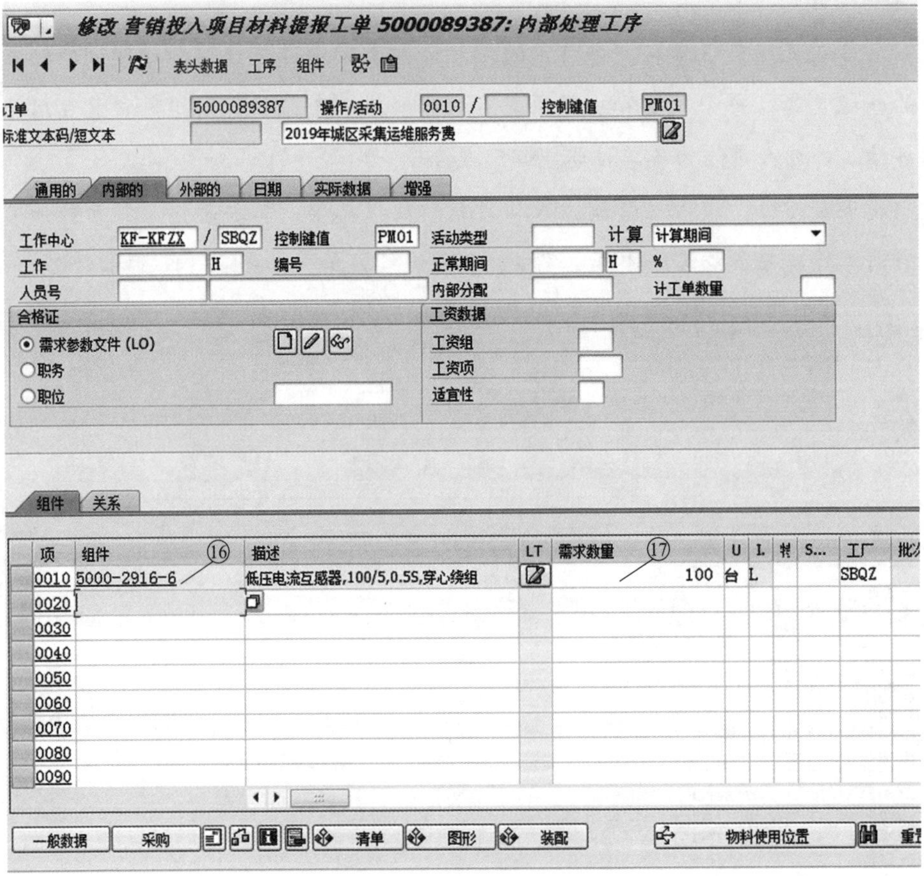

图 2–142　输入物料编码及数量

17）单击图 2–141 中“附加数据”进入附加数据界面，如图 2–143 所示。

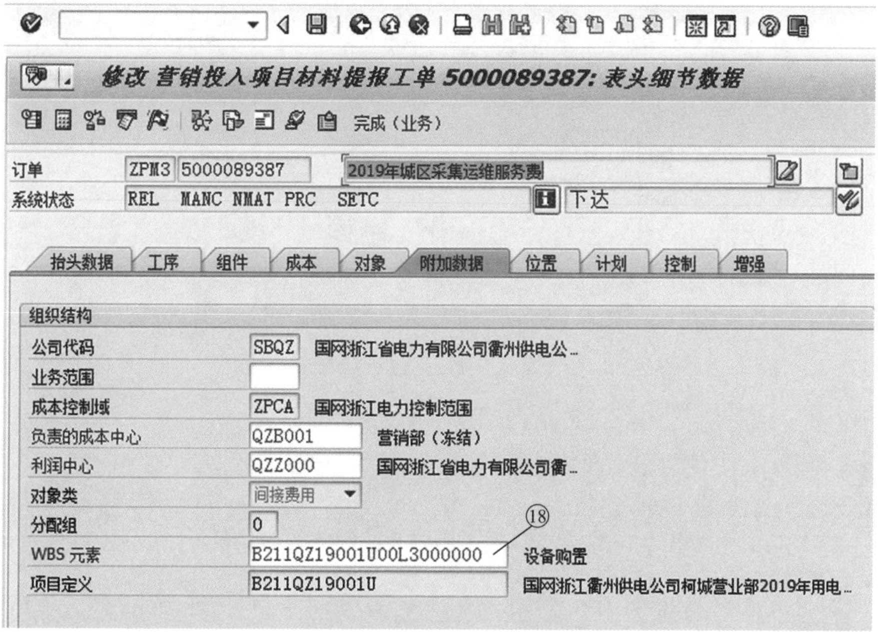

图 2-143　表头细节数据界面

18）输入 WBS 元素，打开 WBS 元素查询对话框，如图 2-143 中 ⑱ 所示。

19）打开 WBS 元素查询选项卡，选中“WBS 元素：组织单元”，输入“项目定义”，如图 2-144 中 ⑲ 所示。

20）描述：输入项目的描述，如查找项目描述中带有“营销”“测试”字样的项目，则可以输入“营销*测试*”，如图 2-144 中 ⑳ 所示。

21）WBS 元素：输入 WBS 元素编码，如查找以“6111HZ110002”开头的 WBS 元素，则可以输入“6111HZ110002*”，如图 2-144 中 ㉑ 所示。

22）单击☑按钮或回车，弹出查询结果对话框，如图 2-144 中 ㉒ 所示。

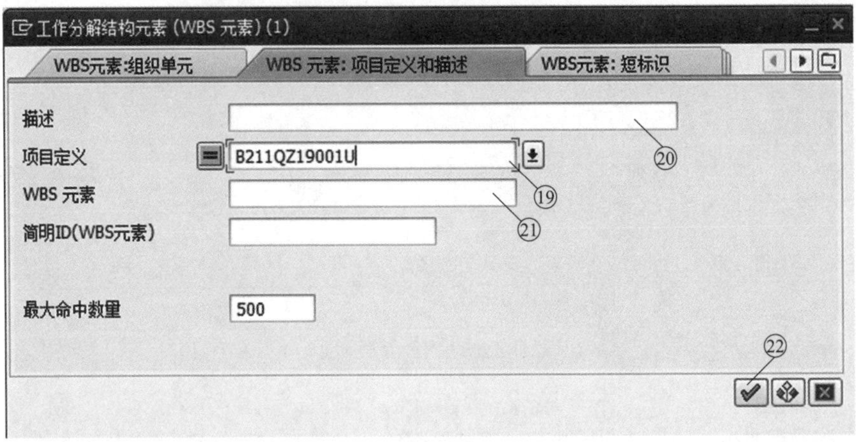

图 2-144　输入项目定义和描述

23）双击要使用的 WBS 元素，返回到“表头细节数据”界面，如图 2-145 所示。

24）或选中 WBS 元素（如图 2-145 中 ㉓ 所示）后单击 ✔ 按钮，返回到“表头细节数据”界面，如图 2-145 中 ㉔ 所示。

25）WBS 元素：显示刚才选择的 WBS 元素号，并带入相关内容，如图 2-146 中 ㉕ 所示。

26）单击“位置”选项卡，进入“位置数据”界面，如图 2-146 中 ㉖ 所示。

图 2-145　表头细节数据界面

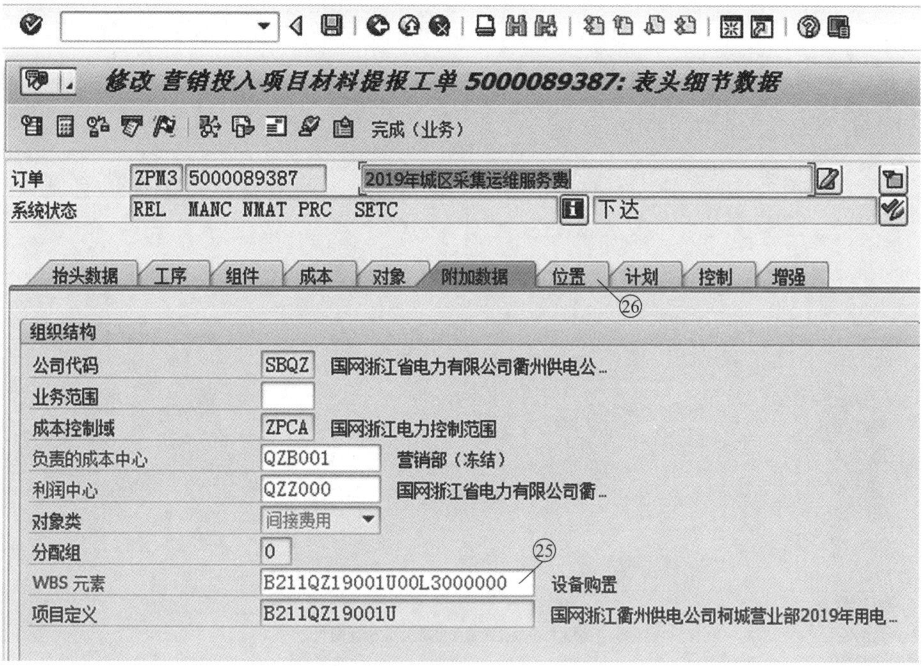

图 2-146 表头细节数据界面

27）维护工厂：输入本单位维护工厂代码，如图 2-147 中 ㉗ 所示。

28）成本中心：输入对应的成本中心，如图 2-147 中 ㉘ 所示。

29）用户状态为“计划”状态，单击按钮，弹出“设置用户状态”界面，如图 2-147 中 ㉙ 所示。

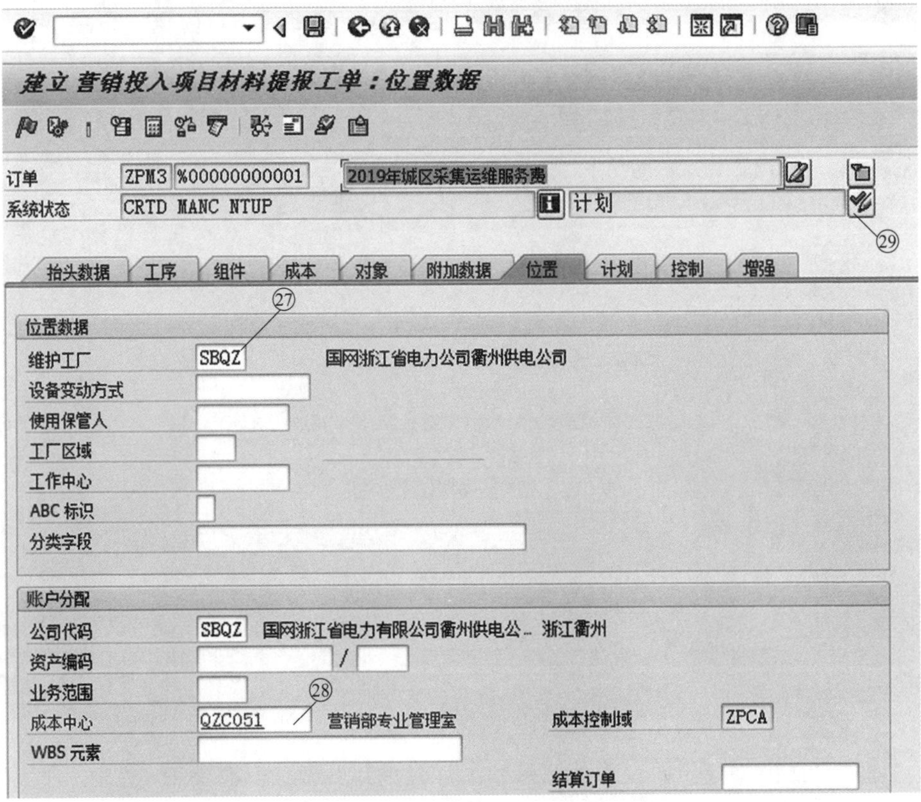

图 2-147 位置数据填写

30）将状态由“计划”改为“待审”，如图 2-148 中 ㉚ 所示。

31）单击☑按钮或回车，返回工单主界面，如图 2-148 中 ㉛ 所示。

提示：

不同类型工单的审批流程和用户状态不同，所有的工单类型都有计划和待审状态。

32）单击💾按钮保存，如图 2-149 中 ㉜ 所示。

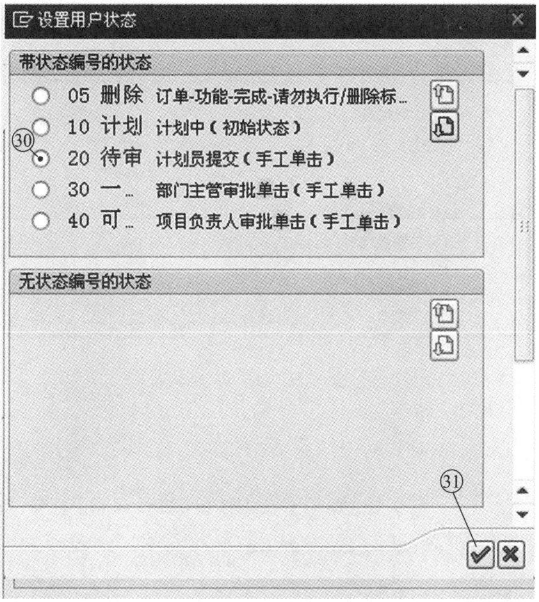

图 2-148　设置用户状态界面

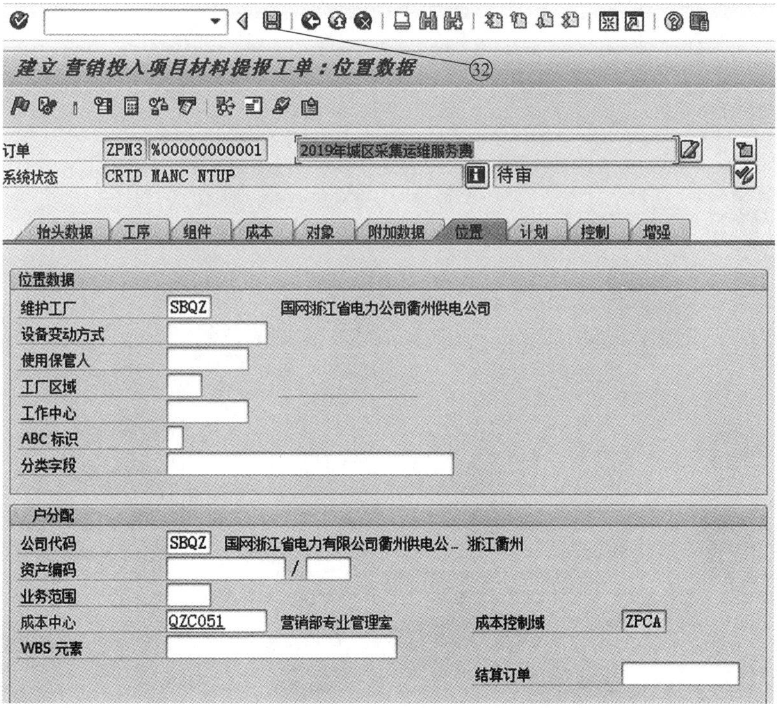

图 2-149　保存修改后用户状态

33）出现界面，选择“是”，返回到“初始屏幕”，如图 2-150 中 ㉝ 所示。

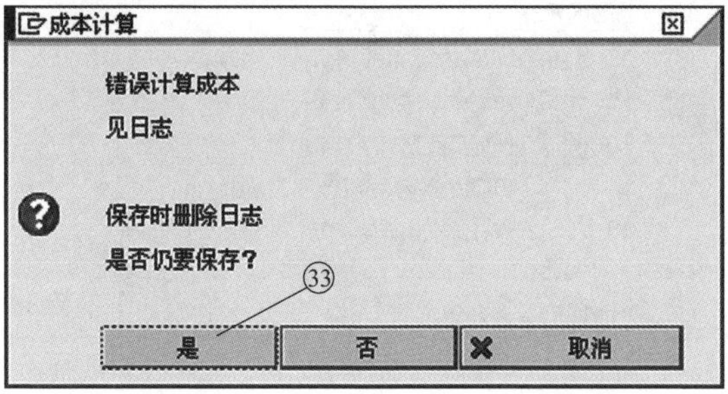

图 2-150　保存确认

34）状态栏：显示 5000089387 号的订单已保存，如图 2-151 中 ㉞ 所示。

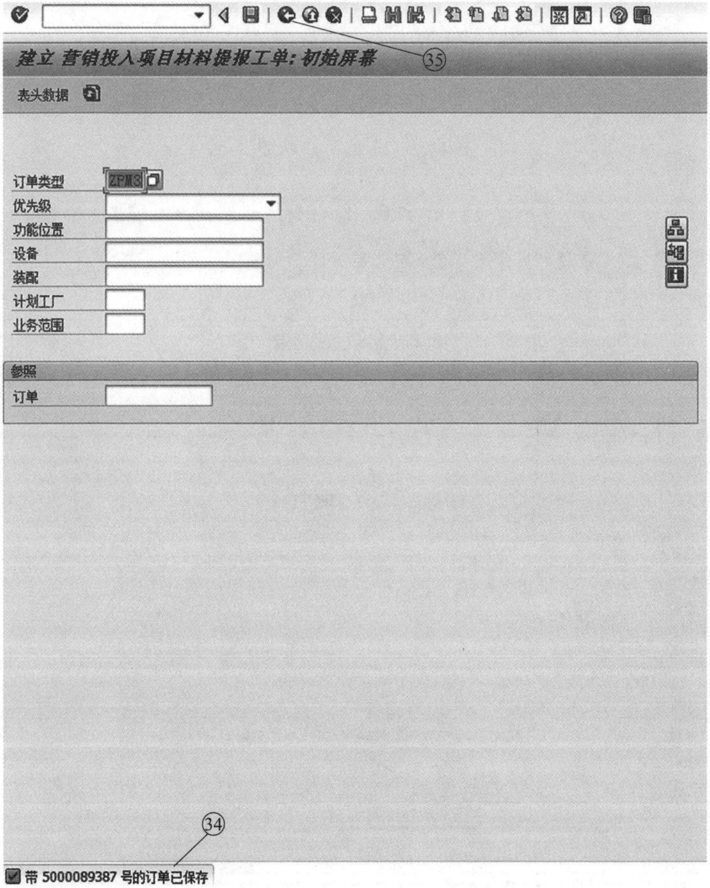

图 2-151　返回系统主界面

35）单击按钮保返回系统主界面，如图 2–151 中 ㉟ 所示。

提示：

营销项目提报的工单号是由 10 位数字组成的，都是以“5”开头的。

（2）订单审核。

1）单击 组件 进入组件总览对维修所需物资进行审批，如图 2–152 中 ① 所示。

2）审批完毕单击按钮查看工单的用户状态，弹出“设置用户状态”界面，如图 2–152 中 ② 所示。

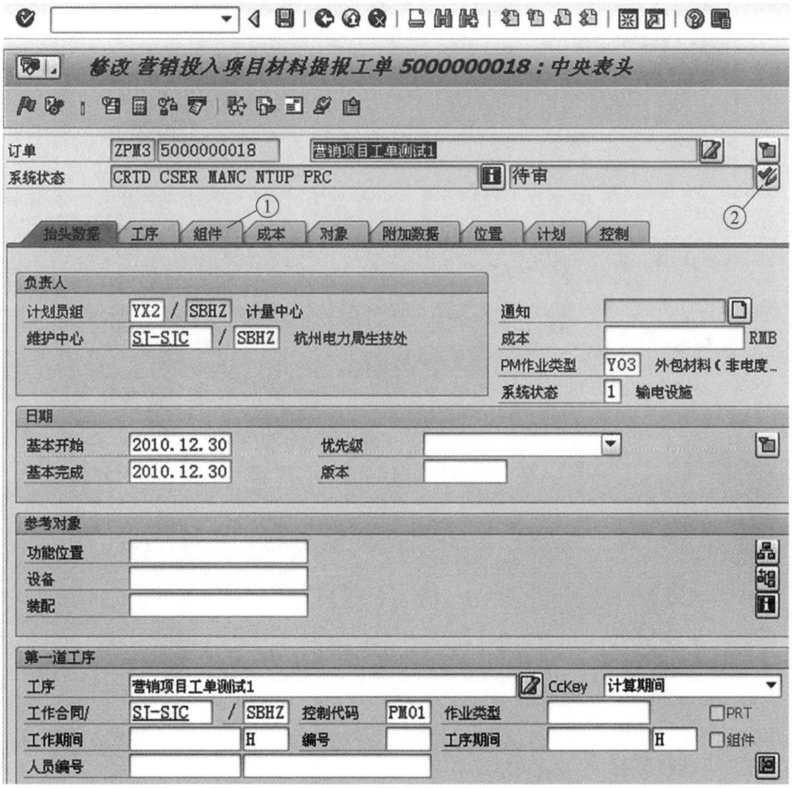

图 2–152　组件总览进行工单审核

3）单击相应的用户状态，例如，把用户状态从待审状态改为一审状态，如图 2–153 中 ③ 所示。

4）选择相应的状态后，单击☑按钮确认审批，返回工单主界面，如图2-153中④所示。

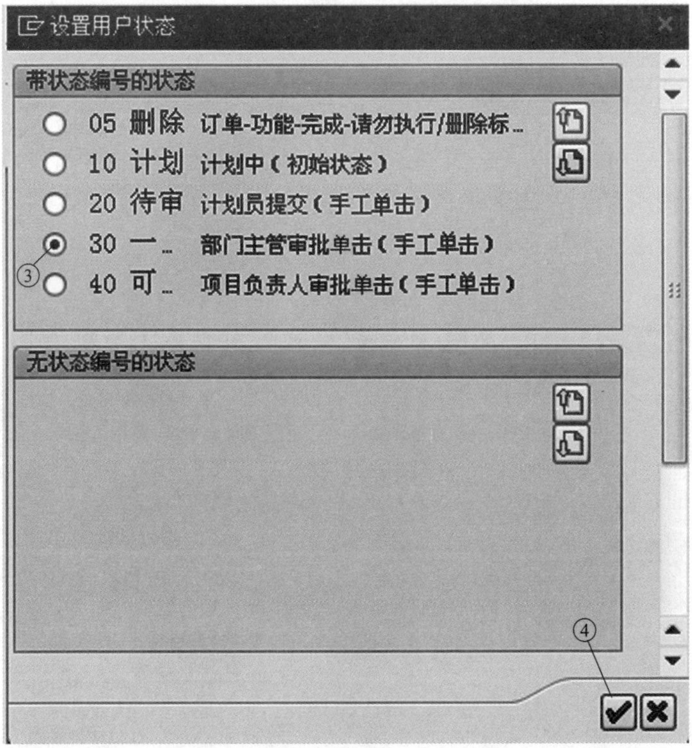

图2-153 设置用户状态界面

5）可以看到用户状态已经由“待审”变为“一审通过”如图2-154中⑤所示。

6）修改完毕后，单击💾按钮保存，返回到“工单清单”界面，如图2-154中⑥所示。

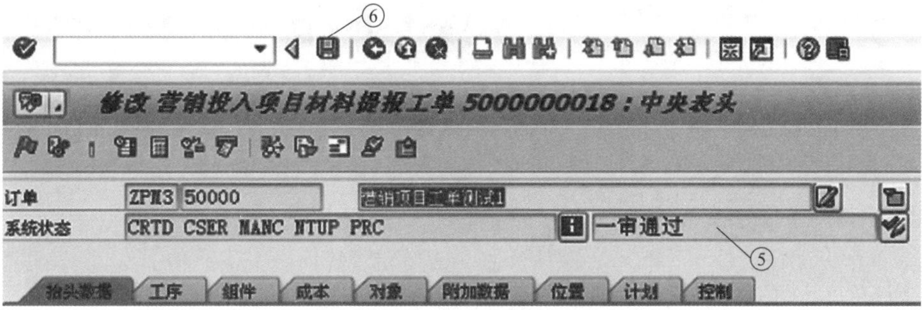

图 2-154　查看修改后用户状态

营销项目提报的工单号是由 10 位数字组成的，都是以“5”开头的。

订单审核：订单创建并安排好物料且订单状态为待审后，在设备管理模块中查询及审批订单，对物资需求进行审批，计划主管部门主管审批完后再由项目归口管理部门责任人对大修物资需求进行审核。要求查询或更改的订单已经存在，且操作人员具有审批的系统权限。

（3）订单更改。系统菜单及交易代码，如图 2-155 所示。

ERP 菜单	后勤→工厂维护→维护处理→订单→更改
事务代码	IW32

图 2-155　系统菜单及交易代码

系统操作及栏位解释如图 2-156 所示。

1）双击主菜单中的“后勤→工厂维护→维护处理→订单→更改”项，如图 2-156 中 ① 所示。

2）或在交易栏输入事务代码 IW32 后回车，进入工单，如图 2-156 中 ② 所示。

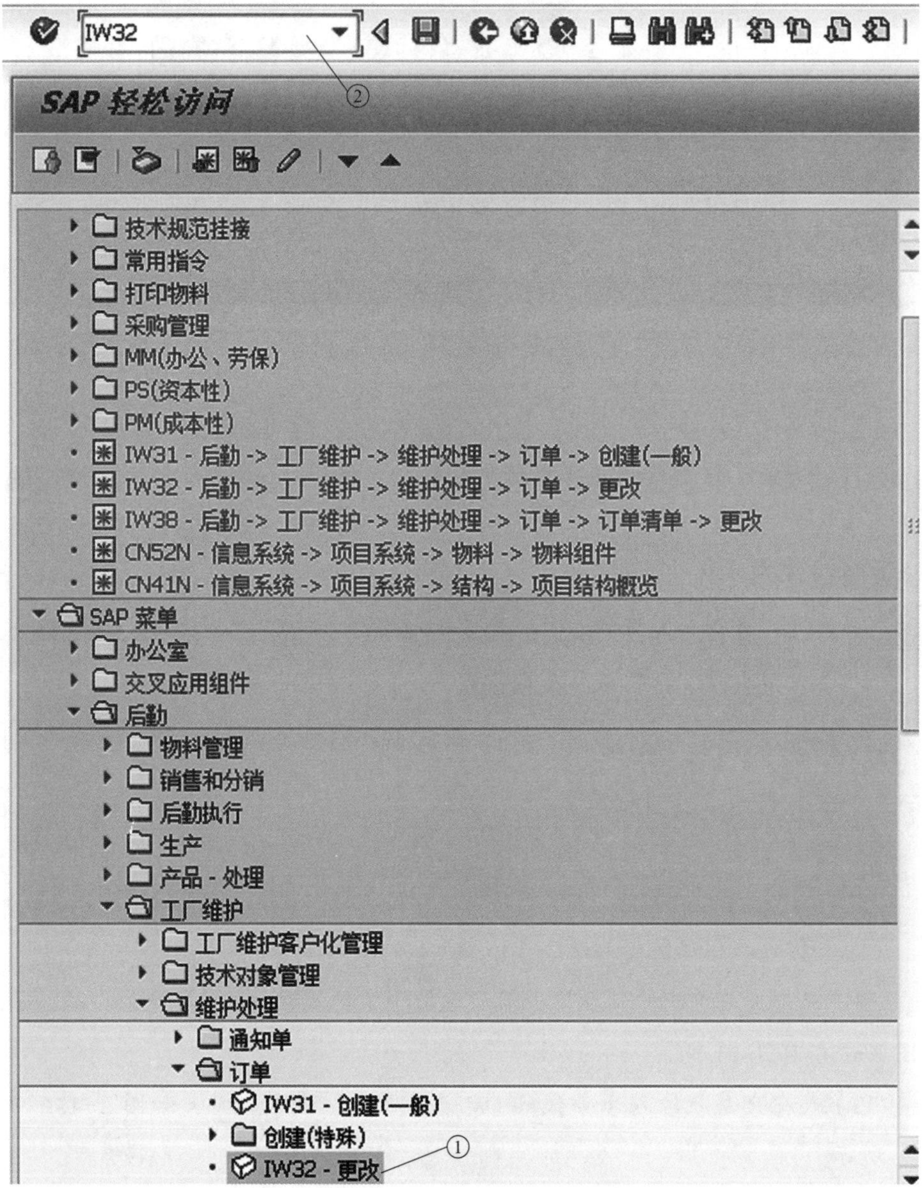

图 2-156　系统操作及栏位解释

通过以上方法进入“更改 PM 工单：选择工单”界面，在订单后面输入用 IW31 创建生成的订单号（5 开头的 10 位数）后回车，如图 2-157 所示。

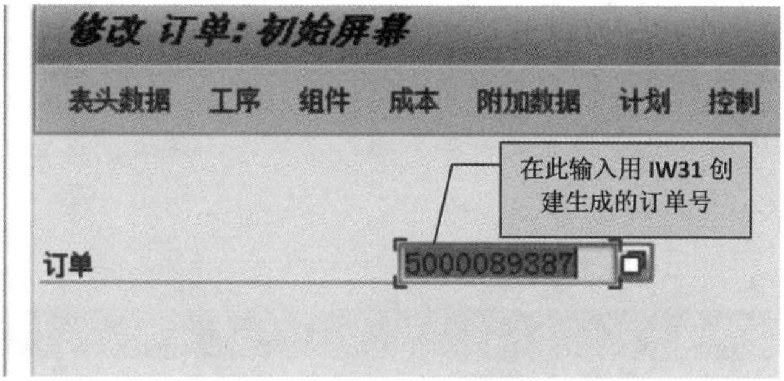

图 2-157　创建生成的订单号

提示：

回车后进入订单的主界面，如图 2-158 所示的修改界面，在此可以对工单内容进行查看或者修改。可以依次单击抬头数据、工序、组件、成本、对象、附加数据等各页签进行修改或检查输入数据是否正确。

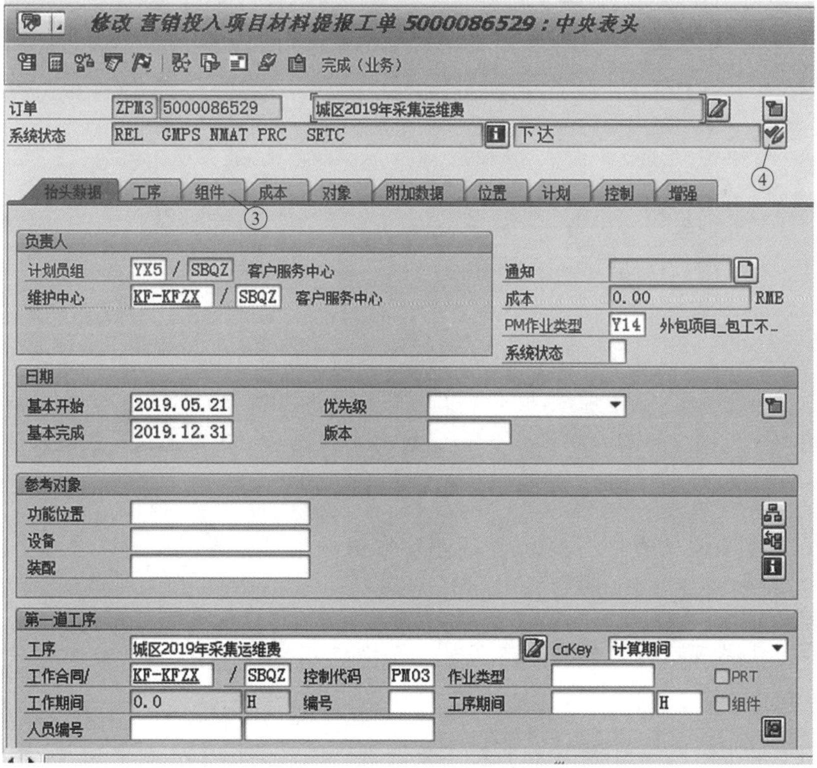

图 2-158　组件总览进行物资审核

3）单击 组件 进入组件总览对维修所需物资进行审批，如图 2-158 中 ③ 所示。

4）审批完毕单击按钮查看工单的用户状态，弹出“设置用户状态”界面，如图 2-159 中 ④ 所示。

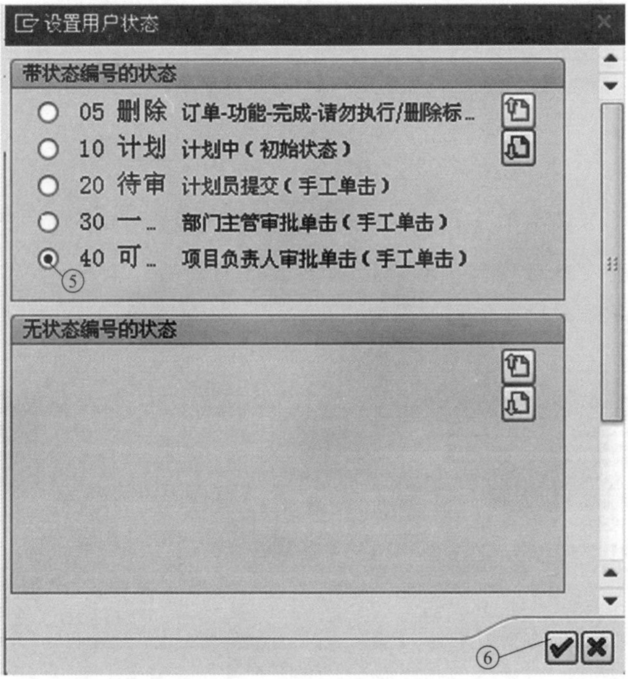

图 2-159 设置用户状态界面

5）单击相应的用户状态，例如，把用户状态从“一审通过”状态改为“可下达”，如图 2-159 中 ⑤ 所示。

6）选择相应的状态后，单击按钮确认审批，返回工单主界面，如图 2-159 中 ⑥ 所示。

7）可以看到用户状态已经由“一审通过”变为“可下达”，如图 2-160 中 ⑦ 所示。

8）单击绿色小旗按钮，对工单进行下达，如图 2-160 中 ⑧ 所示。

9）修改完毕后，单击按钮保存，返回到“修改工单”界面，如图 2-160

中 ⑨ 所示。

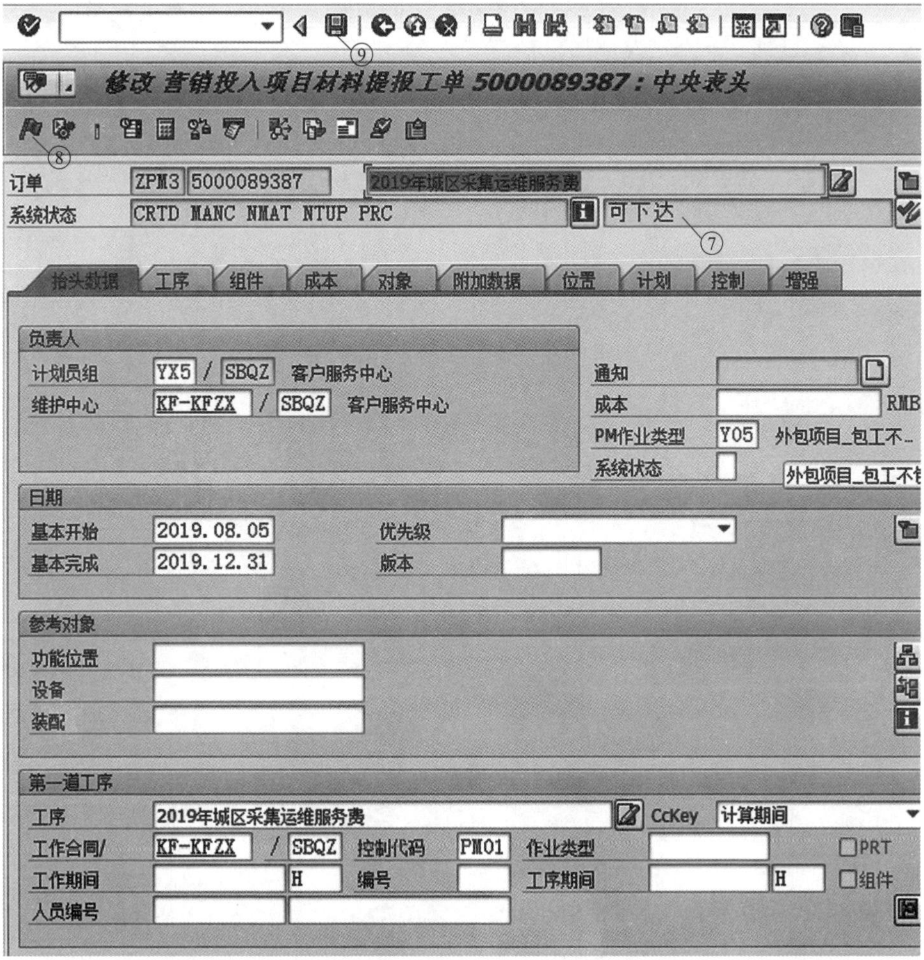

图 2-160　保存修改后的用户状态

10）可以看到用户状态已经由“可下达”变为“下达”，系统状态栏提示如图 2-161 中 ⑩ 和图 2-162 所示。

11）修改完毕后，单击按钮保存，进入到“工单清单”界面，如图 2-161 中 ⑪ 所示。

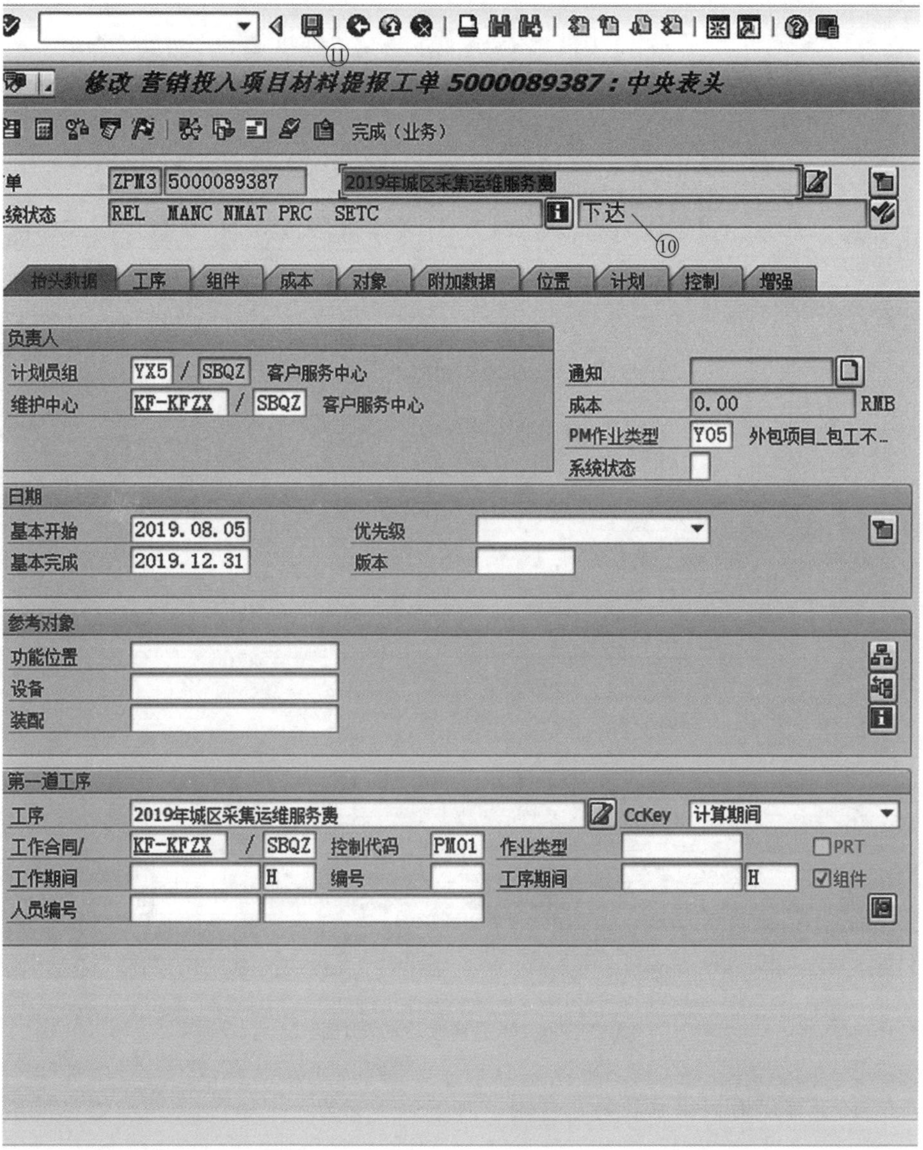

图 2-161 查看修改后的用户状态

图 2-162 更新订单状态

提示：

下达一定是单击按钮才能真正下达，且下达后务必单击按钮保存订单状态更改，否则下达无效！

重复以上动作可以对多个工单进行下达操作。

2.PS 预留号创建

针对营销投入项目，其有物料编码的物资采购需求可以通过在项目构造器中手工挂接物料的方式进行录入，形成物资预留，物资部门通过运行 MRP 进行平衡利库，根据库存的使用状况进行后续的采购工作。

系统菜单及交易代码如图 2–163 所示。

ERP 菜单	后勤 → 项目系统 → 项目 →CJ20N– 项目构造器
事务代码	CJ20N

图 2–163　系统菜单及交易代码

系统操作及栏位解释如图 2–164 所示。

（1）在交易代码栏输入交易代码“CJ20N”，回车或者单击，如图 2–164 中 ① 所示。

（2）在 SAP 菜单中根据路径找到“CJ20N– 项目构造器”，双击进入，如图 2–164 中 ② 所示。

通过以上两种方式都可以进入“项目构造器”主界面，如图 2–164 所示。

（3）单击按钮，在弹出的对话框“打开项目”中输入项目定义，如图 2–165 中 ③ 所示。

（4）项目定义：输入需要处理的项目定义，如图 2–165 中 ④ 所示。

（5）回车或者单击，打开项目，如图 2–165 中 ⑤ 和图 2–166 所示。

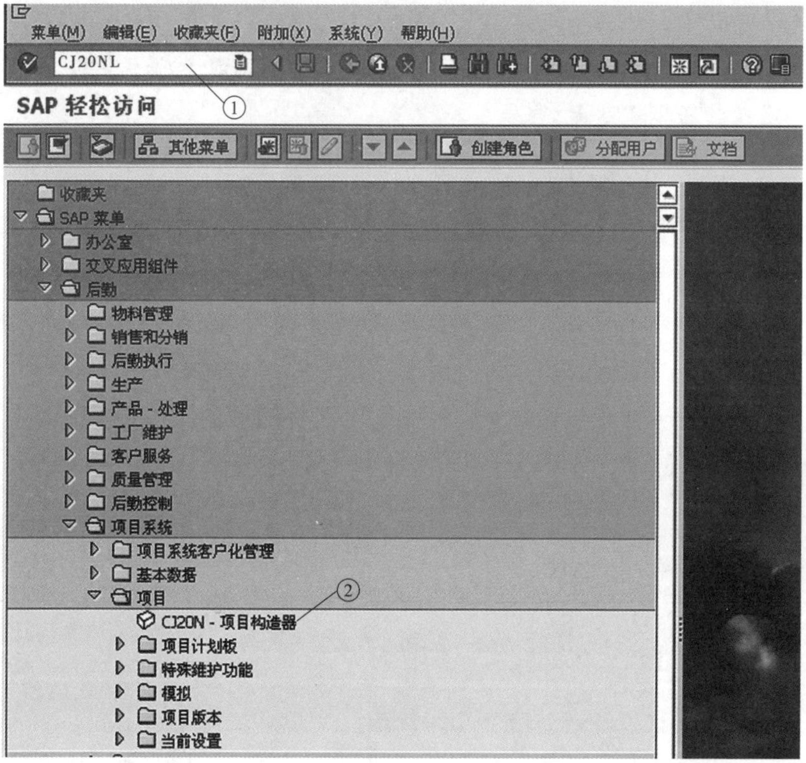

图 2-164　系统操作及栏位解释

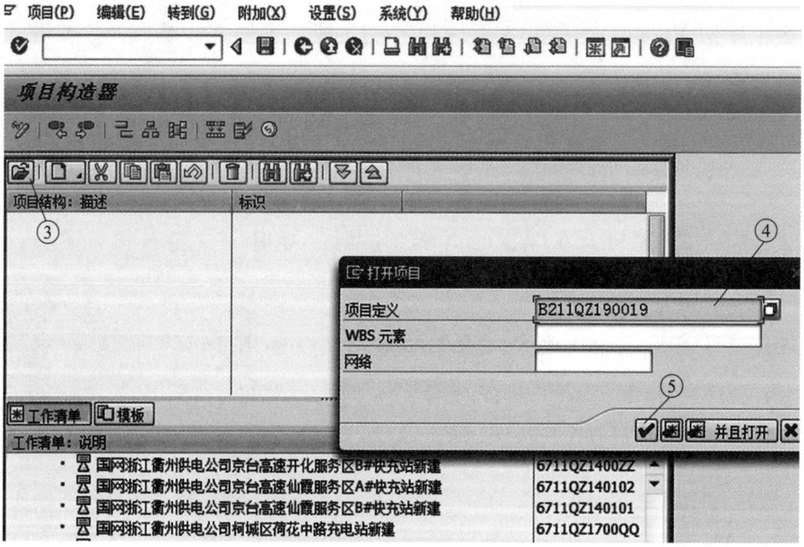

图 2-165　输入项目定义

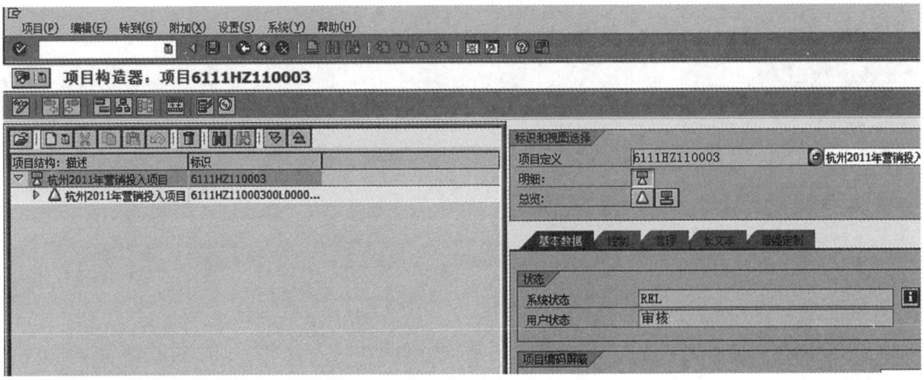

图 2-166　打开项目界面

（6）单击项目定义层，如图 2-167 中 ⑥ 所示。

（7）单击全部展开按钮，将项目结构展开，如图 2-167 中 ⑦ 所示。如果对项目结构比较熟悉，也可以通过单击左侧的小三角展开项目结构，如图 2-167 所示。

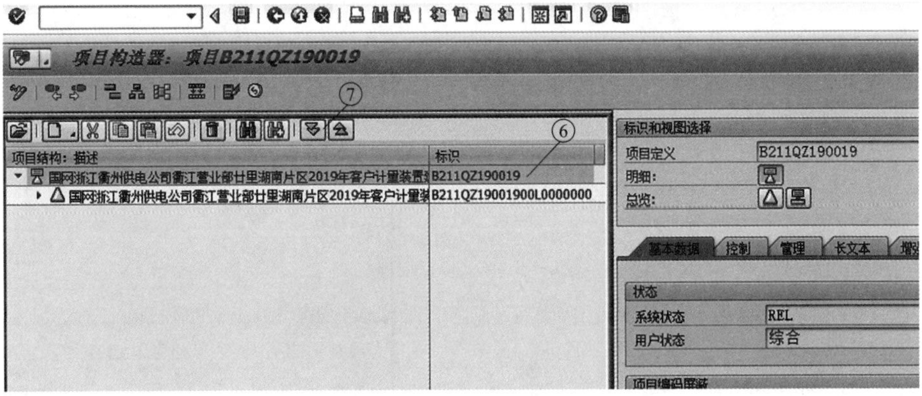

图 2-167　项目结构展开

（8）在需要提报物资需求的 WBS 下找到“设备、采购购置”内部活动，如图 2-168 所示。

（9）选中上一步找到的活动，右键选择创建—物料组件，如图 2-168 中 ⑧、⑨ 所示。

（10）在跳出的界面中，单击查找物料，如图 2-169 中 ⑩ 所示。

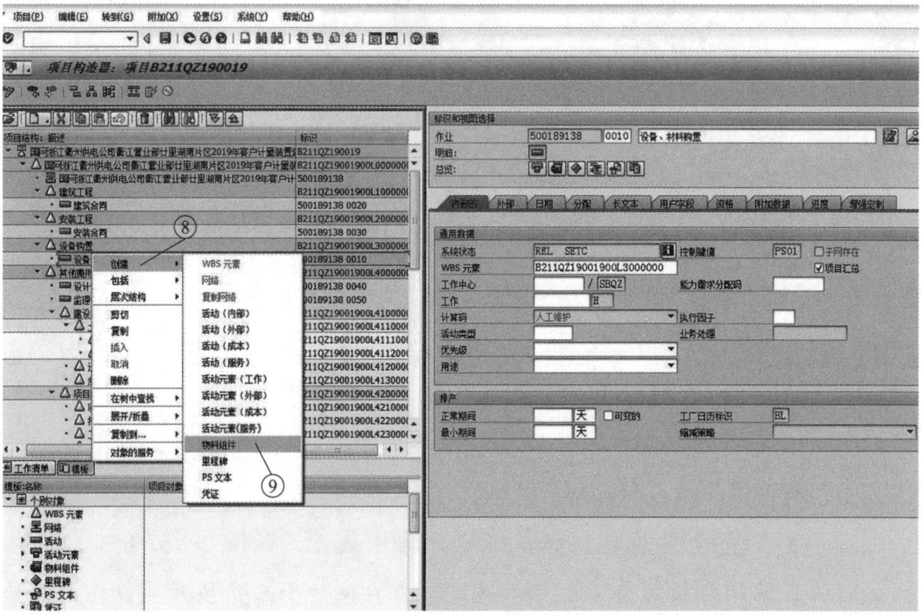

图 2-168　创建物料组件

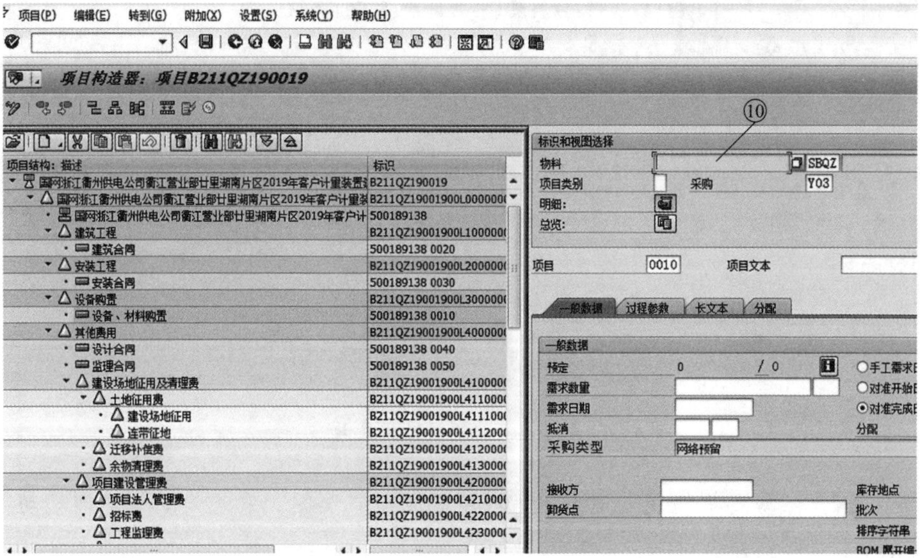

图 2-169　查找物料

（11）物料查找一般按照工厂查找，输入项目的工厂信息，如 SBQZ，如图 2-170 中 ⑪ 所示。

（12）输入物料关键字，通过模糊查找的方法查找，如图 2–170 中 ⑫ 所示。

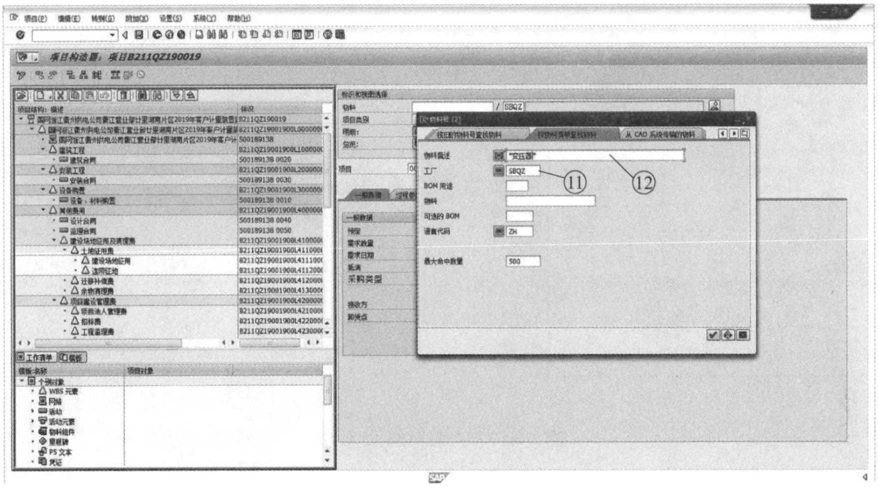

图 2–170 查找物料

（13）选择需要的物料，双击或者单击✔按钮进行选择，选择完成后单击回车，如图 2–171 中 ⑬ 所示。

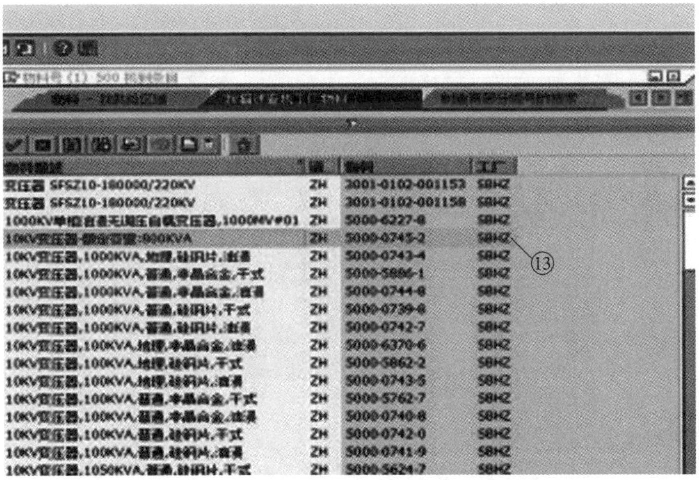

图 2–171 选择需要的物料

（14）输入物料的需求数量，如图 2–172 中 ⑭ 所示。

（15）输入物料的需求日期，如图 2–172 中 ⑮ 所示。

（16）输入上述信息后，单击💾保存，如图 2–172 中 ⑯ 所示。

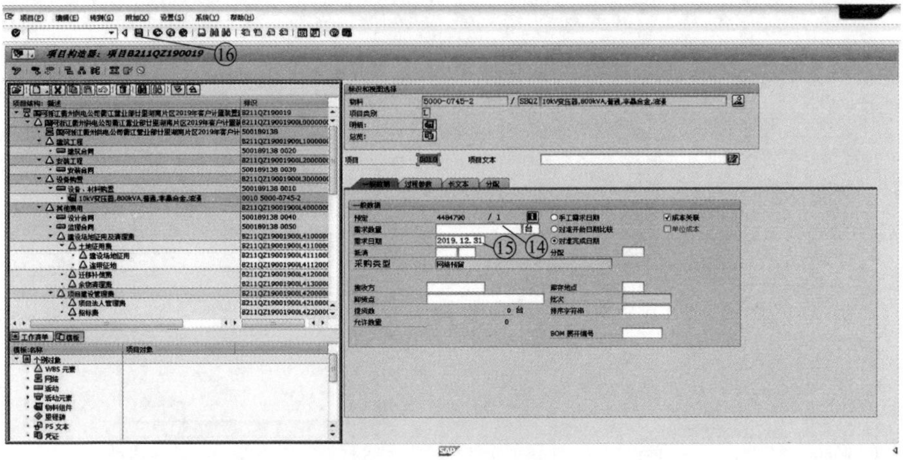

图 2-172 保存物料数据

（17）保存后，系统返回“项目构造器”界面。双击对应条目重新打开项目，如图 2-173 中 ⑰ 所示。

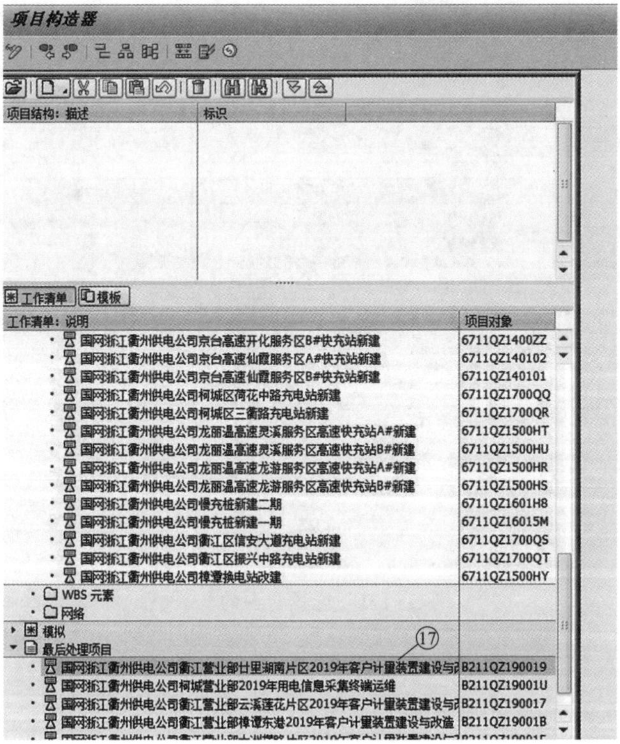

图 2-173 项目构造器界面

（18）选中刚刚挂接的物料，如图 2–174 中 ⑱ 所示。

（19）在屏幕右侧单击 一般数据 页签，如图 2–174 中 ⑲ 所示。

（20）可以查看到预留号，物资部门根据预留号对项目物资运行 MRP 产生采购申请，以及根据预留号进行发货等操作，如图 2–174 中 ⑳ 所示。

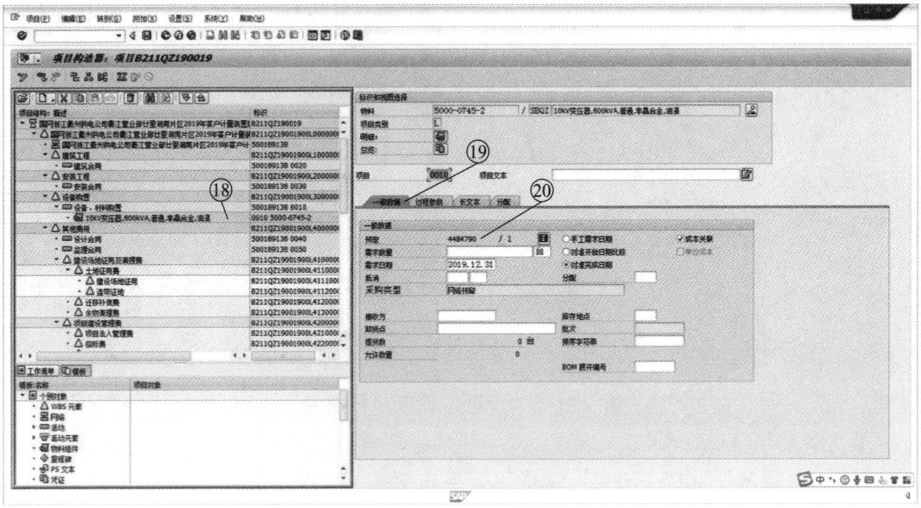

图 2–174　一般数据中查看物料数据

3. 批量物资预留号创建

当项目比较复杂，物料需求较多时可以采用批量导入的方式。通过开发的程序一次性将物料需求导入系统，在系统内生成预留号。系统菜单及交易代码如图 2–175 所示。

ERP 菜单	ZPS11004（开发程序，无菜单路径）
事务代码	ZPS11004

图 2–175　系统菜单及交易代码

系统操作及栏位解释如图 2–176 所示。

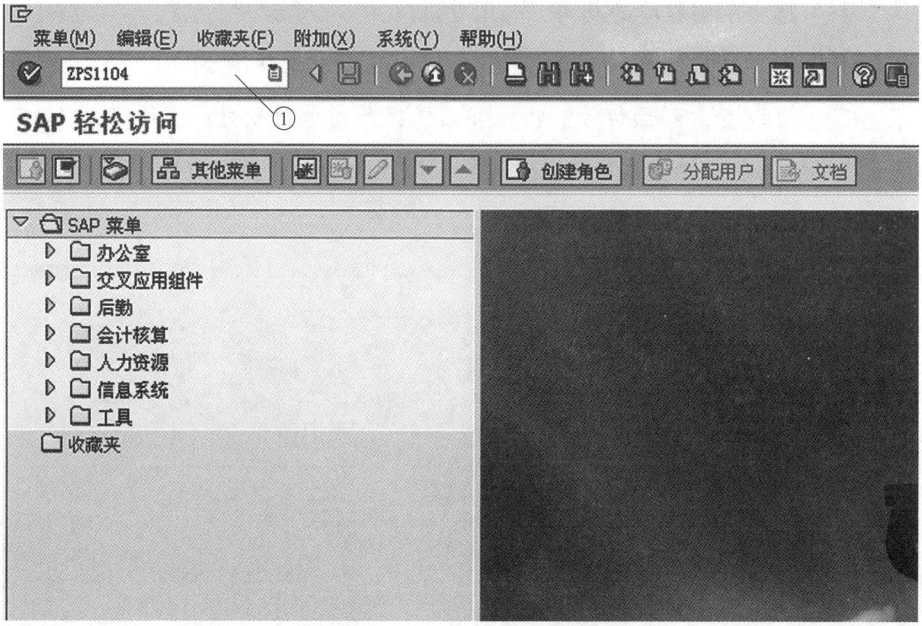

图 2-176　系统操作及栏位解释

（1）易代码“ZPS11004”，回车或单击✓，如图 2-176 中 ① 所示。

（2）项目定义。输入需要程序挂接物料采购申请的项目的编码，如“6111H1120003”，如图 2-177 中 ② 所示。

（3）单击 下载模板 按钮，将设备清册导入模板下载到本地，如图 2-177 中 ③ 所示。

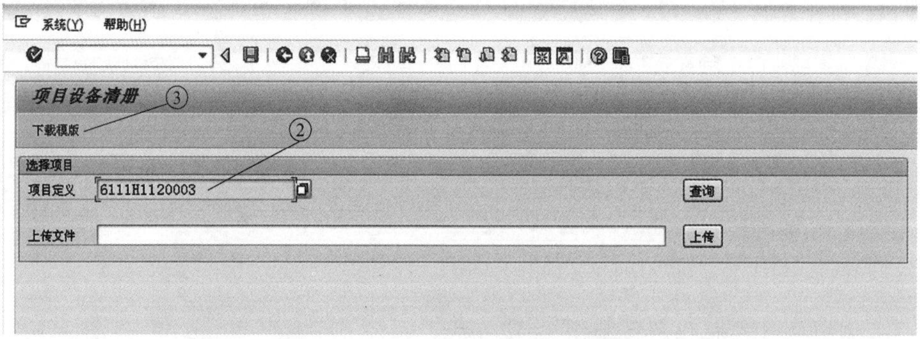

图 2-177　项目设备清册模板下载

（4）用 Excel 打开设备清册导入模板，黄色的为必输项，输入序号，如图 2–178 中 ④ 所示。

（5）输入物料的编码，如图 2–178 中 ⑤ 所示。

（6）输入物料的数量，如图 2–178 中 ⑥ 所示。

（7）输入物料的价格，正式的价格由物资部门在创建物资采购合同时确定，此处只需要写估计价格即可，如图 2–178 中 ⑦ 所示。

（8）输入设备挂接的 WBS 元素编码，如图 2–178 中 ⑧ 所示。

（9）输入设备挂接的网络号，如图 2–178 中 ⑨ 所示。

（10）输入设备挂接的作业号，维护完相关信息后，保存设备清册导入模板，如图 2–178 中 ⑩ 所示。

（11）输入需求日期，如图 2–178 中 ⑪ 所示。

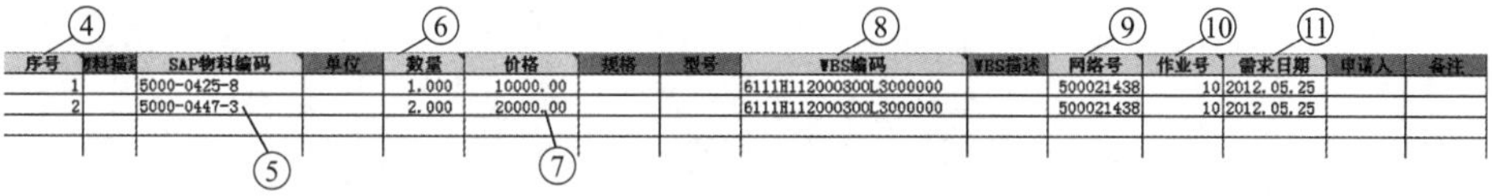

序号	物料描述	SAP物料编码	单位	数量	价格	规格	型号	WBS编码	WBS描述	网络号	作业号	需求日期	申请人	备注
1		5000-0425-8		1.000	10000.00			6111H112000300L3000000		500021438	10	2012.05.25		
2		5000-0447-3		2.000	20000.00			6111H112000300L3000000		500021438	10	2012.05.25		

图 2–178　填写设备清册数据内容

（12）输入需要导入设备清册的项目编码，如图 2–179 中 ⑫ 所示。

（13）单击查询按钮，找到需要上传的设备清册模板路径，如图 2–179 中 ⑬ 所示。

（14）单击上传按钮，如图 2–179 中 ⑭ 所示。

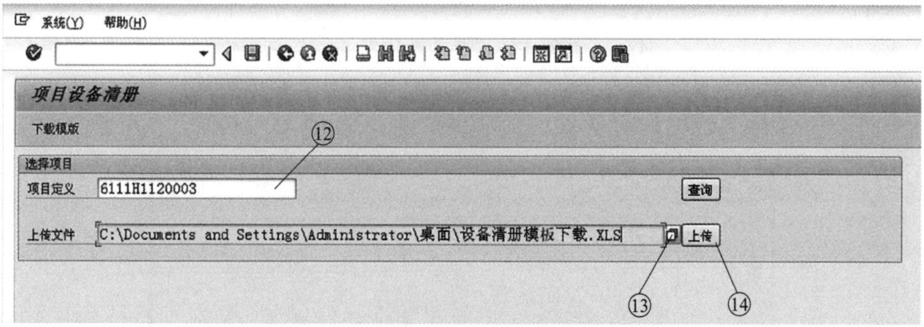

图 2–179　上传设备清册模板路径

（15）插入行按钮，单击该按钮可以新增物料信息，如图 2-180 中 ⑮ 所示。

（16）删除行按钮，单击该按钮可以删除某条物料信息，如图 2-180 中 ⑯ 所示。

（17）保存按钮，如果对物料信息还有进行修改，可以不执行导入操作，单击保存按钮将物料信息保存在该项目下，如图 2-180 中 ⑰ 所示。

（18）导入按钮导入，确定物料信息无误，单击导入按钮即可，如图 2-180 中 ⑱ 所示。

（19）导出按钮导出，可以执行导出设备清册的操作，供以后使用，如图 2-180 中 ⑲ 所示。

（20）全选按钮，单击该按钮将选中屏幕显示的所有物料信息，选中后单击导入按钮，如图 2-180 中 ⑳ 所示。

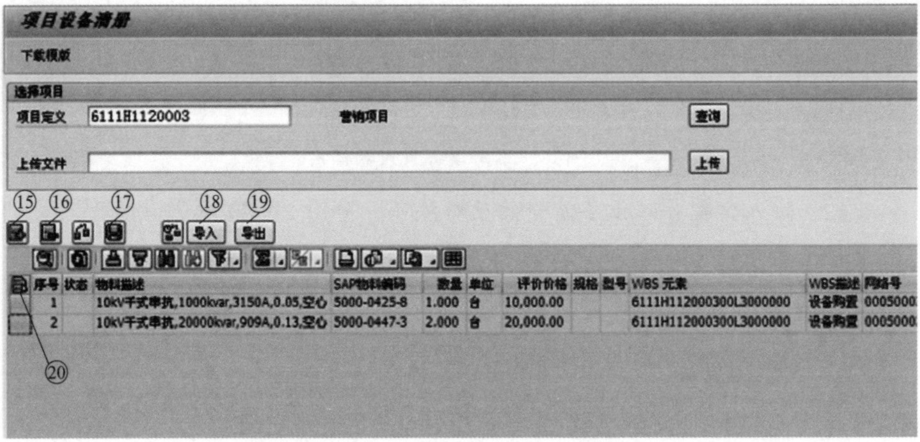

图 2-180　项目详情完善

（21）在弹出的确认对话框中，单击“是”，如图 2-181 中 ㉑ 所示。

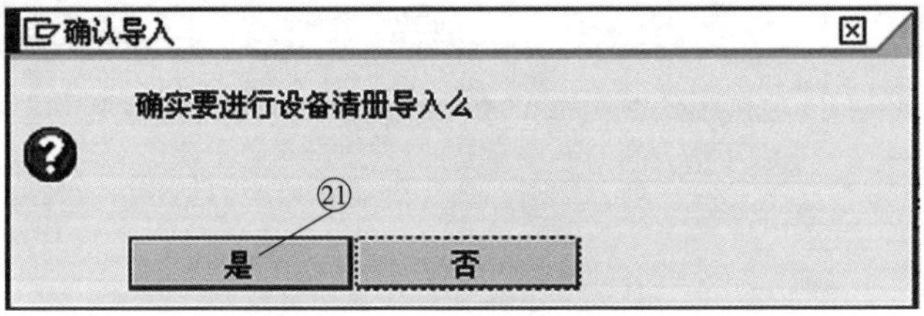

图 2-181　导入设备清册确认

（22）状态指示，绿灯代表导入成功的物料条目，如图 2-182 中 22 所示。

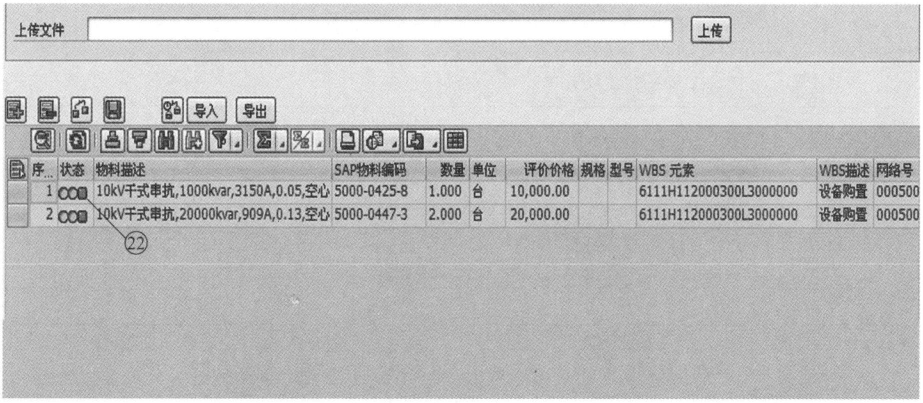

图 2-182　成功导入物料条目指示

（23）通过事务代码 CJ20N 进入项目构造器，第一条、第二条物料就是成功导入的物料，如图 2-183 中 ㉓ 所示。

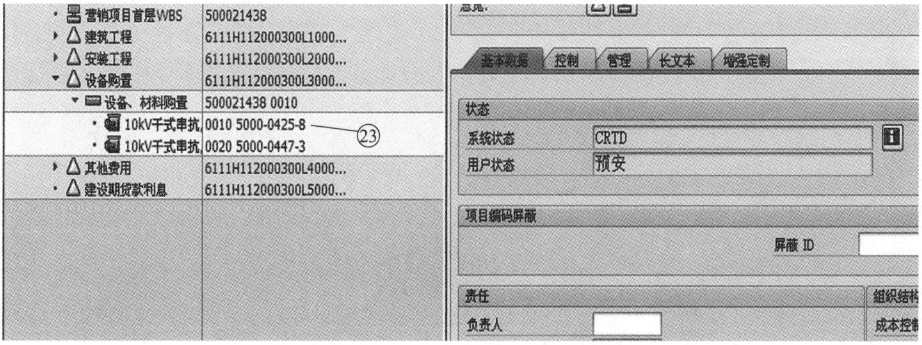

图 2-183　成功导入物料条目指示

4. 低值易耗品和资产零购项目预留号创建

（1）创建预留（该项特指需要通过 MM 模块创建的预留包括固定资产类、移库预留等），输入 MB21，移动类型选 901，工厂代码为 QZQ2。

注意移动类型有很多，请对照选择，常用移动类型见表 2-2。

表 2-2　常用移类型

241	有关资产的发货（超过 2000 元的物资及固定资产）
901	劳动保护用品
919	低值易耗品（含 2000 元以下的工器具、耗材等）
903	办公家具及空调
905	计算机耗材
911	办公用品

1）2000 ～ 5000 元的重点低值易耗品和超过 5000 元的固定资产需由需求部门创建资产卡片，经过财务部门审核后生成资产号。

2）输入代码 MB21 进入以下界面，输入工厂 SBQZ，移动类型选 241，如图 2-184 所示。

图 2-184　固定资产需求申请界面

3）单击回车，进入如图 2-185 所示界面。

注意：由于资产号必须一一对应，故每次只能输入一项物资，如图 2-185 所示，输入国家电网有限公司代码及数量，并输入资产号和收货方，输完后单击回车；再次单击回车，进入如图 2-186 所示界面。

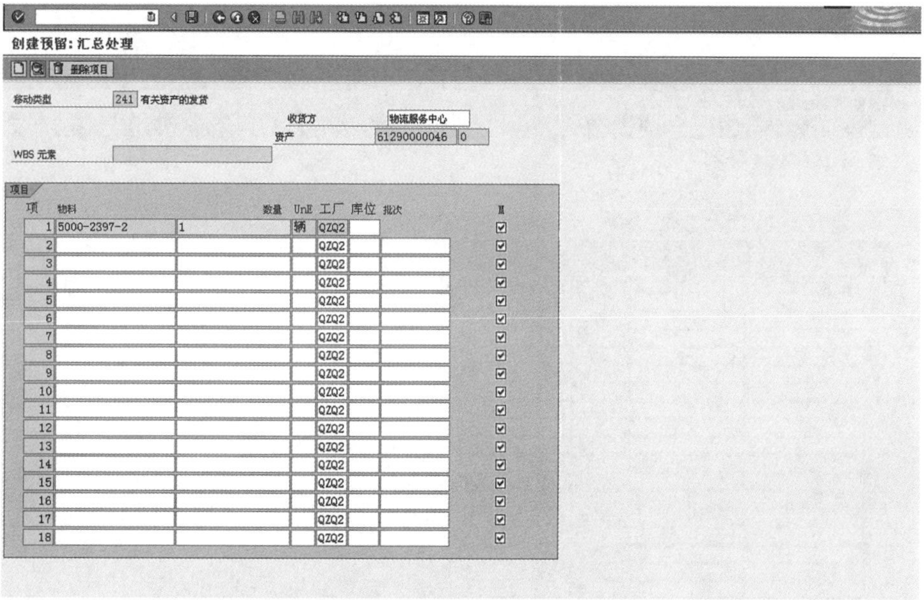

图 2-185　输入物资代码界面

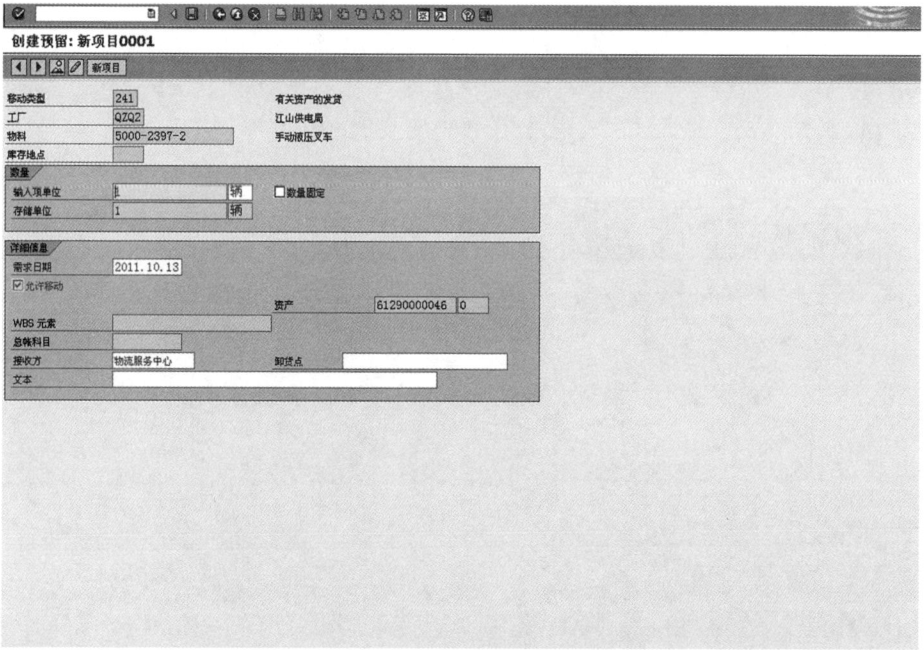

图 2-186　创建新项目界面

4）直接单击回车，进入如图 2-187 所示界面。

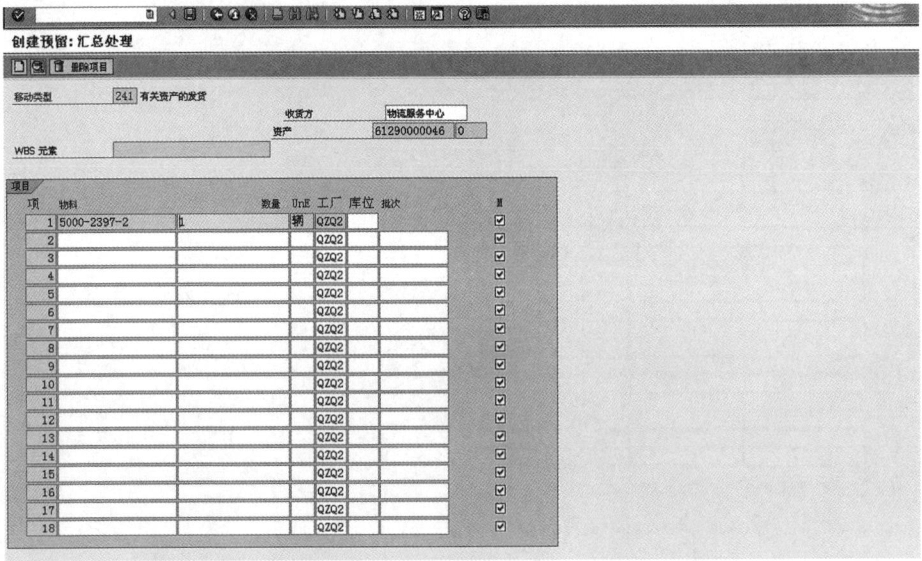

图 2-187　保存新项目界面

5）单击“记账”，进行保存。

（2）单价在 2000 元以下的低值易耗品流程，输入代码 MB21 进入如图 2-188 所示界面，输入工厂 QZQ2，移动类型选 919。

图 2-188　低值易耗品需求申请界面

1）单击回车，进入如图 2-189 所示界面。

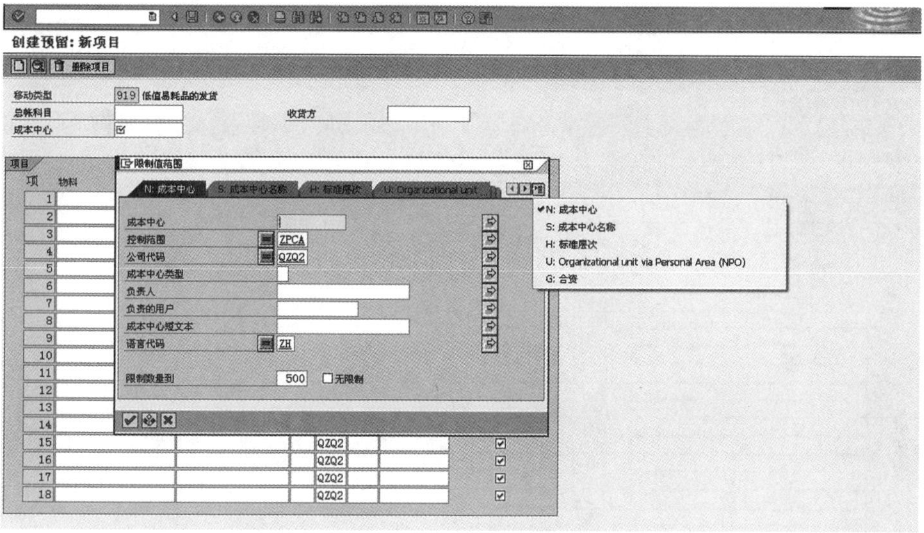

图 2-189　成本中心 – 输入公司代码界面

2）选择成本中心。输入公司代码 SBQZ，其他可不输，单击回车进入，如图 2-190 所示界面。

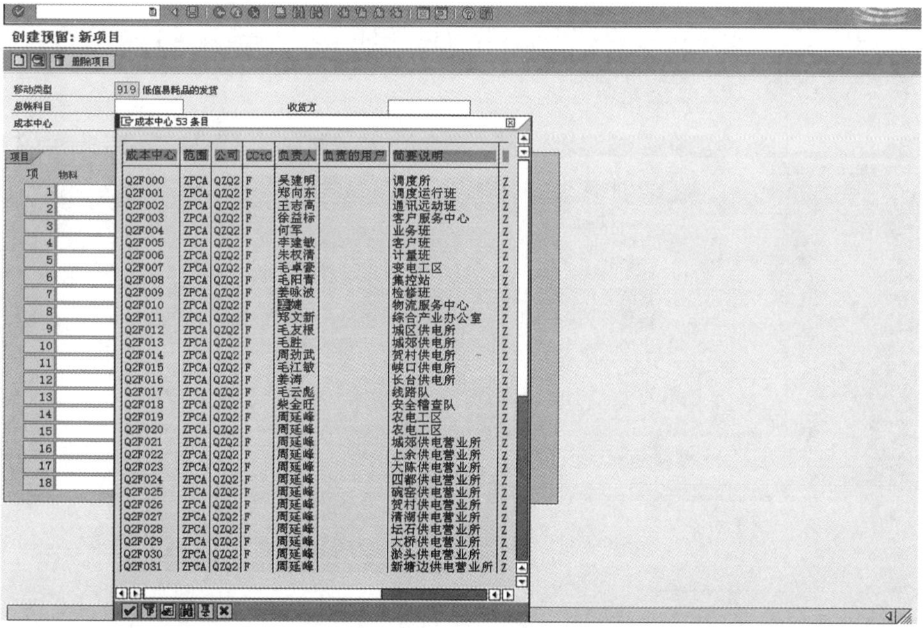

图 2-190　选择对应的班组界面

3）选择自己对应的班组，如本人属于客服中心本部，则双击选择“客服中心本部”，进入如图 2-191 所示界面。

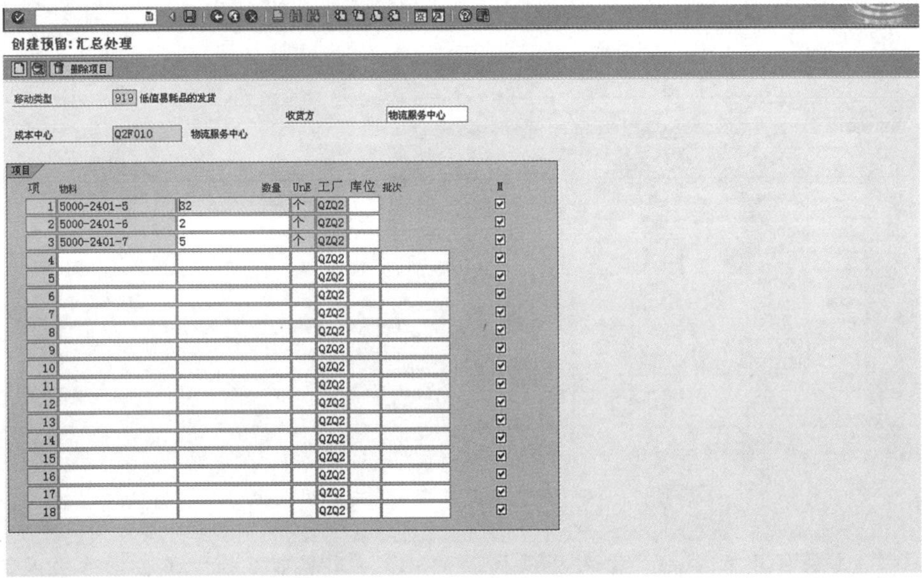

图 2-191　输入收货方资料界面

4）输入收货方、国家电网有限公司编码和数量，单击回车；再次单击回车进入如图 2-192 所示界面。

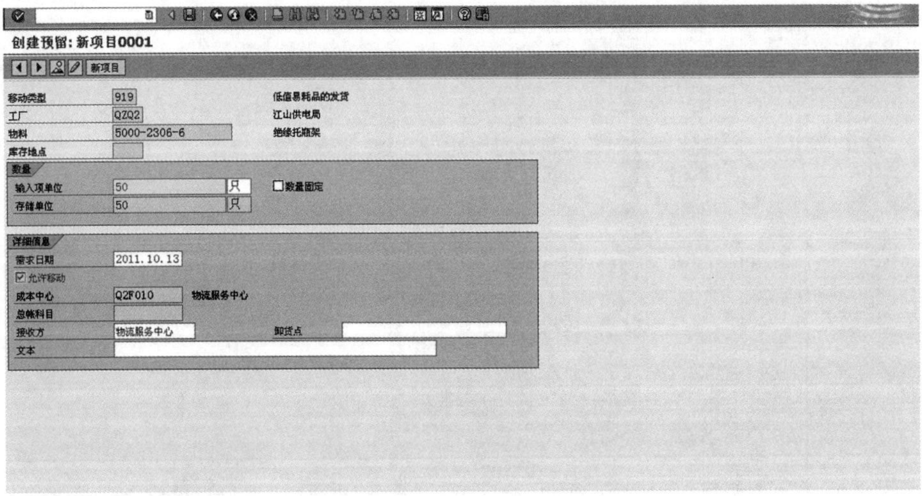

图 2-192　新项目资料汇总界面

5）直接单击回车，进入如图 2-193 所示界面。

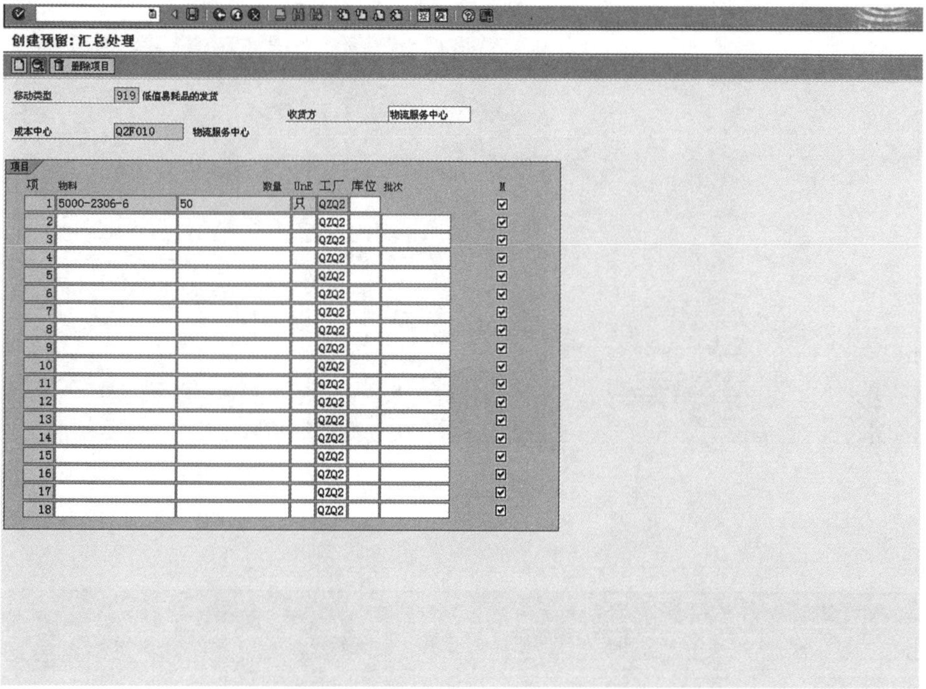

图 2-193　保存新项目界面

6）单击“记账”，进行保存。

其他办公用品、劳动保护用品等均与低值易耗品操作方法相同。

（二）资产卡片建立

1. 项目类资产号生成

（1）SAP-PM 中新建设备台账信息。

事务代码：IE01。

岗位：设备主数据管理人员，如图 2-194 所示。

1）输入设备有效起始日期、选择设备种类，如图 2-195 所示。

2）设备台账新建主界面中一般数据页签，输入设备描述、投运日期、制造商、设备型号、设备铭牌号、构建年 / 月等信息，如图 2-196 所示。

图 2-194　设备主数据管理人员界面

图 2-195　输入设备资料界面

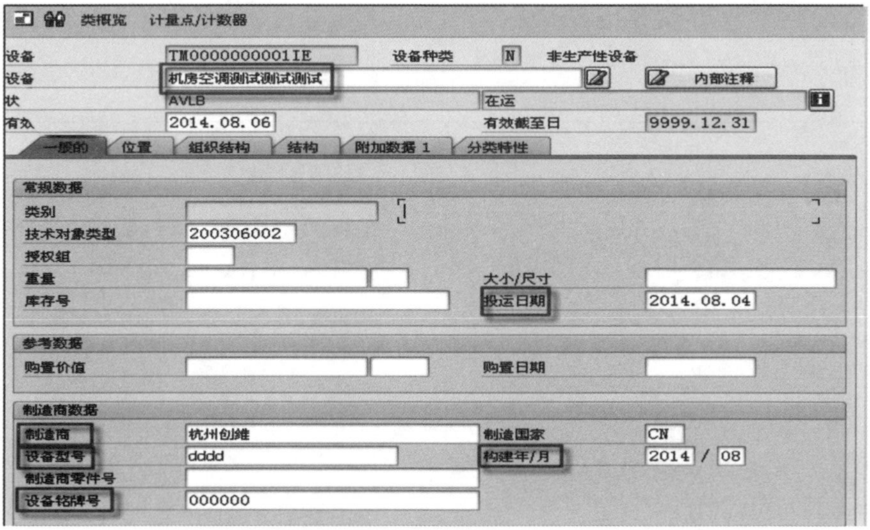

图 2-196　设备台账新建主界面

3）位置页签，输入设备的维护工厂、设备变动方式、工厂区域、工作中心、资产属性等信息，如图 2-197 所示。

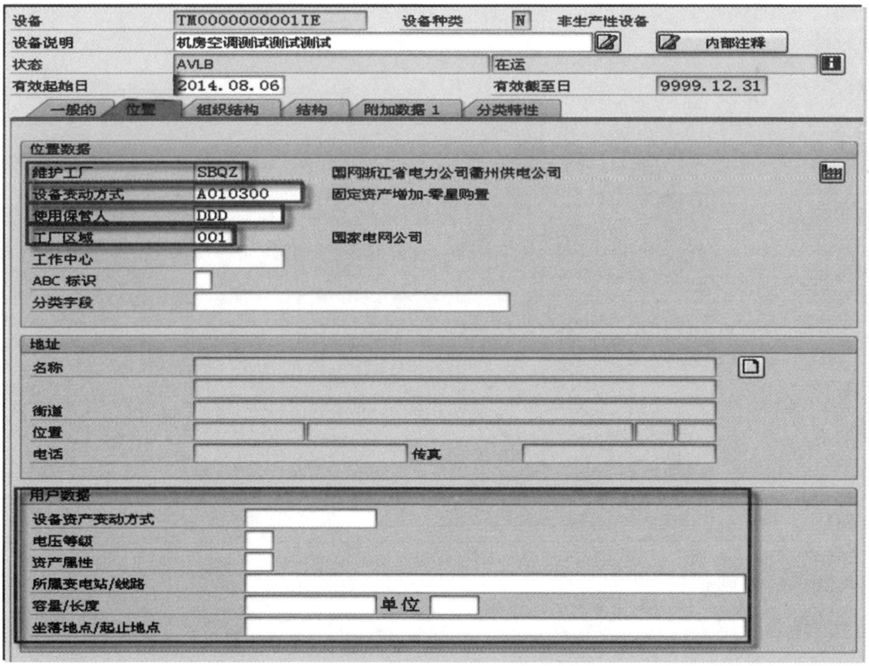

图 2-197　位置页签

4）组织机构页签，输入 WBS、计划工厂、计划员组等信息，如图 2-198 所示。

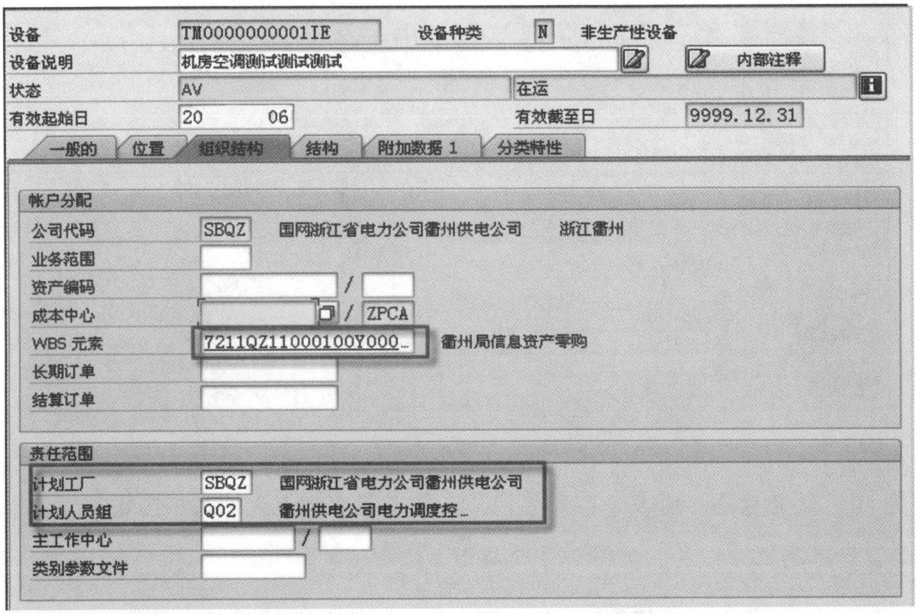

图 2-198　组织机构页签

5）结构页签，输入功能位置等信息，如图 2-199 所示。

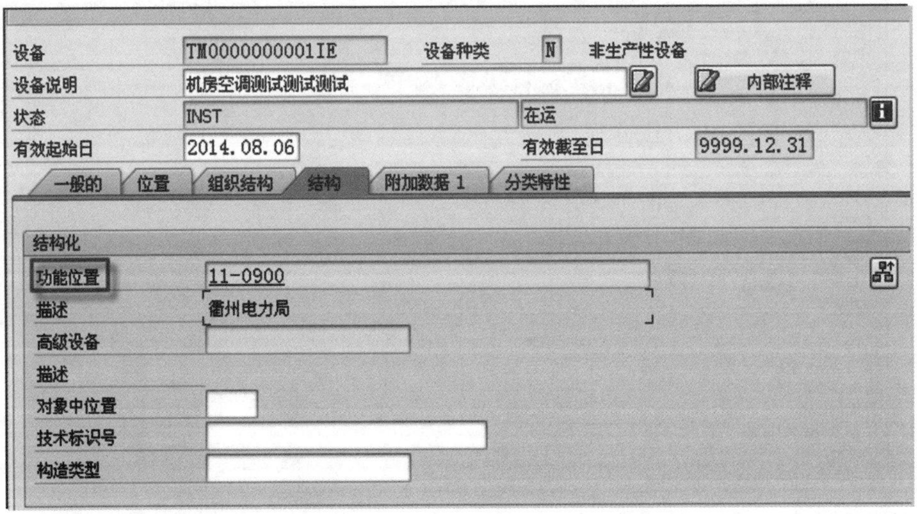

图 2-199　结构页签

6）附加数据页签，输入使用保管部门、实物管理部门、使用保管人、存放坐落地点等其他信息。注：附加数据页签中字段均为国家电网有限公司要求添加的字段。

7）维护好基本信息之后，单击“保存”，系统右下角提示生成的设备编码，如图 2-200 所示。

附件：设备台账中字段填写规范，如图 2-200 所示。

设备主数据屏幕名称	字段名称	字段	说明	联动更新资产字段	是否必填	范例	规范要求（编制要求）
一般的	设备编码	EQUNR	为新建设备指定编码		必填	30000017900379	系统自动输出
	设备种类	EQTYP			必填	Y	可供选择的设备种类有：N 非生产性设备、T IT类设备、X 生产性非PMS设备、Y 生产性PMS设备、L 低值易耗（其中地址易耗品和生产性PMS设备不允许手工创建）
	设备说明	SHTXT	设备名称的简要描述，名字不要包含设备型号、厂家等内容	资产名称	必填	220kV潮乡变二次安全防护系统	设备名称的简要描述，名字不要包含设备型号、厂家等内容
	投运日期	INBDT	开始日期，设备投入使用日期		必填	2017.06.02	
	制造商	HERST	制造厂商或施工单位名称	制造厂商	必填	南瑞信息	
	制造商国家	HERLD	制造国家代码	原产地国家	必填	CN	
	设备型号	TYPBZ	设备的具体型号	序列号（仅新建时带入资产卡片，更新设备不联动）	必填	HX-2000	
	设备序列号	SERGE	系列号，设备出厂编号		必填	35689-528	
	构造年	BAUJJ	设备制造（出厂、竣工）年份		必填	2006	
	构造月	BAUMM	设备制造（出厂、竣工）月份		必填	03	
位置	维护工厂	SWERK	维护设备所在地域，也是权限控制单位	公司代码	必填	SBQZ	
	设备变动方式	STORT	反应设备最新的变动方式	资产变动方式（可从资产反向更新设备）	必填	A010100（固定资产增加-基本建设）	设备变动方式：A010300 固定资产增加-零星购置 A010400 固定资产增加-投资者投入
	工厂区域	BEBER	资产性质，标识设备的资产所属单位级别		必填	003（省公司）	资产属性：001 国家电网公司、002 区域电网公司、003 省公司、004 县公司、005 用户、006 股份制
组织结构	公司代码	BUKRS		公司代码	必填	SBJX	
	资产编码	ANLNR			必填		
	WBS元素	PROID	设备对应的项目来源	WBS元素	必填	2111JX120002/3	
	计划工厂	IWERK	对维护工厂的设备检修，维护工作计划的执行、管理、规划		必填	SBQZ	
	主工作中心	GEWRK	维修所属部门		必填	YWCQ（变电运维工区）	
结	上级设备	HEQUI	上层设备		必填		
附加数据1	使用保管部门	ZSB001	指设备（资产）的具体使用、运行、维护、保管单位（部门），主要承担固定资产的使用保管管理职能	使用保管单位	必填	JXA000（生产）	填写资产使用保管部门对应的成本中心编码
	实物管理部门	ZSB002	指固定资产的实物归口管理部门	实物管理部门	必填	JXZ000（变电运维工区综合组	填列实物管理部门对应的成本中心编码
	使用保管人	ZSB010	设备的使用保管者	使用保管人	必填	生产	使用保管人姓名，可填写多个使用保管人
	电压等级	ZSB004		电压等级	必填	40	输电线路、变电设备、配电线路及设备按照实际情况填写设备的电压等级，若设备没有电压等级则填写“40 其他”
	设备增加方式	ZSB005		资产增加方式	必填	002（设备增加-技术改造）	
	设备存放（坐落）地点	ZSB006	设备具体坐落地理位置	资产存放（坐落）地点	必填	嘉兴海宁至嘉兴海宁	1、坐落地点：“地区+县（市）名称”，原则4个汉字，如：“宁波北仑” 2、起止地点：“地区+县（市）名称至地区+县（市）名称”，原则9个汉字，如“宁波北仑至宁波宁海” 3、低压资产：XX（市局）XX（分/县局）XXX供电所。

图 2-200　设备台账中字段填写规范

（2）SAP-PM 中设备台账联动生成资产卡片。该工作流现了实物管理部门经办人向财务部门经办人提交需创建资产卡片的设备，财务部门经办人在工作流中进行审批，并自动创建固定资产卡片的功能，如图 2-201 所示。

1）实物部门管理人员先通过事务码 IE01 建设备台账，然后通过事务代码 ZFI00067 进入工作流填写界面，如图 2-202 所示；选择新建，如图 2-203 所示。

2）填写主设备卡片所属公司代码、起始日期、利润中心、成本中心、设备编码信息后，单击将符合筛选条件的设备全部带出，结果如图 2-204 所示。

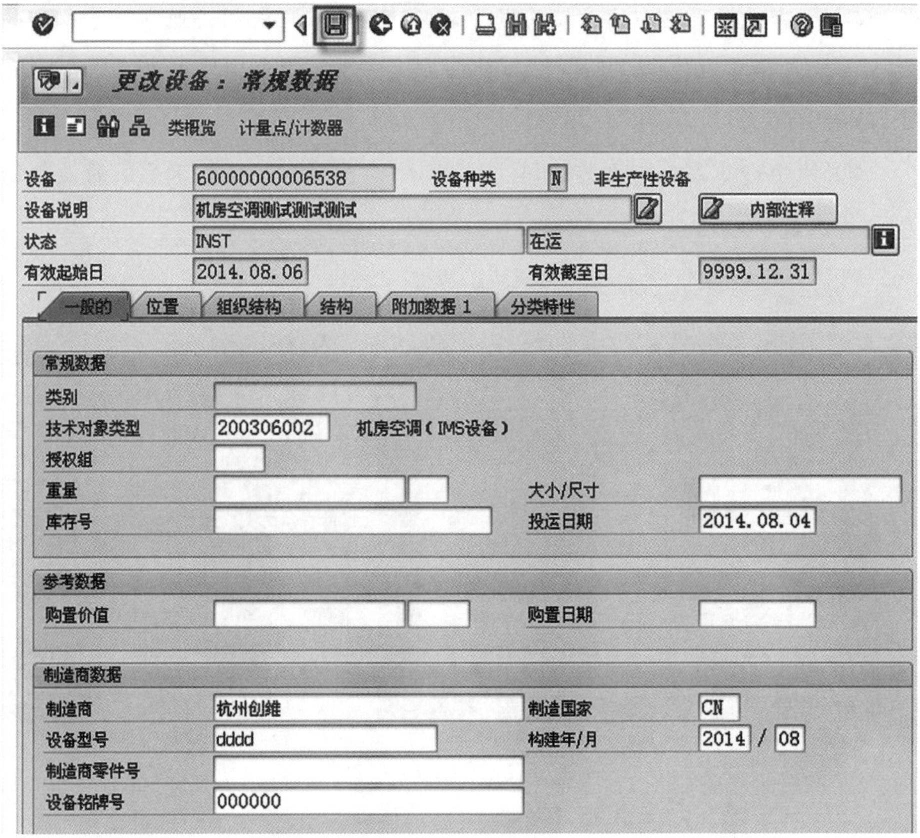

图 2-201　设备台账联动生成资产卡片

步骤	岗位	事务代码	工作事项
1	设备管理部门经办	ZFI00067	创建并提交设备资产联动单据
2	财务部经办	SBWP	单据审批，并创建生成资产卡片

图 2-202　工作流填写界面

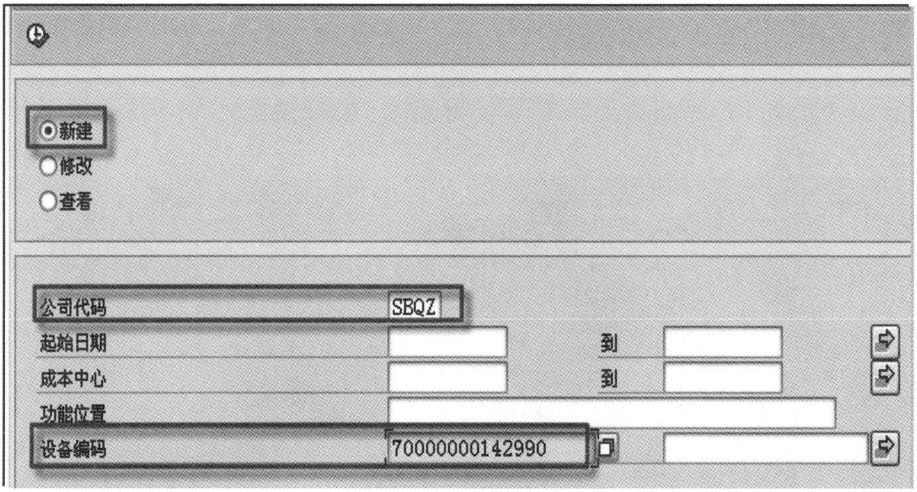

图 2-203　新建工作流

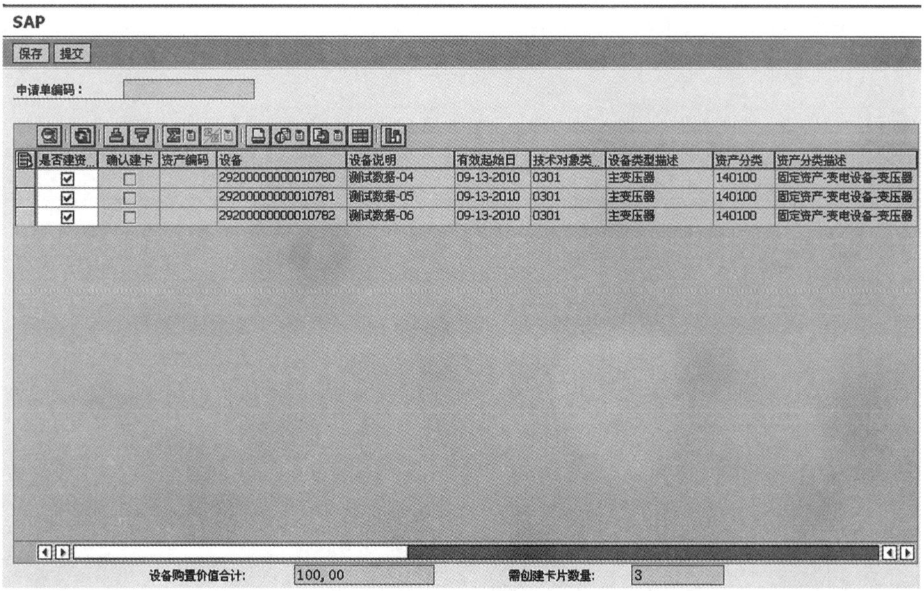

图 2-204　填写主设备信息

3）系统默认将筛选出的主设备数据全部勾选创建资产卡片，若有不需创建资产卡片的主设备数据，只需将其对应的是否建资产卡片勾选框留为空即可；确认无误后，单击“提交”按钮，将直接触发工作流至下一流程，如

图 2–205 所示。

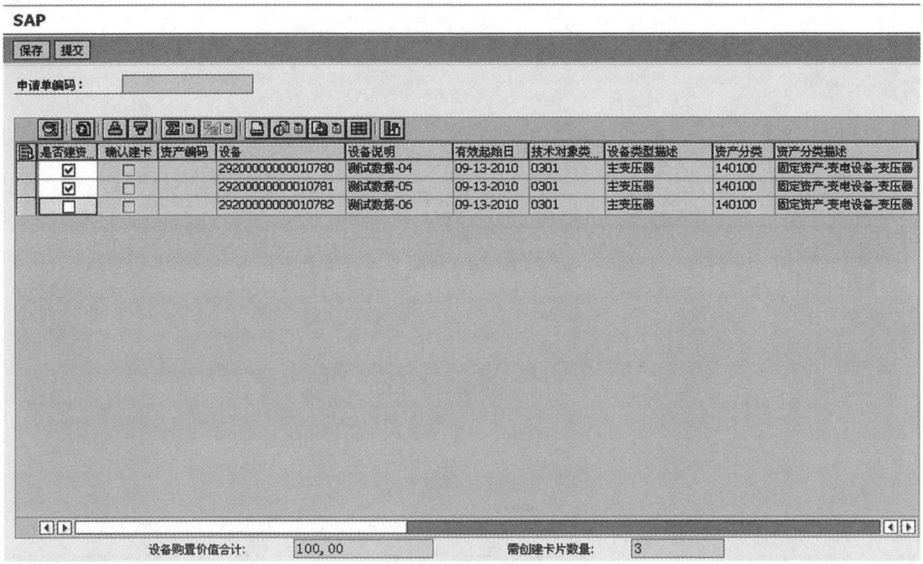

图 2–205　提交工作流程

4）单击“保存”按钮，可对数据保存，待需提交时，通过运行事务代码 ZFI00067，选择“修改”，输入申请单编码，如图 2–206 和图 2–207 所示，并单击回车，确认无误后，单击“提交”按钮即可完成工作流的触发。

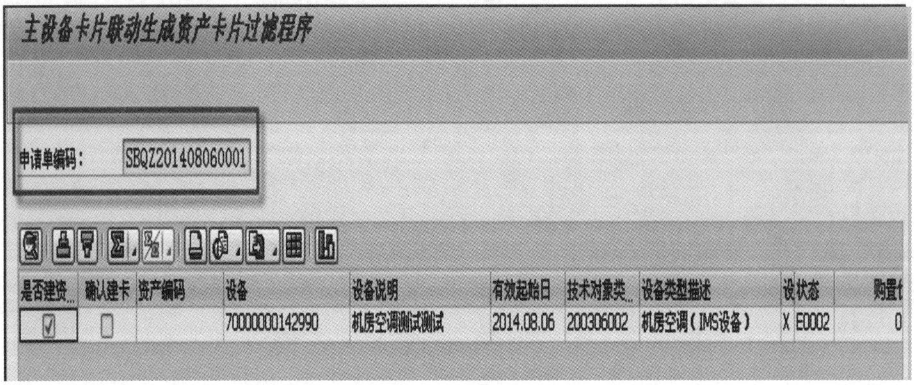

图 2–206　修改申请单编号

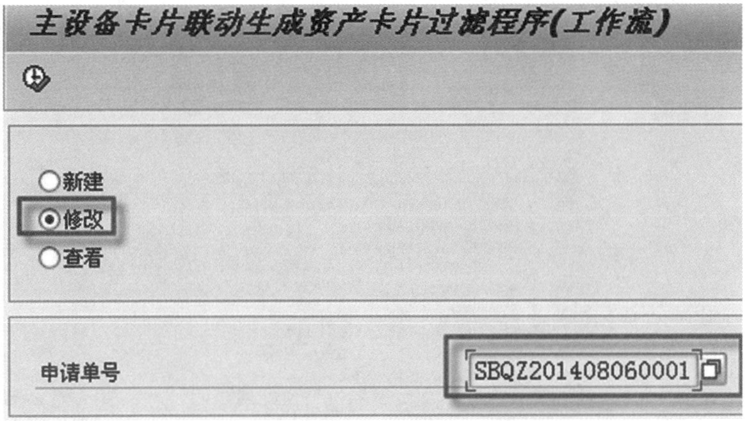

图 2-207　输入申请单编号

5）财务部门固定资产核算人员进入工作流，双击待处理的申请单，如图 2-208 所示。

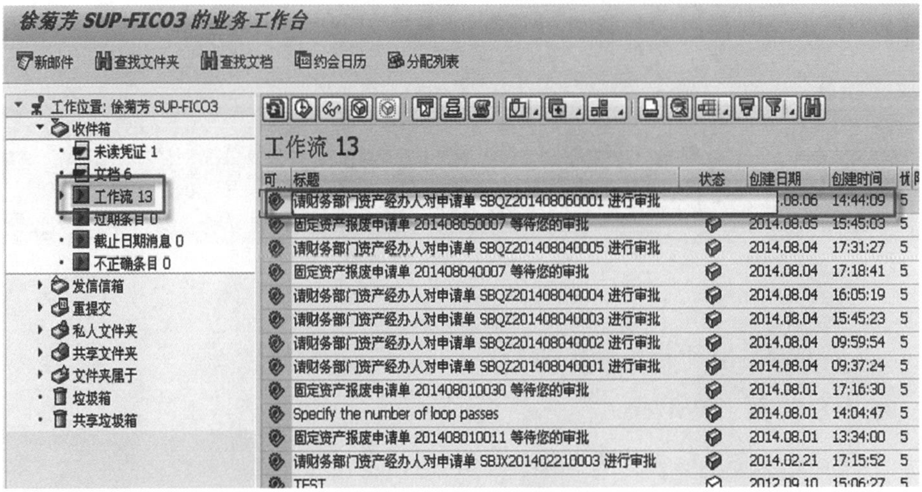

图 2-208　完成待处理申请单

6）核对设备台账数据，对需要建卡的设备，在确认建卡一栏进行勾选，然后补充完善需财务人员维护的成本中心、资产归属、来源、资产使用情况、变电站电压等级等资产信息，并单击“确认”键完成主设备卡片联动生成资产卡片，如图 2-209 所示。

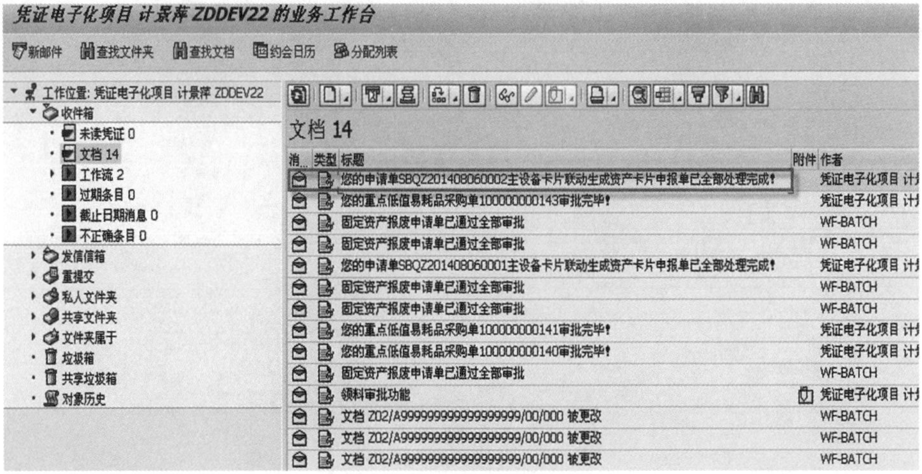

图 2-209　核对设备台账数据

7）双击工作台中邮件查看生成的卡片编码，如图 2-210 所示。

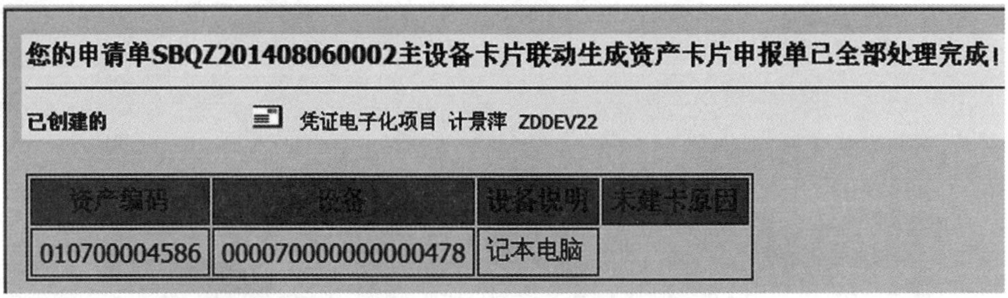

图 2-210　生成卡片编码

（3）SAP-PM 中设备批量创建。

事务代码：ZPM140007。

岗位：设备主数据管理人员或其他人员。

1）执行事务码 ZPM140007，进入批量创建设备台账界面，下载模板。可下载 03 ~ 07 版 Excel 模板，也可下载 10 版 Excel 模板，如图 2-211 所示。

2）填写模板，其中标红字段为必填字段，标红且加粗字段可下拉选择，如图 2-212 和图 2-213 所示。

3）导入模板。

图 2-211　下载模板

	设备编号（创建设备时无需填写）	设备种类（注：红色字体为必填项，字体加粗列是下拉选择菜单）	设备说明	设备用户状态	技术对象类型	投运日期	制造商	设备型号	设备铭牌号（系列号-出厂编号）	制造国家	构建年（出厂年份）	构建月（出厂月份）	维护工厂（公司代码）	设备变动方式
2		N 非生产性设备	公用轿车	20 在运	N0303003-自卸汽车	20140810	浙江奥迪有限公司	奥迪A4	A4123456	CN中国	2014	08	SBQZ	A010300 固定资产增加-零星购置
3		N 非生产性设备	THINKPAD笔记本	20 在运	T0113-笔记本电脑	20140810	联想集团	T420	T420201010	CN中国	2014	08	SBQZ	A010300 固定资产增加-零星购置
4		N 非生产性设备	公用轿车	20 在运	N0303003-自卸汽车	20140810	浙江奥迪有限公司	奥迪A4	A4123456	CN中国	2014	08	SBQZ	A010300 固定资产增加-零星购置
5		N 非生产性设备	THINKPAD笔记本	20 在运	T0113-笔记本电脑	20140810	联想集团	T420	T420201010	CN中国	2014	08	SBQZ	A010300 固定资产增加-零星购置

图 2-212　填写模板

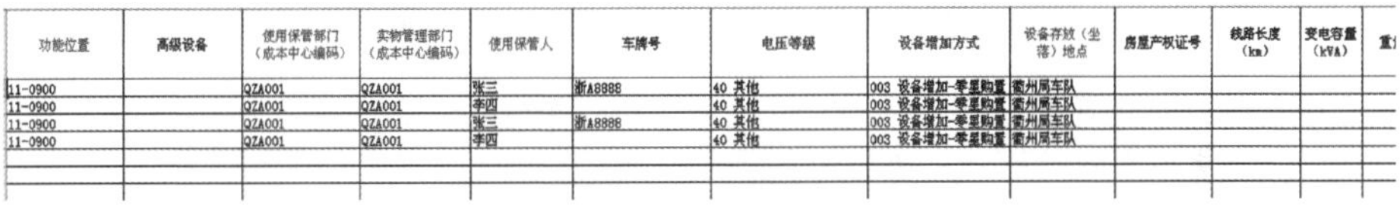

功能位置	高级设备	使用保管部门（成本中心编码）	实物管理部门（成本中心编码）	使用保管人	车牌号	电压等级	设备增加方式	设备存放（坐落）地点	房屋产权证号	线路长度（km）	变电容量（kVA）
11-0900		QZA001	QZA001	张三	浙A8888	40 其他	003 设备增加-零星购置	衢州局车队			
11-0900		QZA001	QZA001	李四		40 其他	003 设备增加-零星购置	衢州局车队			
11-0900		QZA001	QZA001	张三	浙A8888	40 其他	003 设备增加-零星购置	衢州局车队			
11-0900		QZA001	QZA001	李四		40 其他	003 设备增加-零星购置	衢州局车队			

图 2-213　填写模板

4）模板导入之后系统会检查字段的准确性，如有误会则在文本消息中提示并提示错误原因，根据错误原因进行修改以后重新导入。

5）重新导入之后，若无错误，检查结果显示为绿灯，然后单击执行，系统会在后台执行 IE01 操作，并把生成的设备编码写入设备编码字段中。

6）批量导出，如图 2-213 所示。

2. 重点低值易耗品资产卡片生成（ZFI00087）

该工作流实现了实物管理部门经办人向财务部门经办人提交需创建重点低值易耗品卡片的需求，财务部门经办人在工作流中进行审批，并自动创建重点低值易耗品卡片的功能，如图 2-214 所示。

步骤	岗位	事务代码	工作事项
1	设备管理部门经办	ZFI00087	创建并提交设备资产联动单据
2	设备管理部门经办	SBWP	单据审批
3	设备管理部门领导	SBWP	单据审批
4	财务部门经办	SBWP	单据审批

图 2-214 重点低值易耗品资产卡片生成

（1）创建资产卡片申请单。创建资产卡片申请单如图 2-215 所示。

操作内容	重点低值易耗品采购需求单创建、修改、查看
操作岗位	实物管理部门人员
菜单路径	
事务代码	ZFI00087

图 2-215 创建资产卡片申请单

1）实物管理部门专职确认线外资料是否齐全，通过事务代码 ZFI00087 进入重点低值易耗品采购需求申请单，单击“新建”按钮进入工作流填写界面，如图 2-216 所示。

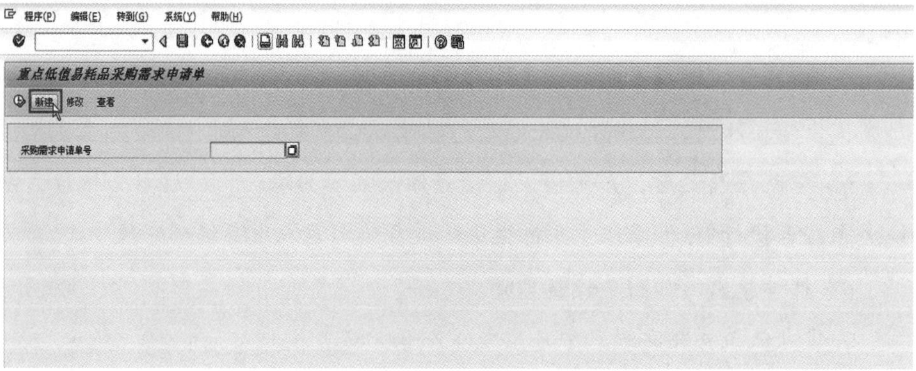

图 2-216 工作流填写界面

2）填写申请部门［即使用保管单位（部门）］、实物管理部门、成本中心（即重点低值易耗品费用摊销的成本中心）、名称及规格型号（即重点低值易耗品名称)、重点低值易耗品分类、申请数量、计量单位、评估价格、货币码、交货日期、物料组、工厂信息。填写完成后，单击“保存”，完成重点低值易耗品采购需求申请单的保存，并生成重点低值易耗品采购需求单编号。重点低值易耗品采购需求单保存+提交后，可进行查询和修改，如图 2-217 所示。

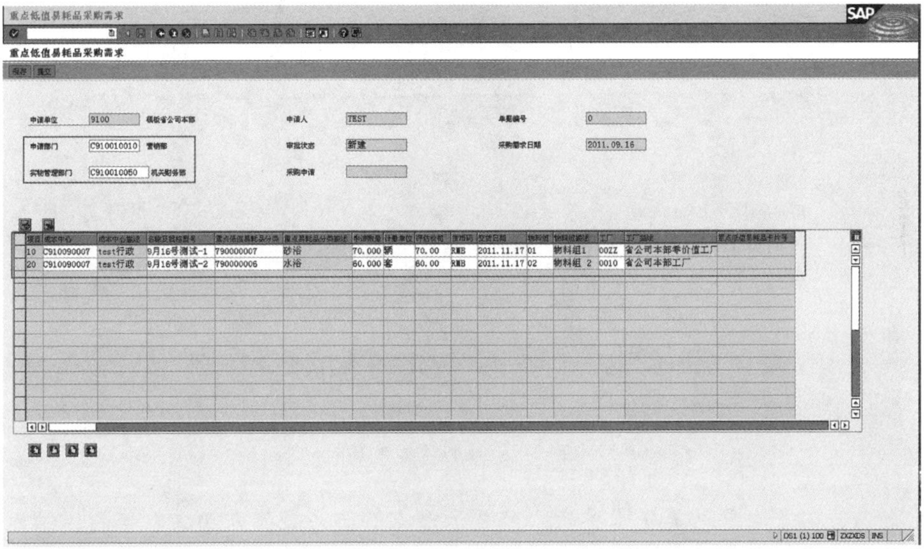

图 2-217　填写申请内容

3）通过事务代码 ZFI00087 进入采购需求界面，输入已生成的采购需求单号，单击“修改”，可进入到采购需求修改界面，修改单据内容；单击“查看”，可进入重点低值易耗品采购需求显示界面，查询重点低值易耗品需求单，如图 2-218 所示。

4）在采购需求修改界面，修改完成后单击“提交”，可触发重点低值易耗品采购工作流（注：重点低值易耗品采购需求单提交后，则不能进行修改，只有当该需求单被驳回后才能再次进行修改）；单击“撤消”，可取消采购需求单，如图 2-219 所示。

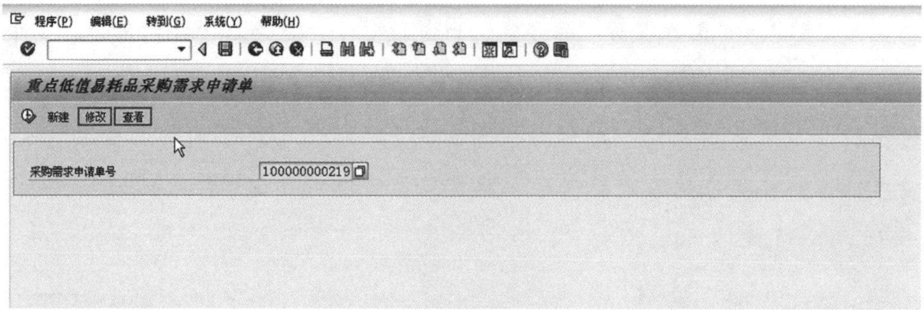

图 2-218 修改单据内容

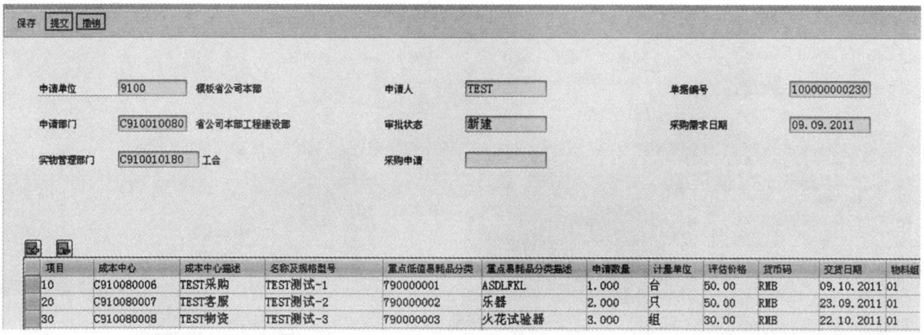

图 2-219 采购需求单界面

5）在采购需求单显示界面，可显示重点低值易耗品采购需求单的详细内容，如图 2-220 所示。

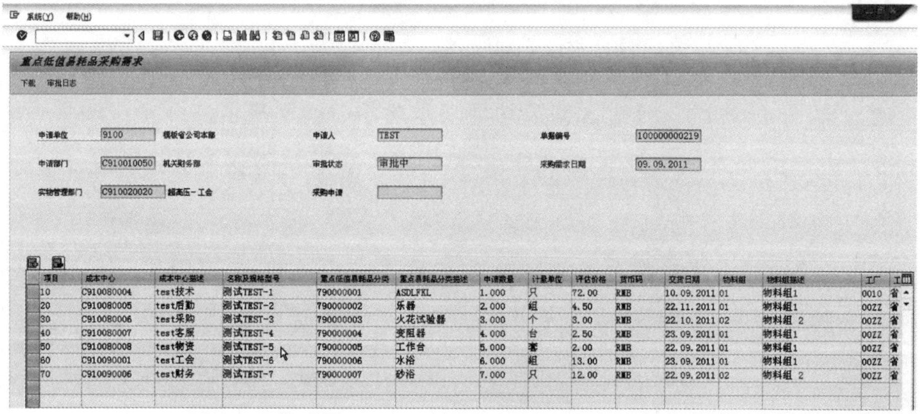

图 2-220 需求单详细内容

（2）重点低值易耗品采购需求单审批。重点低值易耗品采购需求单审批如图 2-221 所示。

操作内容	重点低值易耗品采购需求单审批
操作岗位	实物管理部门人员、实物管理部门领导、财务部门专责
菜单路径	SAP 业务工作台→收件箱→工作流
事务代码	SBWP

图 2-221 重点低值易耗品采购需求单审批

1）使用保管单位（部门）相关领导进入工作流，双击待处理的重点低值易耗品采购需求单，进行需求单的审批，如图 2-222 所示。

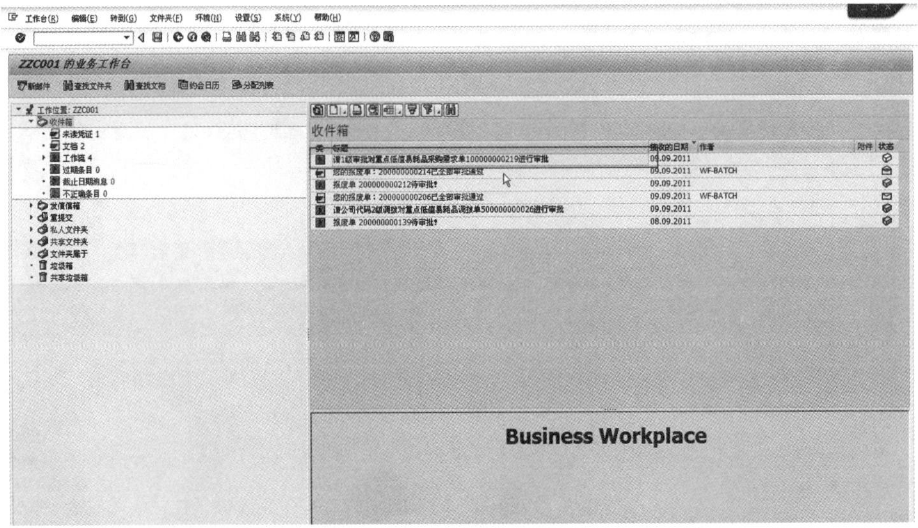

图 2-222 需求单的审批

2）在弹出的界面中可以查看采购需求单的基本信息，若无误，单击“审批同意”，流转至下一流程节点；若需调整，单击“拒绝”；若需要查看审批日志及审批意见，单击“审批日志”，如图 2-223 所示。

3）如果审批不通过，单击“拒绝”，并在弹出的对话框中填写审批意见，确认后采购需求单将退回至流程发起者，如图 2-224 所示。

图 2-223　查看采购需求单的基本信息

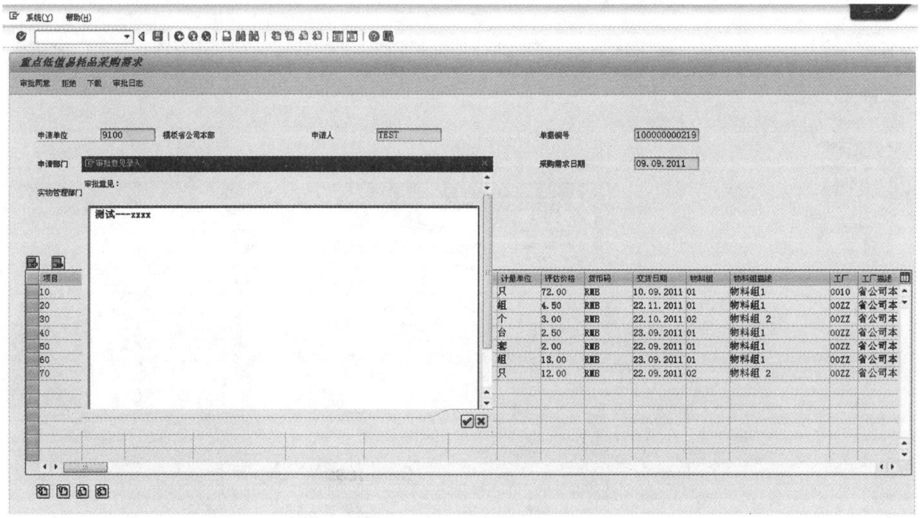

图 2-224　采购需求单退回

4）审批全部通过或驳回，流程发起者会在工作流中收到重点低值易耗品采购需求单审批完成或被驳回的通知，如图 2-225 和图 2-226 所示）。

5）如果采购需求单被驳回，双击被驳回的重点低值易耗品采购需求单，可查看审批日志。修改后单击“重新提交”，可重新发起工作流；单击“撤销”，可取消采购需求单，完成工作流，如图 2-227 所示。

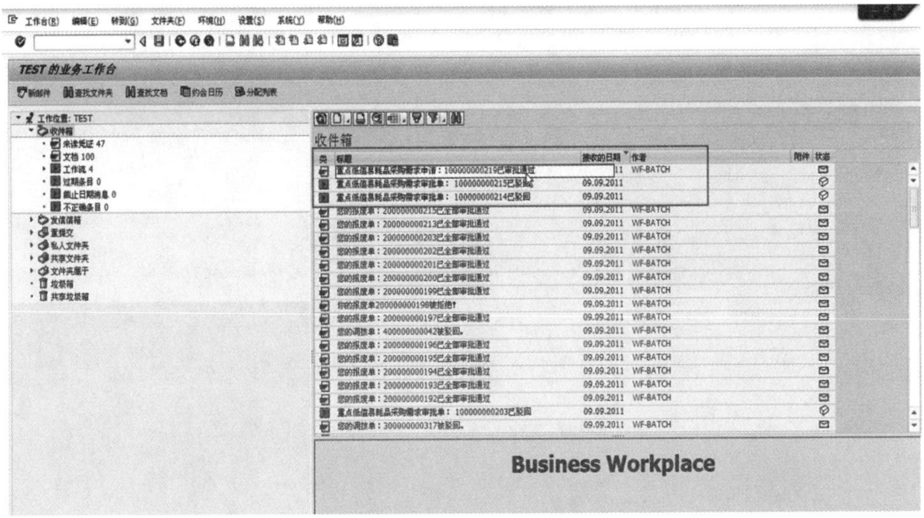

图 2-225 需求单审批结果通知

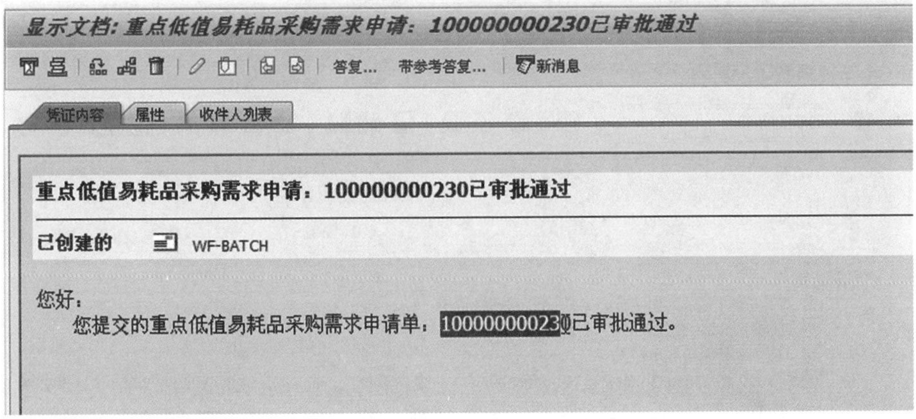

图 2-226 需求单审批通过通知

6）审批全部通过后，系统会按采购需求单中的信息自动创建重点低值易耗品卡片与采购申请。在创建成功后，会将创建好的重点低值易耗品卡片号和采购申请号填入到采购需求单的重点低值易耗品卡片号和采购申请字段，并完成工作流。在工作流完成后，可通过采购需求单查看界面，单击重点低值易耗品卡片号查看该需求单创建的卡片，也可通过单击采购申请查看该需求单创建的采购申请。

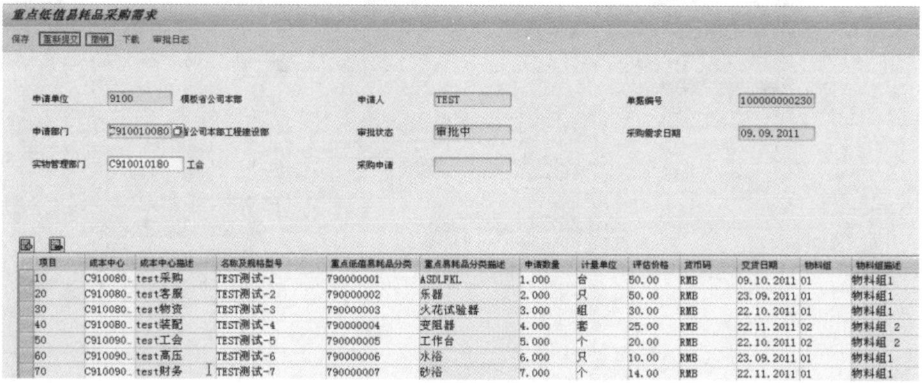

图 2-227　重新发起工作流

（三）无纸化领料——仓储作业无纸化办公平台

仓储作业无纸化办公平台如图 2-228 所示。

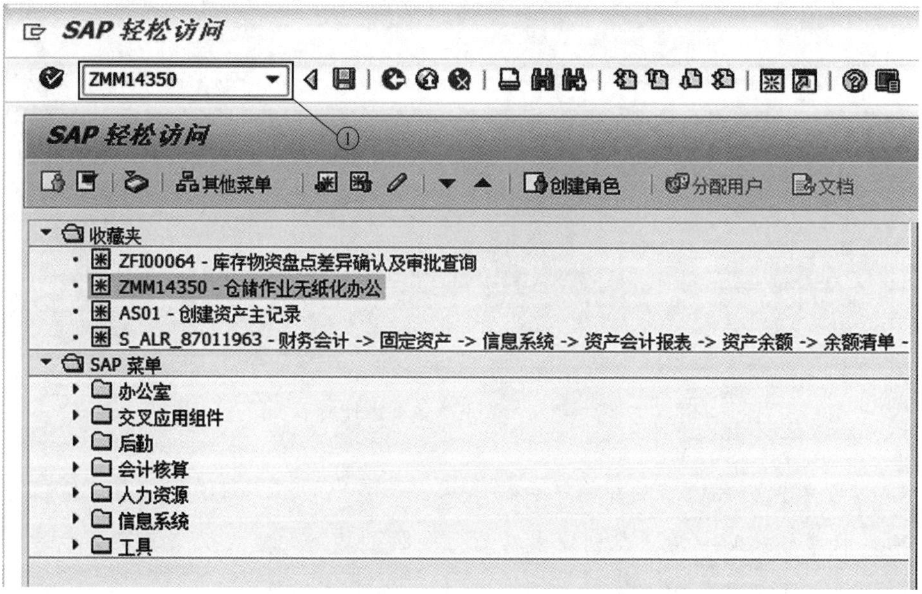

图 2-228　仓储作业无纸化办公平台

登录 ERP，在命令框输入事务代码：ZMM14350，回车后即可看到仓储作业无纸化办公平台主界面，如图 2-228 中 ① 所示。

1. 界面介绍

仓储作业无纸化办公平台包含 10 个主要仓储作业功能，即领料出库、退库、废旧入库、废旧出库、退役资产领用入库、退役资产领用出库、借用入库、借用出库、调配出入库、盘点，如图 2-229 所示。

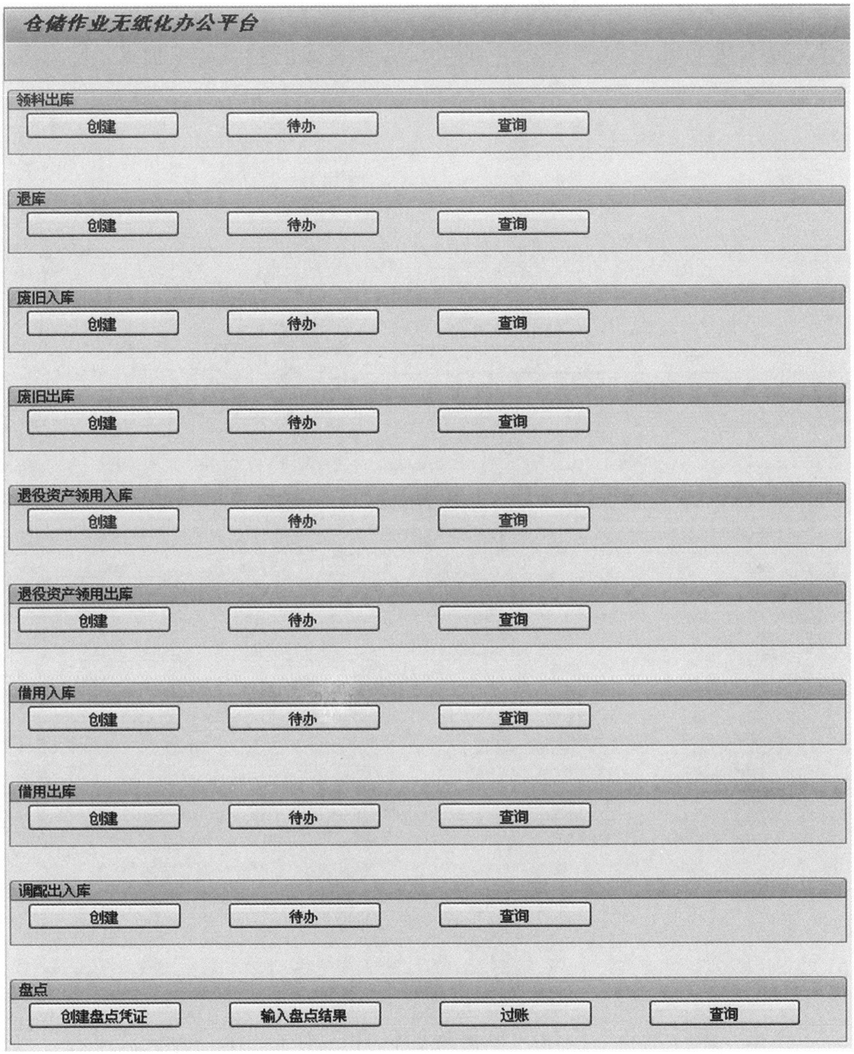

图 2-229　界面介绍

2. 操作步骤

（1）电子领料单创建。电子领料单创建如图 2-230 所示。

1）点击领料出库 -［创建］按钮，如图 2-230 中 ② 所示。

2）填写预留号、批次、领料人信息；送货方式、需求日期、上报期限、是否从业人员，根据实际可进行更改，如图 2-230 中 ③ 所示。

3）勾选所需领用的物料，填写本次领用数量，如图 2-230 中 ④ 所示。

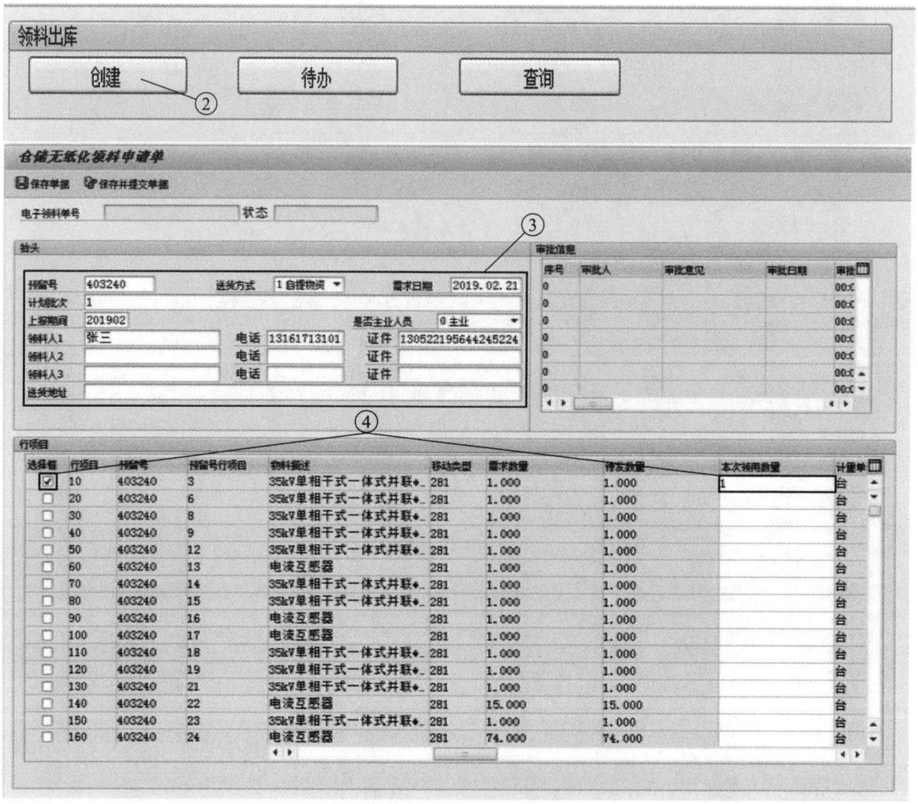

图 2-230 电子领料单创建

4）单击“保存单据”按钮，单据为已保存；单击“保存并提交单据”按钮，单据状态变为已提交，如图 2-231 中 ⑤ 所示。对于已保存的单据，在待办中找到相应的单据进行维护。对于已提交的单据，相关审批人员在待办中进行审批操作。

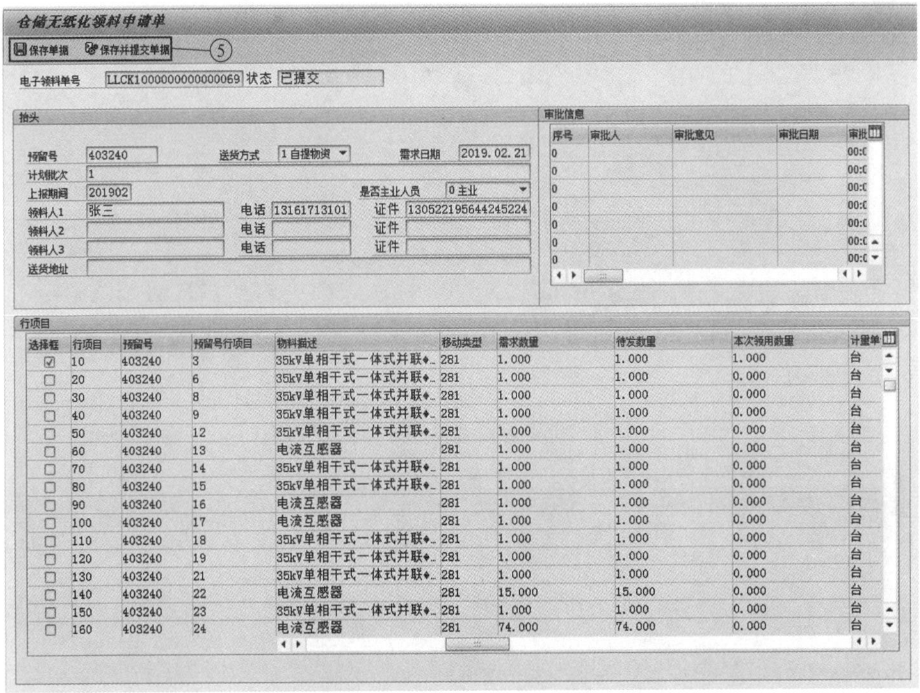

选择框	行项目	预留号	预留号行项目	物料描述	移动类型	需求数量	待发数量	本次领用数量	计量单
☑	10	403240	3	35kV单相干式一体式并联◆…	281	1.000	1.000	1.000	台
☐	20	403240	6	35kV单相干式一体式并联◆…	281	1.000	1.000	0.000	台
☐	30	403240	8	35kV单相干式一体式并联◆…	281	1.000	1.000	0.000	台
☐	40	403240	9	35kV单相干式一体式并联◆…	281	1.000	1.000	0.000	台
☐	50	403240	12	35kV单相干式一体式并联◆…	281	1.000	1.000	0.000	台
☐	60	403240	13	电流互感器	281	1.000	1.000	0.000	台
☐	70	403240	14	35kV单相干式一体式并联◆…	281	1.000	1.000	0.000	台
☐	80	403240	15	35kV单相干式一体式并联◆…	281	1.000	1.000	0.000	台
☐	90	403240	16	电流互感器	281	1.000	1.000	0.000	台
☐	100	403240	17	电流互感器	281	1.000	1.000	0.000	台
☐	110	403240	18	35kV单相干式一体式并联◆…	281	1.000	1.000	0.000	台
☐	120	403240	19	35kV单相干式一体式并联◆…	281	1.000	1.000	0.000	台
☐	130	403240	21	35kV单相干式一体式并联◆…	281	1.000	1.000	0.000	台
☐	140	403240	22	电流互感器	281	15.000	15.000	0.000	台
☐	150	403240	23	35kV单相干式一体式并联◆…	281	1.000	1.000	0.000	台
☐	160	403240	24	电流互感器	281	74.000	74.000	0.000	台

图 2-231 保存并提交单据

（2）审批电子领料单。审批电子领料单如图 2-232 所示。

1）点击领料出库中“待办”按钮，如图 2-232 中⑥所示。

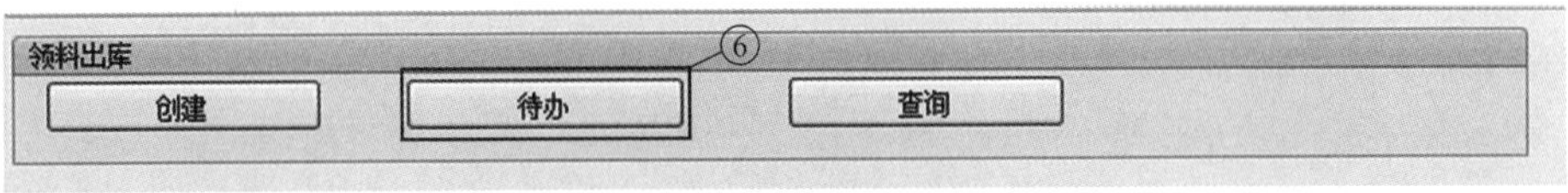

图 2-232 领料出库待办

2）直接在待办清单中进行相应的审批操作，如图 2-233 中⑦、⑧所示。

3）在待办清单中双击单据号进入详情界面进行审批，如图 2-234 和图 2-235 所示。

图 2-233　在待办清单中进行审批

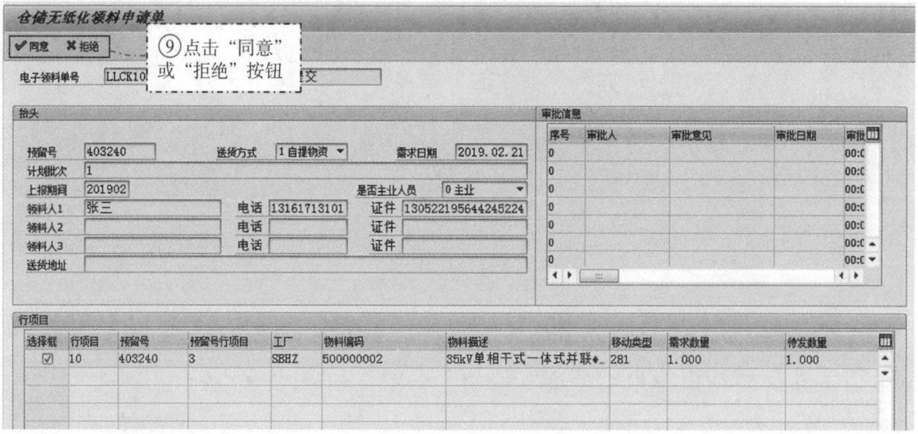

图 2-234　进行待办清单审批

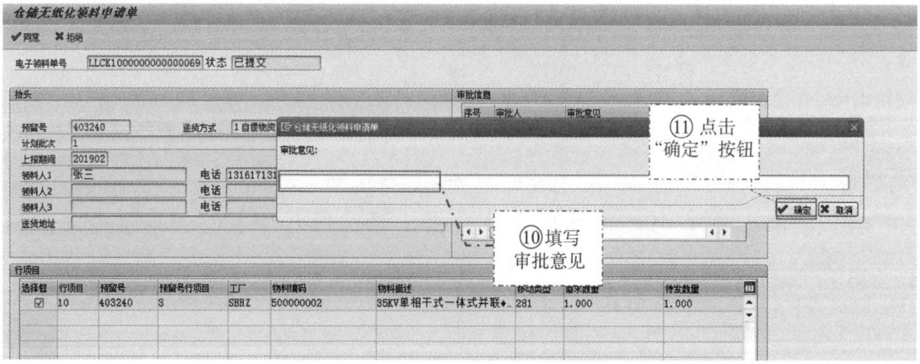

图 2-235　填写审批意见

4）单击“同意”按钮，填写审批意见并确定后，单据流转到下一环节进行审批或审批结束。单击“拒绝”按钮，填写审批意见并确定后，单据退回至申请人。

5）审批结束后，仓储专职可在 ERP 进行过账，也可在 EWMS 上同步电子领料单，进行出库操作，联动 ERP 生成相应的物料凭证，如图 2-236 所示。

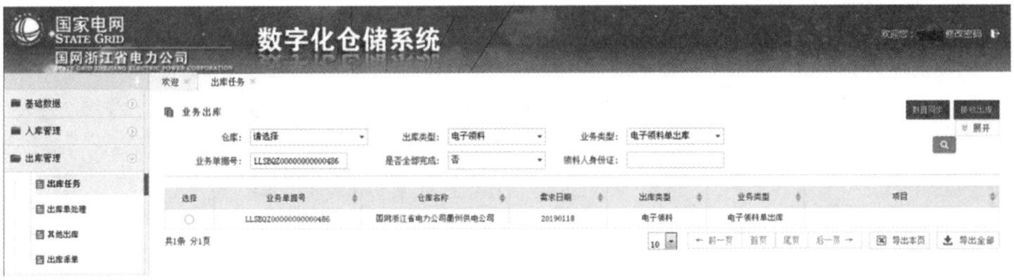

图 2-236　生成相应的物料凭证

（3）查询电子领料单。查询电子领料单如图 2-237 ~ 图 2-239 所示。

1）单击领料出库中“查询”按钮，如图 2-237 中 ⑫ 所示。

图 2-237　领料出库查询

2）输入领料单编号、预留单编号等查询条件，如图 2-238 中 ⑬ 所示。

3）单击“执行”按钮，如图 2-238 中 ⑭ 所示。

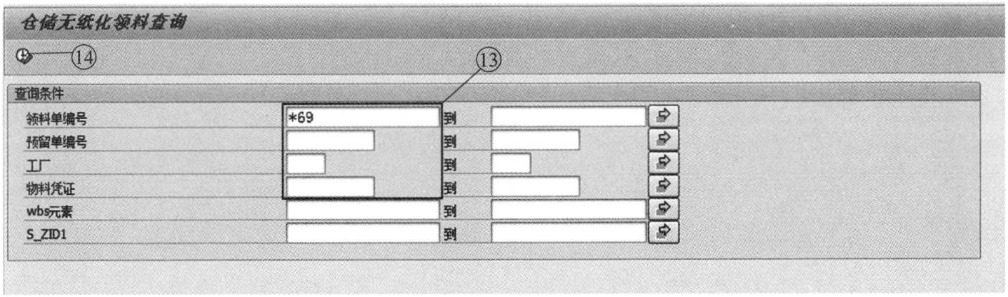

图 2-238　领料单查询

4）根据查询条件显示相应的电子领料单信息，双击单据可查看单据详情，如图 2–239 和图 2–240 所示。

图 2–239　领料单详情

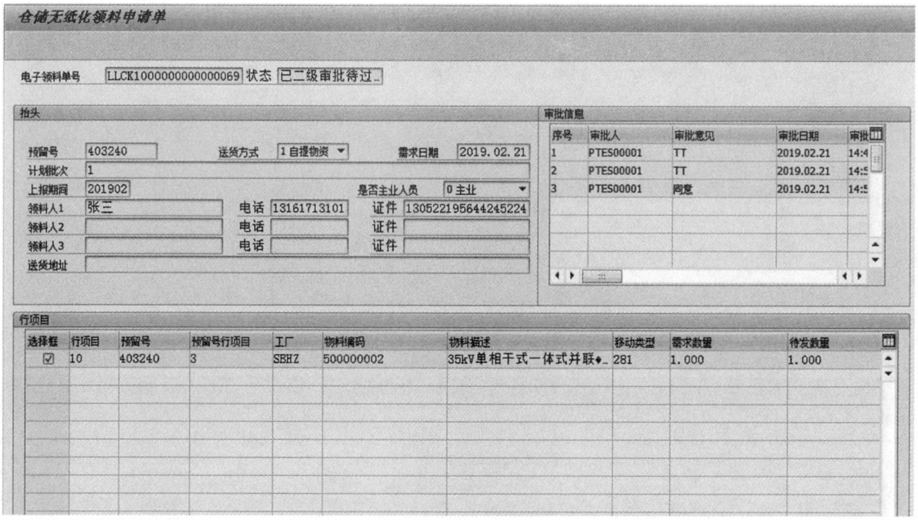

图 2–240　电子领料单据详情

5）在查询清单中领料前 URL 和领料后 URL 下单击“单击查看”按钮可查看生成的电子 PDF 单据，如图 2–241 和图 2–242 所示。

领料单（领料前）

国网浙江省电力公司衢州供电公司

领用部门

保管组：

领用日期：00000000

记账日期：00000000

领料用途：	预留号:0000404091	移动类型:281	
WBS 元素：1811QZ19000100A0000000	维修订单：	成本中心：	固定资产：

项目	物料编码	物料描述	单位	数量 应发	数量 实发	工厂	存储地点
0024	500015152	电力电缆,AC110KV,YJLW,2400,1,02,无阻燃,无阻水	千米	1.000	0.000	SBQZ	IHA1

备注：

凭证号码：_______

财务凭证：_______

审核：记账：发货：批准：领料：预留创建人：

图 2-241　电子 PDF 单据（领料前）

领料单（领料后）

国网浙江省电力公司衢州供电公司

领用部门：

保管组：

领用日期：00000000

记账日期：00000000

领料用途：	预留号:0000404091	移动类型:281	
WBS 元素：1811QZ19000100A0000000	维修订单：	成本中心：	固定资产：

项目	物料编码	物料描述	单位	数量 应发	数量 实发	工厂	存储地点
0023	500015152	电力电缆,AC110KV,YJLW,2400,1,02,无阻燃,无阻水	千米	1.000	0.000	SBQZ	IHA1
0023	500015152	电力电缆,AC110KV,YJLW,2400,1,02,无阻燃,无阻水	千米	1.000	0.000	SBQZ	IHA1

备注：

凭证号码：_______

财务凭证：9049000063

审核：专项开发 发货：专项开发 批准： 领料：ZHANGSAN 预留创建人：

图 2-242　电子 PDF 单据（领料后）

第五节　项目施工管理

一、施工管理

项目实施必须严格执行国家、公司相关规范，加强施工监理和质量监督。没有引入专业监理单位的项目应由项目单位履行相关管理要求，确保项目质量。包含建筑安装工程的营销项目在开工前，施工单位应履行完整的开工手续，编制施工方案和工程开工报告，经监理单位和项目单位审核通过后方可组织现场施工。开工手续办理前应具备以下条件：①施工合同已签订；②施工预算已批准；③安全措施、技术措施、组织措施、环境保护措施已批准；④设备材料计划已批准，且施工所需的进场材料、构配件、设备均已自检合格；⑤项目设计图已批准。

营销项目实施应严格执行国家、公司有关的安全管理规定，加强项目安全管理。

（1）根据营销项目实际情况，项目单位应组织施工方案（包括施工组织措施、技术措施、安全措施等）审查。

（2）根据营销项目实际情况，项目单位应组织完成项目开工前必要的开工手续（包括施工许可、开工报告和安全培训等）。

（3）项目单位应加强外包施工单位的资质等级审查，督促施工单位建立健全安全保证和质量管理体系，防止发生人员、电网、设备等方面的安全事故或质量事故。

营销项目管理人员不得承担具体项目实施工作。

项目单位应根据营销项目实际工程进度，严格按照单项工程领取所需物资并办理领料手续。各单位营销部门应确保本单位营销项目管理流程的规范有序、监督管控机制有效运行，对年度项目资金构成及资金支付去向等关键事项进行重点管理，及时发现并解决项目管理过程中出现的问题。

项目单位应每月月底前编制“在建工程项目动态进度表”，包括在建工程（单项工程）的施工进度、物资领用、物资退库、资金流向、造价控制等动态情况。

二、项目监理

项目单位必须严格执行国家及地方、国家电网有限公司及公司相关规范，加强施工监理和质量监督。没有引入专业监理单位的项目应由项目单位履行相关管理要求，确保项目质量。

单项投资总额在200万元及以上且包括建筑安装工程的项目应实行项目监理，监理单位资质必须符合国家和行业相关规定的要求。200万元及以下包含建筑安装工程的电动汽车充换电设施建设、岸电设施建设项目宜实行项目监理。

监理单位应加强工程协调和项目安全、质量、进度和造价控制，规范合同管理和监理文件及信息管理，审核施工单位编制的施工技术措施、安全措施和施工方案，检查相关措施落实情况。加强工程中间阶段和隐蔽工程的验收见证，开展项目监理验收工作，进行工程变更签证和工程量核定，组织完成项目档案文件归集和整理。

CHAPTER 3

第三章 项目终结阶段

第一节　项目竣工验收管理

（1）营销项目应开展阶段性验收和竣工验收，包含建筑安装工程的营销项目应分别开展阶段性验收（中间检查验收）和竣工验收，其余营销项目开展竣工验收。项目验收应依据国家及行业有关法规、标准和规范，以及公司关于验收规范的有关规定，根据项目设计和建设过程中的相关文件资料，对项目施工工程和设备进行验收检查。

（2）项目验收的主体是各项目单位，项目施工、监理、设计单位及项目单位的财务、审计、纪检、档案等管理部门应根据项目实际情况配合做好项目验收工作。

（3）包含建筑安装工程的项目阶段性验收（中间检查验收）是项目验收的重要组成部分，主要是对项目隐蔽性工程部分、项目关键环节或重要节点开展的检查验收。对于有隐蔽性工程（暗敷管线、接地装置等）的项目，施工单位应在工程隐蔽前向项目单位或监理单位提出阶段性验收申请。项目单位在接到验收申请后 3 个工作日内组织项目运行维护、设计、监理单位进行隐蔽工程验收，并采取拍照、录影方式对隐蔽工程进行取证，取证资料纳入项目档案管理。

（4）根据批复的项目施工方案，项目单位应及时组织施工关键环节或重要节点阶段性验收，检查合格后方可进入下阶段施工。具体要求如下：

1）在项目实施关键环节或重要节点，施工单位在完成工程施工后 3 个工作日内向项目单位提出验收申请，项目单位在接到验收申请后 3 个工作日内应组织开展验收，并编制阶段性验收报告。

2）关键环节或重要节点验收应包含以下内容：项目实施的进展情况、工程的选材情况、施工工艺情况等，并采取拍照、录影等方式进行取证，取证资料纳入项目档案管理。

（5）对阶段性验收过程中发现的缺陷，项目单位应在验收后 5 个工作日内出具阶段性验收结果报告，施工单位应对报告中提出的不合格项进行整改，整改完毕后，报请复验，复验合格后方可继续施工。

（6）包含建筑安装、施工工程的营销项目竣工验收应按照前期准备、验收组织、现场检查、验收总结和验收整改等工作环节开展。

1）验收准备。施工单位在竣工验收前应做好以下工作：

a. 完成项目工程自验收工作。

b. 向项目单位提出项目竣工验收申请，并提交以下资料：设备技术资料；安装调试资料；阶段性验收资料；工程竣工图及说明；施工设计单位和施工单位资质证书复印件；工程量确认单（涉及批量计量箱改造施工类项目应按单元工程逐个填写）；项目单位认为需要的其他资料。

c. 纳入监理的项目，监理单位应出具项目监理报告。

2）验收组织。

a. 项目单位在接到验收申请后 10 个工作日内向项目施工、监理、设计等相关单位发送验收通知，验收人员提前审查有关验收资料。财务、审计、纪检、档案等管理部门应根据项目实际情况配合做好验收资料审查工作。

b. 项目施工单位应派专人全程配合验收工作。

c. 有施工设计的项目，设计单位应派人全程参与验收工作。

3）现场验收检查。

a. 现场验收检查应对以下内容（可选，不限于）进行逐项核实：阶段性验收整改情况、安装施工工艺、现场安装调试记录、设备试验情况、设备运行工况、设计变更审批、施工单位资质、监理报告、项目可行性研究报告及初步设计批复文件等。

b. 现场验收检查应逐项填写验收记录，必要时可采用拍照、录影方式记录，检查完成后及时提交验收组织单位。

c. 项目单位应对所有报验项目进行现场验收检查，并按单元工程对工程量进行确认。

4）验收总结。项目单位应在项目验收后 10 个工作日内出具项目竣工验收报告或竣工验收整改通知书。

5）验收整改。

a. 竣工验收现场检查发现的问题，施工单位应于当天及时处理。

b. 对当天不能解决的问题，项目单位应明确整改内容、整改时限。整改完成后施工单位应再次申请验收。

工程竣工验收流程如图 3–1 所示。

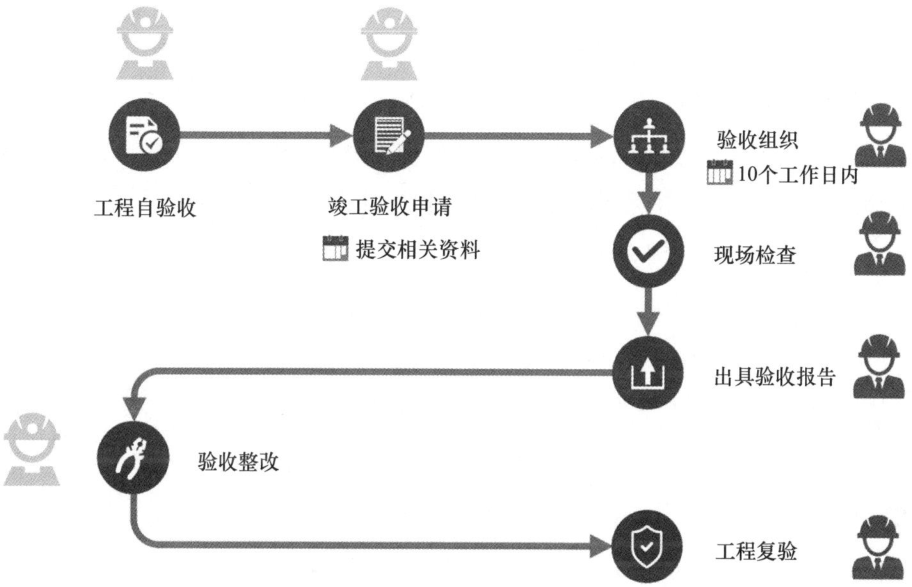

图 3–1　项目竣工验收流程图

（7）其余营销项目的竣工验收应按如下要求开展：

1）服务类项目。外包施工单位在竣工验收前应完成项目技术服务总结，应包括工作量完成情况、工作质量指标完成情况、合同完成情况、自评价意见等内容。项目单位在接到验收申请后 10 个工作日内，组织对外包施工单位工作量完成情况、工作质量指标完成情况、合同完成情况等内容进行评价，出具验收报告。

2）物资采购类项目。按照国家电网有限公司物资管理规定，项目单位在物资到货后 1 日内应完成到货物资的外观、数量验收，到货后 15 日内完成到货物资型号、规格验收并签署出具到货验收单，及时办理领料手续。

第二节　项目结算管理

一、概述

（1）营销项目竣工验收通过10个工作日（限上项目15工作日）内，项目单位组织编制项目结算书，整理项目结算资料，开展项目竣工结算工作。

（2）含单项工程的营销项目，应在ERP系统中创建独立的单项工程WBS元素，相关物资、施工及其他费用均应归集到该WBS元素下，严禁一个单项工程在多个WBS元素中结算。

（3）包含建筑安装、施工工程的营销项目应逐项编制竣工结算书；其他项目竣工结算应与初步设计概算对应，逐项编制完工报告单。

1）营销项目竣工结算书至少应包括以下内容：

a. 项目名称、编制单位、编制日期、编制人、审核人及执业印章、负责人印章等。

b. 项目结算编制说明（包括项目概况、结算编制原则和依据等）。

c. 项目结算表。

2）项目完工报告单至少应包括以下内容：

a. 项目名称、编制单位、编制日期、编制人、审核人、负责人印章等。

b.项目结算说明（包括项目概况、工作完成情况和资金完成情况说明等）。

（4）项目单位在项目竣工验收后15日内，应整理项目相关的招标文件、报价单、中标通知书、设计文件及概算、合同、项目结算资料、项目竣工验收报告、甲供材料清单、工程量确认单等资料，经本单位营销部项目管理人员进行核查，出具核查意见并指导整改。

（5）项目单位营销部门将经核查整改后的资料提交审价单位进行结算审价，审价单位根据审价情况出具审价报告。工程结算审价的主要内容包括：

1）初步设计概算和施工图预算的审批与执行是否规范；施工单位、合同价、结算价是否与中标信息一致。

2）审查设计变更联系单、工程量确认单等内容是否属实、手续是否完备；结算与现场实际内容及工程量是否相符；甲供材料清单是否相符，工程设备材料数量、价款结算及增值税抵扣是否正确。

3）审查项目资料完整性及规范性，工程量计算、定额套用是否正确；工程合同中的约定条款是否得到执行，如图 3–2 所示。

项目单位	本单位项目管理人员	审价单位
整理资料 ➡	内部核查 ➡	结算审价
项目单位在项目竣工验收后15日内，应整理项目相关的招标文件、报价单、中标通知书、设计文件及概算、合同、项目结算资料、项目竣工验收报告、甲供材料清单、工程量确认单等资料，按合同中对服务、质量、工艺等方面的要求，提供考核意见，送本单位营销部项目管理人员进行核查	（1）核查结算书综合单价与合同招标结算是否符合相符。 （2）结算书中工程量是否与现场相符（以现场抽查方式）。 （3）结算书中乙供材料的使用量是否与现场相符（以现场抽查方式）。 （4）审查考核意见是否属实。 （5）审查资料完整性。 （6）出具核查意见并指导整改	工程结算审价的主要内容包括： （1）初步设计概算和施工图预算的审批与执行是否规范；施工单位、合同价、结算价是否与中标信息一致。 （2）审查设计变更联系单、工程量确认单等内容是否属实、手续是否完备；结算与现场实际内容及工程量是否相符；甲供材料清单是否相符，工程设备材料数量、价款结算及增值税抵扣是否正确。 （3）审查项目资料完整性及规范性，工程量计算、定额套用是否正确；工程合同中的约定条款是否得到执行

图 3–2　结算审价流程图

（6）工程审价结束后，项目单位应整理中标通知书、合同、项目结算资料（含工程量确认单）、项目竣工验收报告、审价报告、原始发票等资料于竣工验收后 30 日内提交财务部门完成报账，财务部门审核后，支付工程款。

（7）项目单位涉及项目预付款、进度款等支付时，须向财务部门提交中标通知书、施工合同、开工报告、付款审批单、收款收据、保函（履约保函和预付款保函），以及合同约定的支撑材料。

（8）单位财务部门组织完成项目竣工决算报告的编制工作。项目单位营销部门应将项目概算、结算书、结算资料移交财务部门，配合财务部门开展竣工决算，并于 3 个月内完成竣工决算编制。

（9）项目资金必须严格遵守公司有关内控规定，在合同约定的使用范围内，按照项目实际进度结算和支付。项目单位在申请支付项目质保金时，须向财务部门提交验收意见和质量保证金返还意见书，经审核合格以后，方可办理付款手续。

二、项目结算相关 ERP 操作

（一）PM 项目工单管理

该方案适用于浙江省电力公司纳入省公司综合计划、营销检修运维范围内的全省营销项目在 ERP 系统内实施参考。主要涉及部门为各单位营销项目管理部门。

工单类型设计如图 3-3 所示。

订单类型	订单类型描述
ZPM3	营销投入项目材料提报工单

图 3-3　工单类型设计

工单类型编码采用 ZPM+ 一位流水码的规则进行编制。大修及日常维修订单编码采用系统内部给号，10 位流水码，号码段为 4000000000 ~ 4999999999。61 个县局共用一套编码。

1. 工单创建

营销部门根据业务需求在系统中创建营销投入项目材料提报工单，录入相关的信息，主要包括订单类型（ZPM3）、公司代码、文本描述、计划人员组、工作中心、利润中心、科目类别、工序、组件及 WBS 元素等信息。

系统菜单及交易代码如图 3-4 所示。

ERP 菜单	后勤→工厂维护→维护处理→订单→创建
事务代码	IW31

图 3-4　系统菜单及交易代码

系统操作及栏位解释如图 3–5 所示。

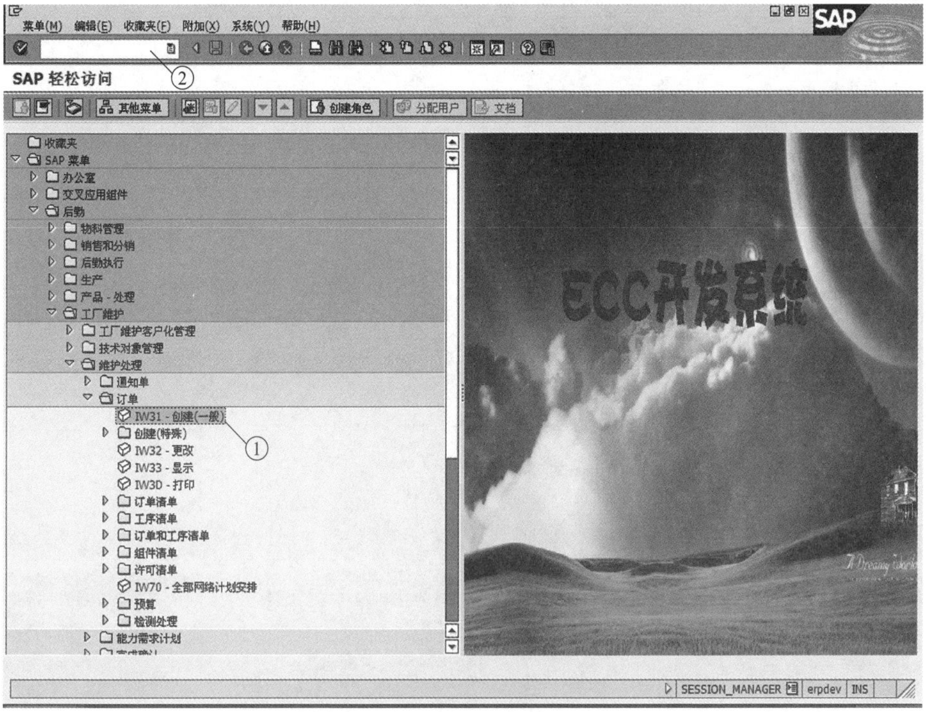

图 3–5　系统操作及栏位解释

（1）双击主菜单中的“后勤→工厂维护→维护处理→工单→创建”项，如图 3–5 中 ① 所示。

（2）在交易栏输入事务代码 IW31 后回车，如图 3–5 中 ② 所示。

通过以上方法进入“建立营销投入项目材料提报：初始屏幕”界面，如图 3–6 所示。

（3）订单类型：依据自身业务情况选择或输入订单类型（必填），如 ZPM3(营销投入项目材料提报工单)，如图 3–6 中 ③ 所示。

（4）计划工厂：输入计划工厂代码，如果不清楚单位代码，可按图 3–7 所示操作，如图 3–6 中 ④ 所示。

1）单击，出现对话框，如图 3–7 中 ⑤ 所示。

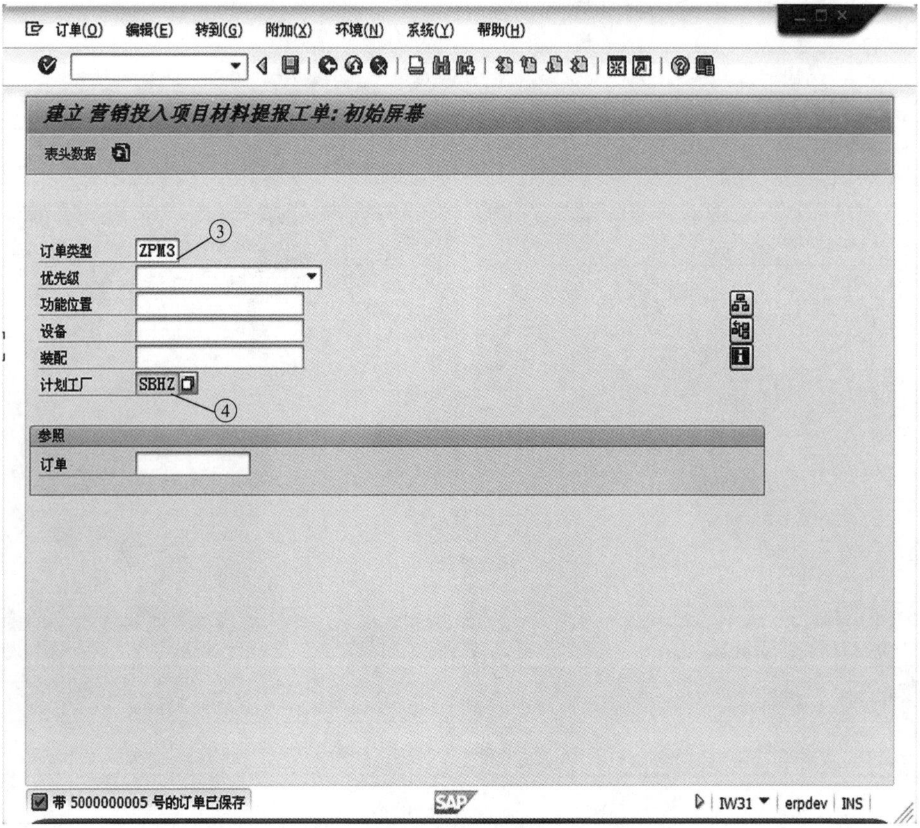

图 3-6　建立营销投入项目材料提报初始屏幕

2）直接单击右侧的滚动条找到需要的工厂及代码，或者单击图标，在“查找”对话框里输入单位名称关键字并回车，即可快速找到需要的工厂及代码，如图 3-8 所示。

（5）单击按钮或表头数据按钮或回车（如图 3-7 中 ⑥ 所示），进入“营销投入项目材料提报工单：中央表头”界面，如图 3-9 所示。

提示：

计划工厂是一个逻辑上的定义，为其所属的维护工厂进行维护工作清单的定义，维护计划的执行、管理和规划及负责对维护工单的处理。

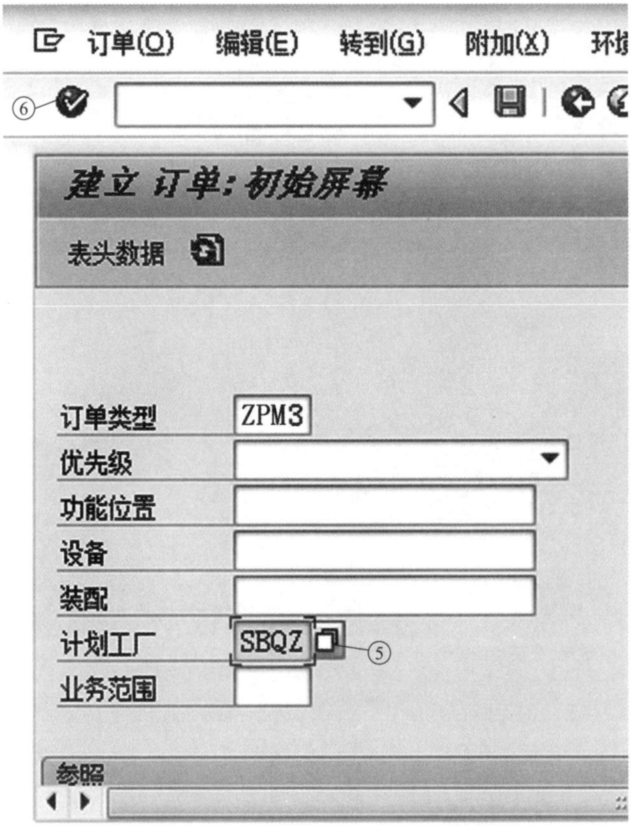

图 3-7　输入单位代码

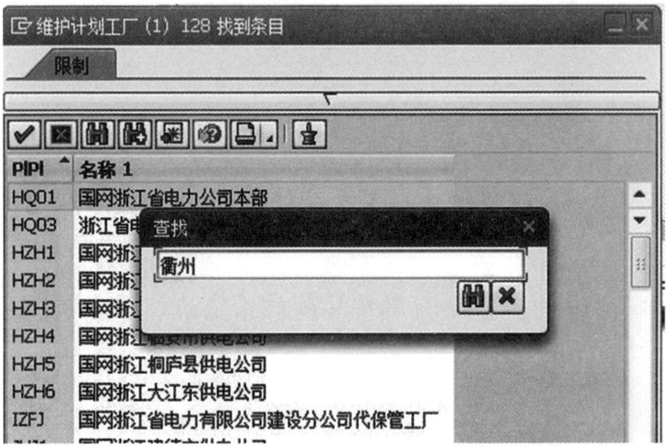

图 3-8　查找工厂及代码

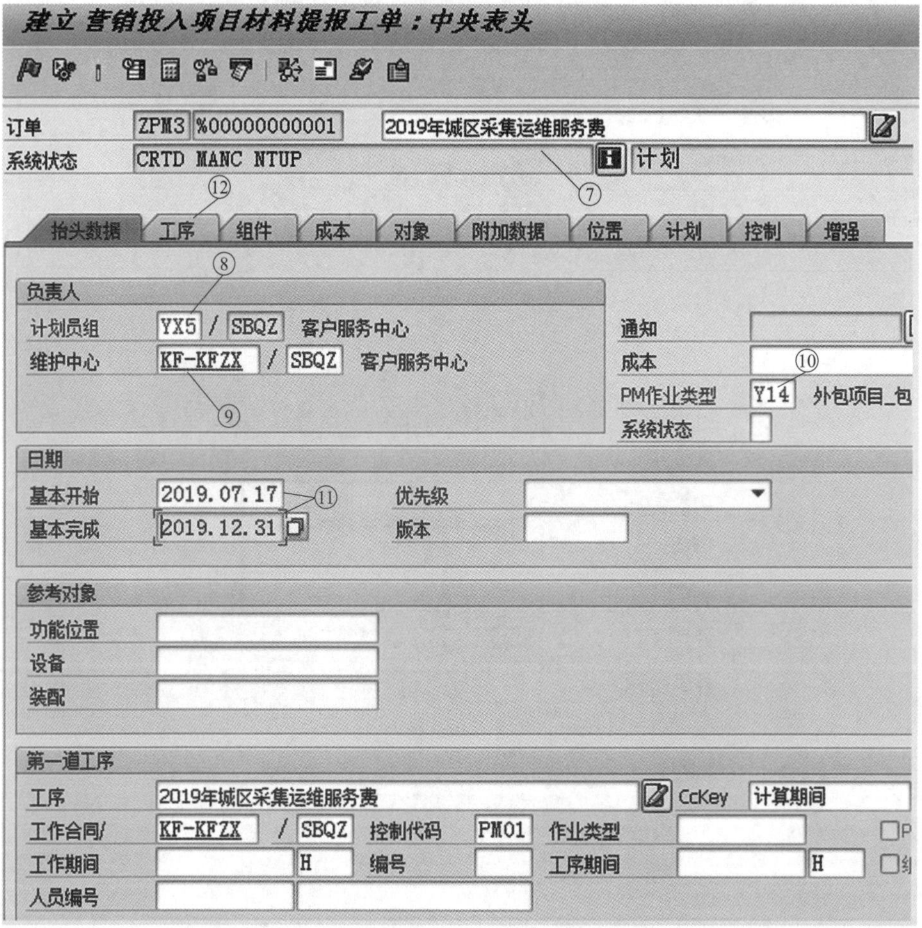

图 3–9　填写工单详情

（6）工单描述：简单描述工单的内容（必填），如图 3–9 中 ⑦ 所示。

（7）计划员组：选择或输入计划员组（必填），如 YX5（计量中心），如图 3–9 中 ⑧ 所示。

（8）维护中心。选择或输入维护处理的检修班组（必填），如图 3–9 中 ⑨ 所示。

（9）PM 作业类型：依据实际业务选择输入维护工作的作业类型。系统作业类型：必填，根据实际需要填写，如Y14（外包材料），如图 3–9 中 ⑩ 所示。

（10）基本开始：选择或输入维护工单开始执行日期，必填；基本完成：

选择或输入维护工单计划完成日期，如图 3–9 中 ⑪ 所示。

（11）单击“工序”选项卡（如图 3–9 中 ⑫ 所示），进入“营销投入项目材料提报工单：工序总览”界面，如图 3–10 所示。

提示：

当文本框变灰时则不能输入，可以单击回车使必填项变白再输入，或单击其他页面，然后返回输入；以前输入过的内容，单击退格键或空格键可以把输入历史显示出来。

计划员组是负责在一个特定的维护计划工厂中进行计划和处理维护任务的一组员工。每个设备和功能位置可以分配给一个维护计划组，它也可用于评估。计划人员组为各单位职能部门或专职。

维护中心是定义在维护工厂下的一个或一组人 / 机器。它是维护任务的执行者，负责维护工单的执行，并可用于能力、计划和成本核算。维护工作中心为各单位维护班组。

图 3–10　输入抬头数据

（12）工单描述：如果在“抬头数据”中没有输入工单描述，可以在这里输入，如图 3–10 中 ⑬ 所示。

（13）工序短文本：在这里输入工作步骤的简单描述，如果在“抬头数据”中输入了工单描述，这里的内容会自动带出，如图 3–10 中 ⑭ 所示。

（14）控制码：选择 PM01（工厂维护—内部），表示内部工序；选择 PM03（工厂维护—外部服务），表示外部工序，如图 3–10 中 ⑮ 所示。

（15）单击“组件”（如图 3–10 中 ⑯ 所示），进入“营销投入项目材料提报工单：组件总览”界面。如图 3–11 所示。

提示：

如果当前工作需要多步工序才可以完成，可以继续添加。

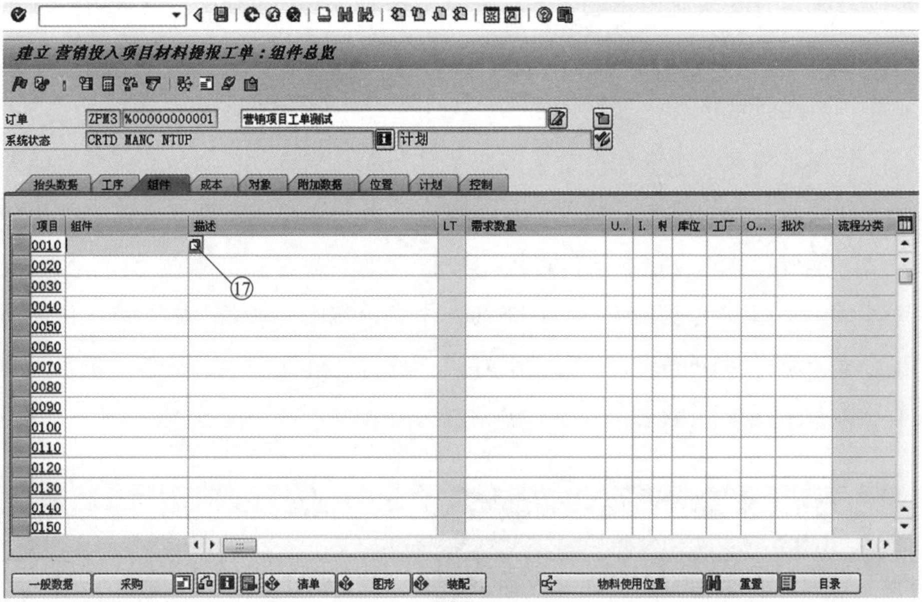

图 3–11 打开物料查询对话框

（16）单击组件框右上角的按钮（如图 3–11 中 ⑰ 所示），打开物料查询对话框，如图 3–12 所示。

（17）单击按钮（如图 3–12 中 ⑱ 所示），打开物料查询选项卡，选中“按描述查找工厂物料”，如图 3–13 所示。

（18）物料描述：输入物料的描述，如要查找的物料描述含有“变压器”字样，可以输入“⋆ 变压器 ⋆”，⋆ 代表任何长度的任何字段（禁止只使用 ⋆ 号查找物料），如图 3–13 中 ⑲ 所示。

（19）工厂：输入工厂代码，如图 3–13 中 ⑳ 所示。

（20）单击按钮或回车，弹出查询结果对话框，如图 3–13 中 ㉑ 所示。

（21）双击需要使用的物料，返回到组件窗口，如图 3–14 中 ㉒ 所示。

图 3-12 查找工厂物料

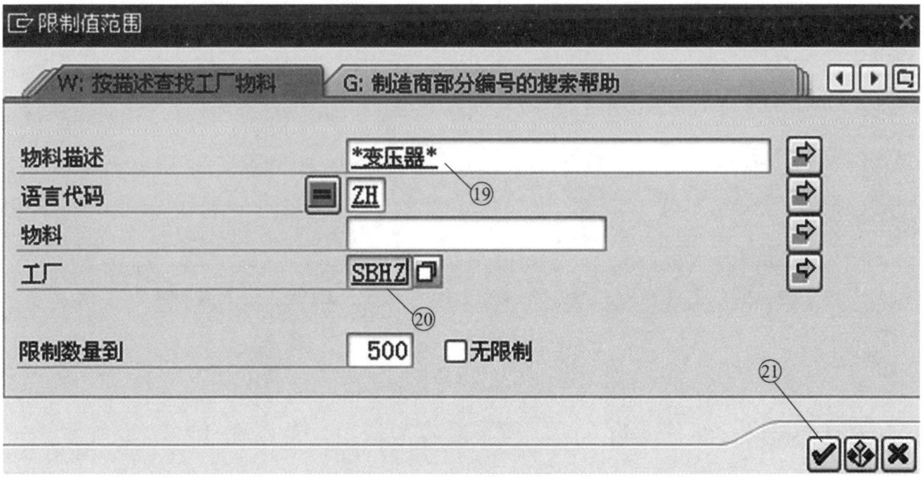

图 3-13 查找工厂物料

（22）或选中物料后单击✔按钮，返回到组件窗口，如图 3-14 中所示。

（23）组件：显示选择的物料号，如图 3-15 中 ㉓ 所示。

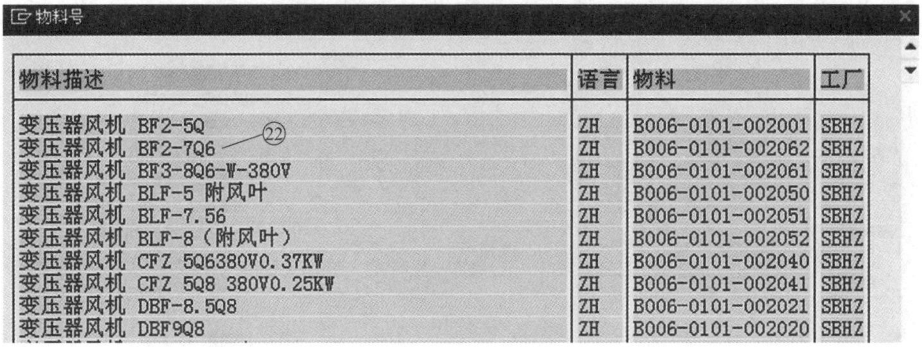

图 3-14　选中物料

图 3-15　输入物料信息

（24）描述：组件号输入后，回车后自动显示，如图 3-15 中 ㉔ 所示。

（25）需求数量：输入物料的需求数量（必填），如 1，如图 3-15 中 ㉕ 所示。

（26）IC：物料的在库状态，有库存的物料显示 L，回车后自动显示，如图 3-15 中 ㉖ 所示。

（27）工厂：物料所在的工厂，回车后自动显示，如图 3-15 中 ㉗ 所示。

（28）OpAc：物料的工序编号，回车后自动显示，如图 3–15 中 ㉘ 所示。

提示：

想要领取多个组件物料，重复（16）~（28）操作。

如果工单中涉及外委工作，则需要在工单中创建外委工序，单击“工序”选项卡，进入“工序总览”界面，创建外部工序，如图 3–16 所示。

（29）控制码：改为 PM03［工厂维护 – 外部（服务）］，如图 3–16 中 ㉙ 所示。

（30）工序短文本：输入外委工作的简单描述，如图 3–16 中 ㉚ 所示。

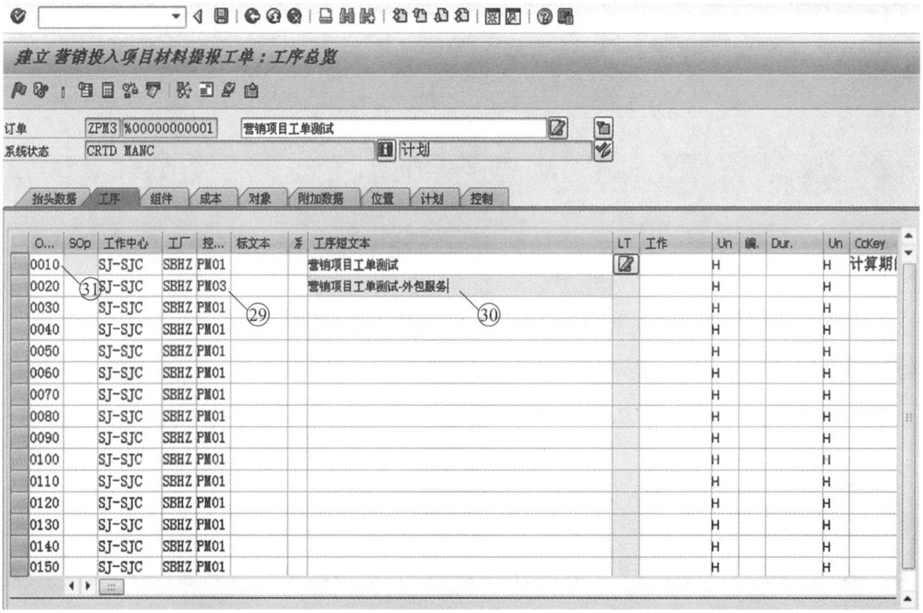

图 3–16　输入外委工作信息

（31）双击此项工序的 OpAc（如图 3–16 中 ㉛ 所示），打开“外协加工工序”界面，如图 3–17 所示。

（32）短文本：输入与外委供应商签订的外委服务合同名称，如图 3–17 中 ㉜ 所示。

（33）数量：输入合同数量，如 1，如图 3–17 中 ㉝ 所示。

（34）计量单位：必须是系统中存在的计量单位，如图 3–17 中 ㉞ 所示。

（35）总价格：外委服务的费用，如图 3–17 中 ㉟ 所示。

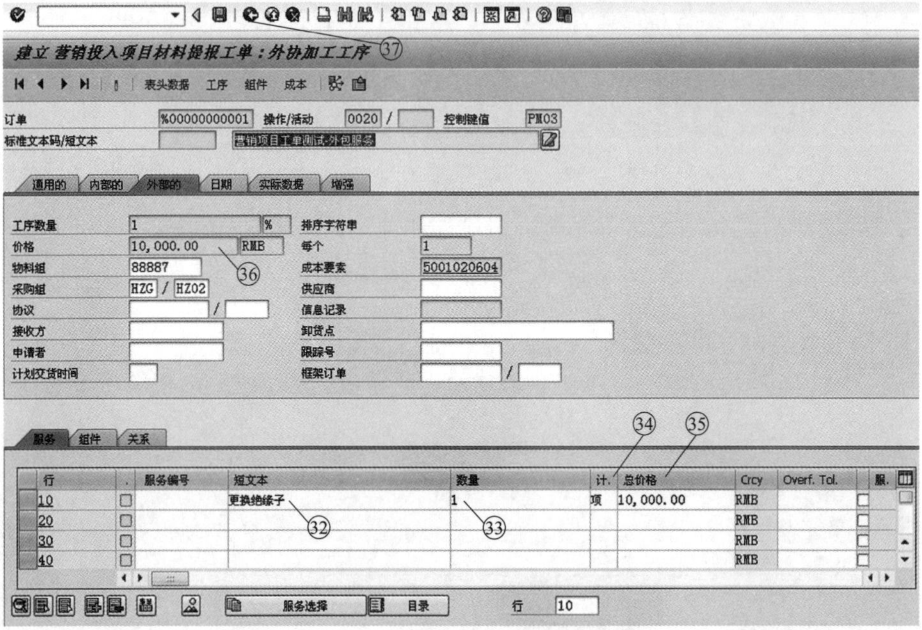

图 3-17　输入合同信息

（36）价格：在输入完成之后，按下回车，此处价格就会记录所有服务的总价格，如图 3-17 中 ㊱ 所示。

（37）维护完以上信息后，单击返回工序界面，如图 3-17 中 ㊲ 所示。

提示：

这里的外委服务合同数量如填写多个，在后面采购申请转换成采购工单时仍然会合并成一项处理；如果一项工作有多个外委供应商协助完成，需要在工序中分别创建外委工序，后面创建采购工单时做分别创建。

总价格可以是预估价格，在创建采购工单时可以对价格做修改。

（38）单击“附加数据”进入附加数据界面，如图 3-18 中 ㊳ 所示。

（39）输入 WBS 元素或单击按钮，打开 WBS 元素查询对话框，如图 3-19 中 ㊴ 所示。

（40）单击按钮，打开 WBS 元素查询选项卡，选中“WBS 元素：组织单元”，如图 3-20 所示。

（41）描述：输入项目的描述，如查找项目描述中带有“营销”“测试”字

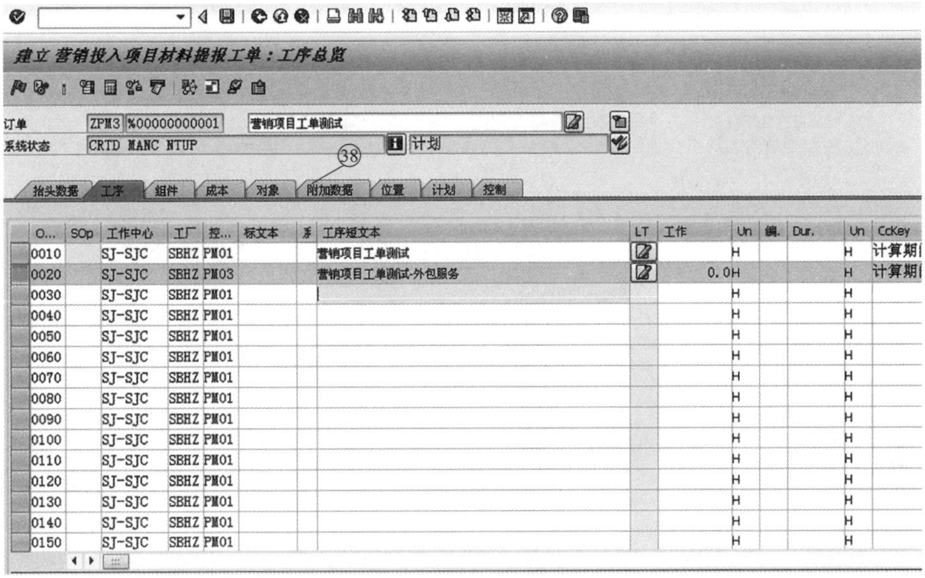

图 3-18　附加数据

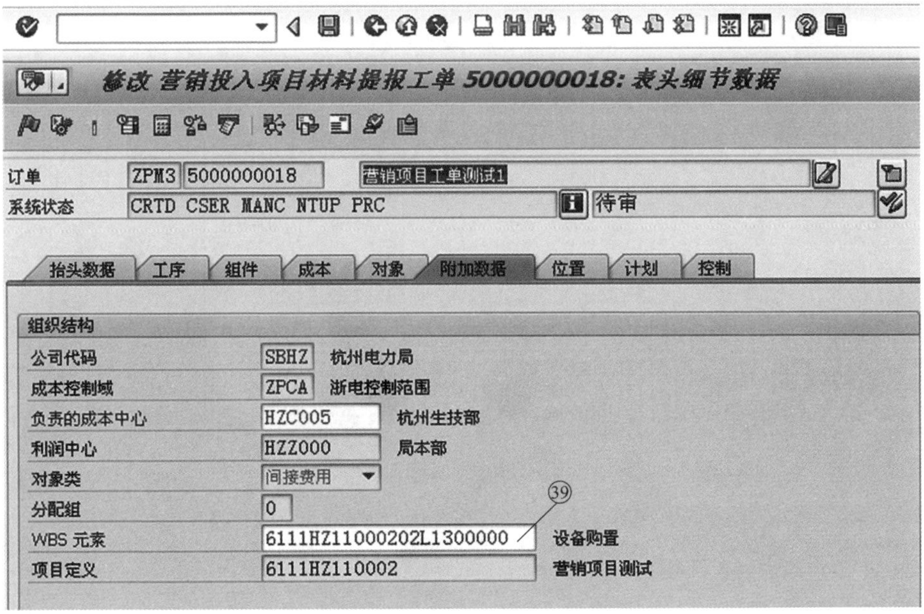

图 3-19　表头细节数据界面

样的项目，则可以输入“营销★测试★”，如图 3-20 所示。

（42）WBS 元素：输入 WBS 元素编码，如查找以“6111HZ110002”开头

的 WBS 元素，则可以输入“6111HZ110002*”，如图 3-20 中 ㊵ ～ ㊷ 所示。

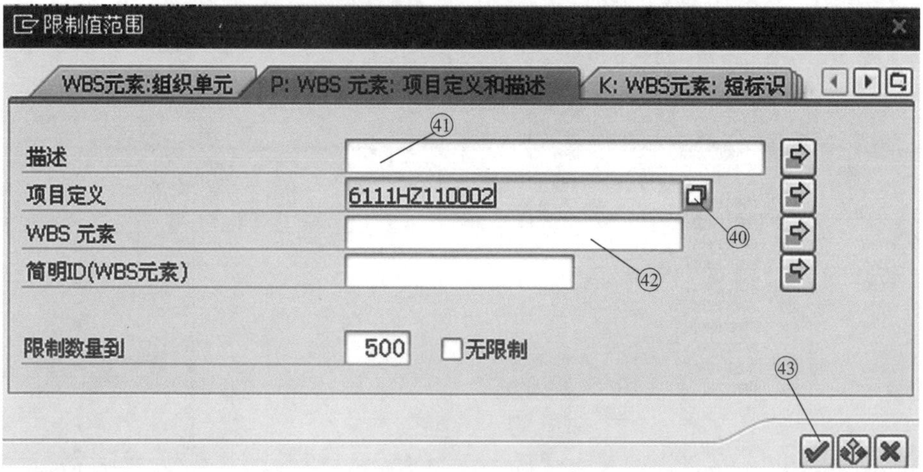

图 3-20　输入 WBS 元素项目描述

（43）单击☑按钮或回车（如图 3-20 中 ㊸ 所示），弹出查询结果对话框，如图 3-21 所示。

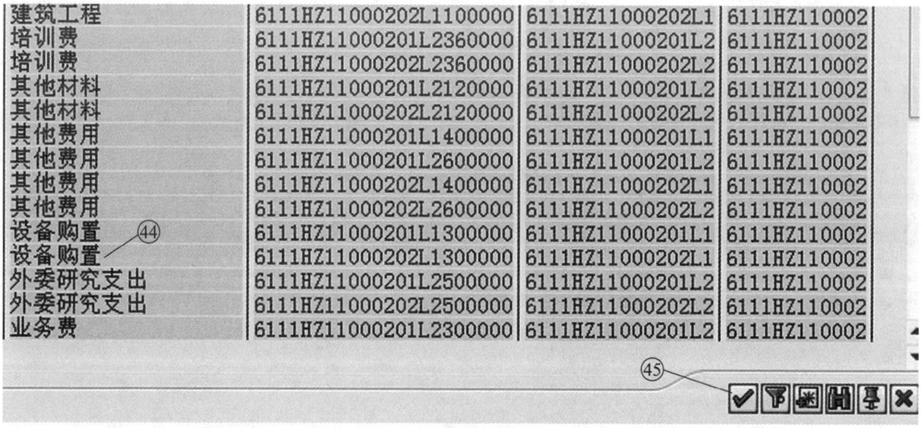

建筑工程	6111HZ11000202L1100000	6111HZ11000202L1	6111HZ110002
培训费	6111HZ11000201L2360000	6111HZ11000201L2	6111HZ110002
培训费	6111HZ11000202L2360000	6111HZ11000202L2	6111HZ110002
其他材料	6111HZ11000201L2120000	6111HZ11000201L2	6111HZ110002
其他材料	6111HZ11000202L2120000	6111HZ11000202L2	6111HZ110002
其他费用	6111HZ11000201L1400000	6111HZ11000201L1	6111HZ110002
其他费用	6111HZ11000201L2600000	6111HZ11000201L2	6111HZ110002
其他费用	6111HZ11000202L1400000	6111HZ11000202L1	6111HZ110002
其他费用	6111HZ11000202L2600000	6111HZ11000202L2	6111HZ110002
设备购置	6111HZ11000201L1300000	6111HZ11000201L1	6111HZ110002
设备购置	6111HZ11000202L1300000	6111HZ11000202L1	6111HZ110002
外委研究支出	6111HZ11000201L2500000	6111HZ11000201L2	6111HZ110002
外委研究支出	6111HZ11000202L2500000	6111HZ11000202L2	6111HZ110002
业务费	6111HZ11000201L2300000	6111HZ11000201L2	6111HZ110002

图 3-21　双击要使用的 WBS 元素

（44）双击要使用的 WBS 元素，返回到“表头细节数据”界面，如图 3-22 中 ㊹ 所示。

（45）或选中 WBS 元素后单击☑按钮（如图 3-21 中 ㊺ 所示），返回到“表头细节数据”界面，如图 3-22 所示。

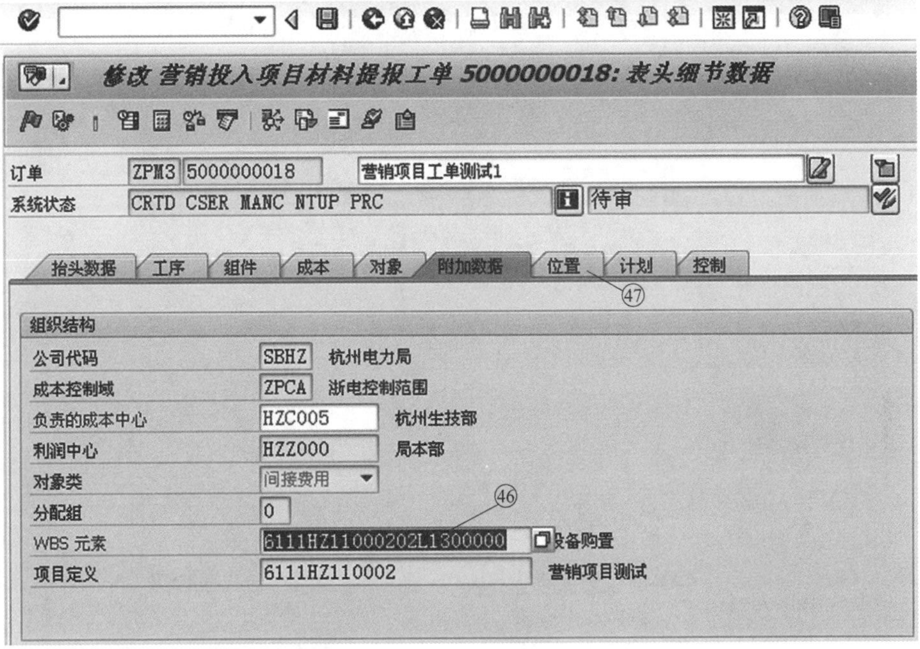

图 3-22　表头细节数据界面

（46）WBS 元素：显示刚才选择的 WBS 元素号，并带入相关内容，如图 3-22 中 ㊻ 所示。

（47）单击“位置”选项卡（如图 3-22 中 ㊼ 所示），进入“位置数据”界面，如图 3-23 所示。

（48）维护工厂：输入本单位维护工厂代码，如图 3-23 中 ㊽ 所示。

（49）成本中心：输入对应的成本中心，如图 3-23 中 ㊾ 所示。

（50）用户状态为“计划”状态，单击按钮（如图 3-23 中 ㊿ 所示），弹出“设置用户状态”界面，如图 3-24 所示。

（51）将状态由“计划”改为“待审”，如图 3-24 中 (51) 所示。

（52）单击按钮或回车，返回工单主界面，如图 3-24 中 (52) 所示。

提示：

不同类型工单的审批流程和用户状态不同，所有的工单类型都有计划和待审状态。

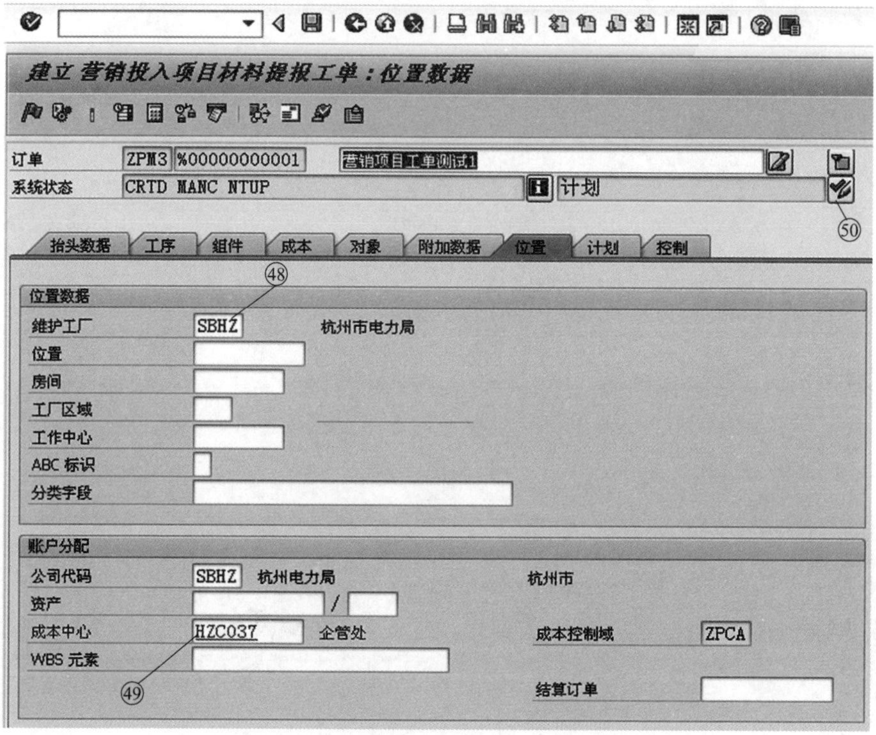

图 3-23　位置数据界面填写信息

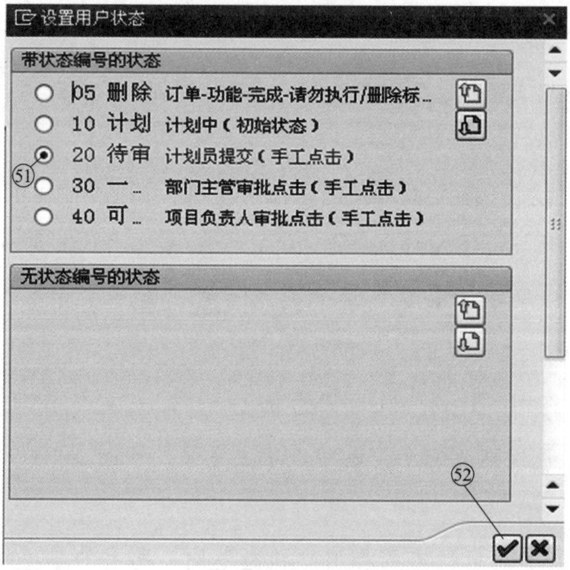

图 3-24　设置用户状态

再次执行（50）步操作，进入“设置用户状态”界面，将状态由“待审”改为“一审通过”，如图 3–25 所示。

（53）单击按钮保存（如图 3–25 中 ⑸ 所示），出现界面，选择“是”，返回到“初始屏幕”，如图 3–26 中 ⑷ 所示。

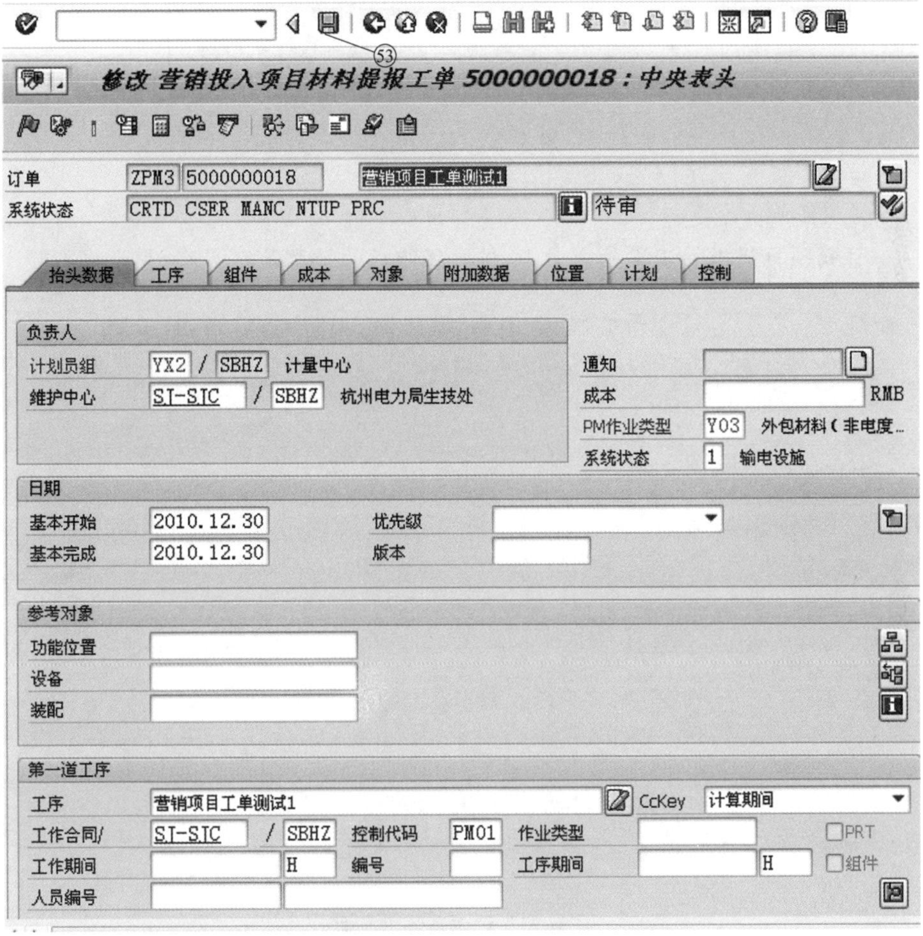

图 3–25　保存修改后的用户状态

（54）状态栏：显示 5000086529 号的工单已保存，如图 3–27 中 ⑸ 所示。

（55）单击按钮保返回系统主界面，如图 3–27 中 ⑹ 所示。

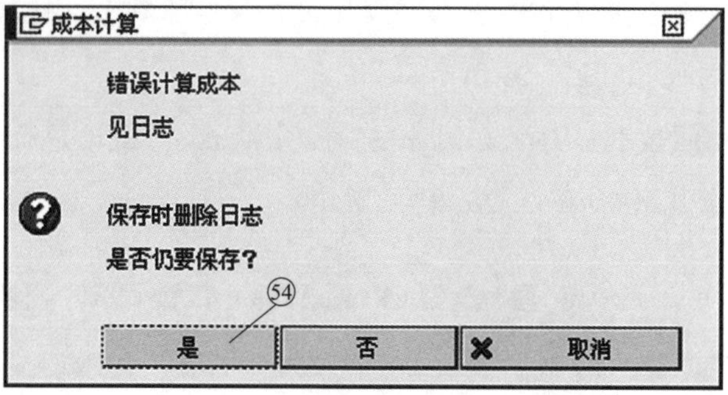

图 3-26　保存确认

提示：
营销项目提报的工单号是由 10 位数字组成的，都是以“5”开头的。

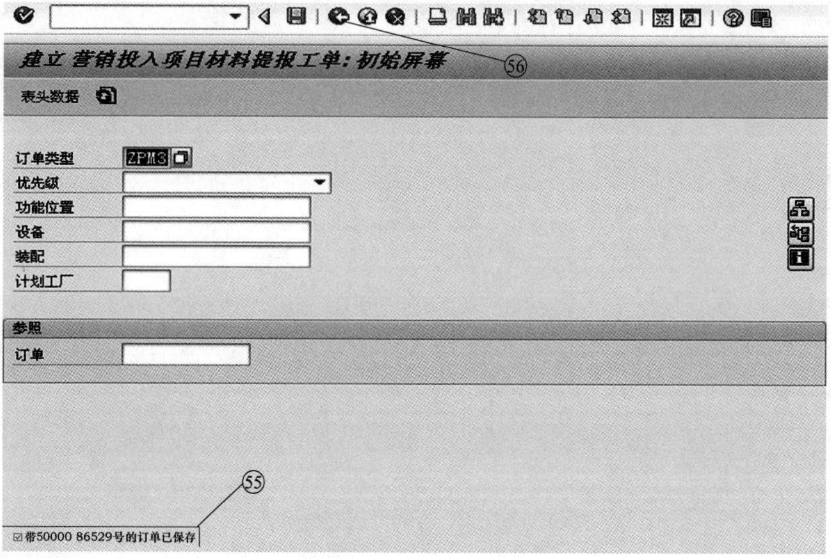

图 3-27　返回系统主界面

2. 工单审核

订单创建并安排好物料且订单状态为待审后，在设备管理模块中查询及审批工单，对物资需求进行审批，计划主管部门主管审批完后再由项目归口管理部门责任人对大修物资需求进行审核。要求查询或更改的工单已经存在，且操作人员具有审批的系统权限。

系统菜单及交易代码如图 3-28 所示。

ERP 菜单	后勤→工厂维护→维护处理→订单→更改
事务代码	IW32

图 3-28　系统菜单及交易代码

系统操作及栏位解释如图 3-29 所示。

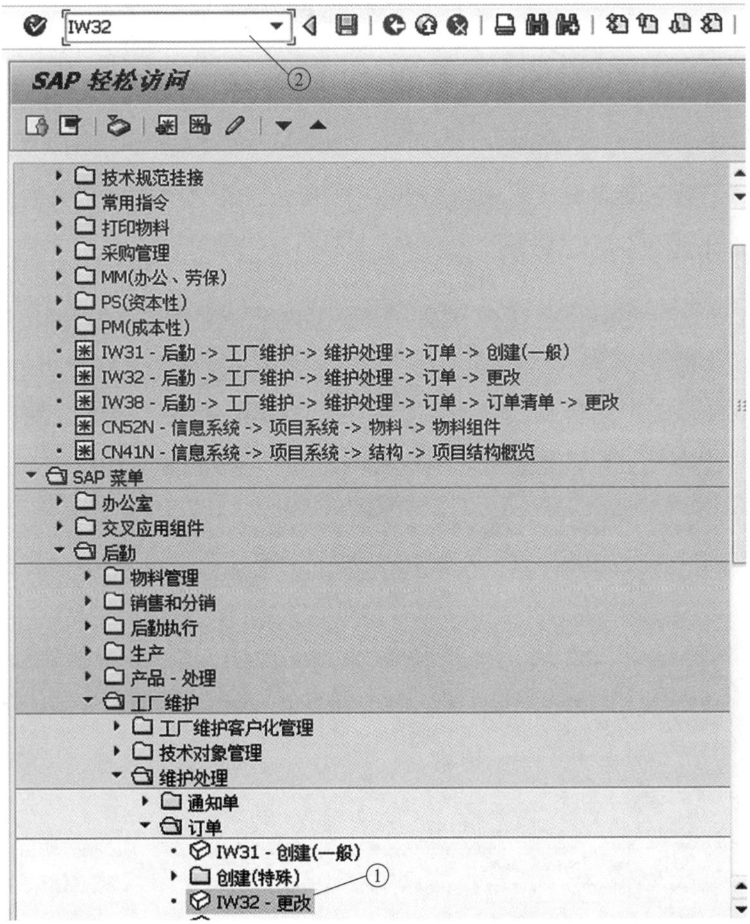

图 3-29　系统操作及栏位解释

（1）双击主菜单中的“后勤→工厂维护→维护处理→订单→更改”项，如图 3-29 中 ① 所示。

（2）或在交易栏输入事务代码 IW32 后回车，进入工单，如图 3–29 中 ② 所示。

通过以上方法进入“更改 PM 工单：选择工单”界面，在订单后面输入用 IW31 创建生成的订单号（5 开头的 10 位数）回车，如图 3–30 所示。

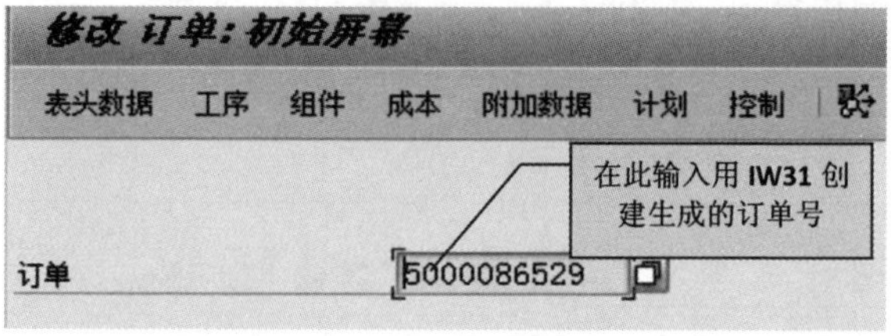

图 3–30　创建生成的订单号

提示：

回车后进入订单的主界面，如图 3–31 所示，在这里可以对工单内容进行查看或者修改。

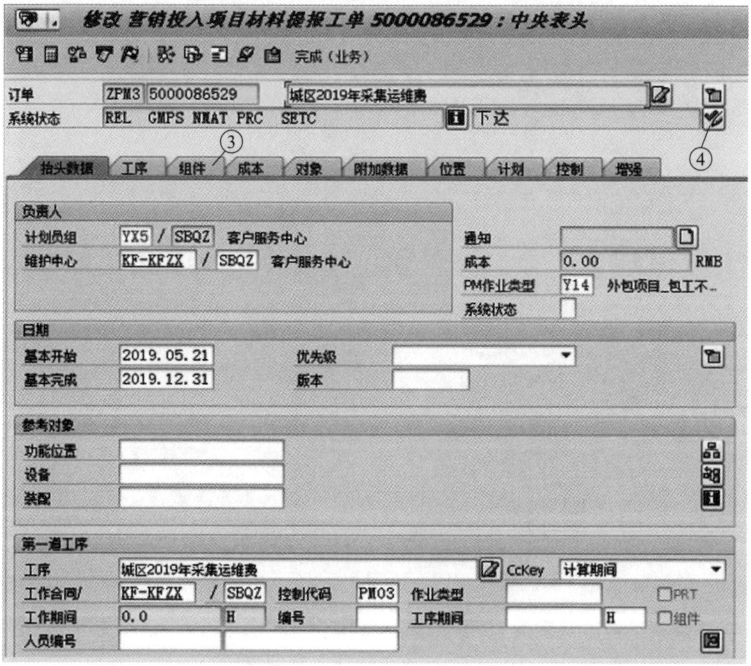

图 3–31　修改或查看工单内容

可以依次单击抬头数据、工序、组件、成本、对象、附加数据等各页签进行修改或检查输入数据是否正确。

（3）单击[组件]进入组件总览对维修所需物资进行审批，如图 3–31 中 ③ 所示。

（4）审批完毕单击按钮（如图 3–31 中 ④ 所示）查看工单的用户状态，弹出“设置用户状态”界面，如图 3–32 所示。

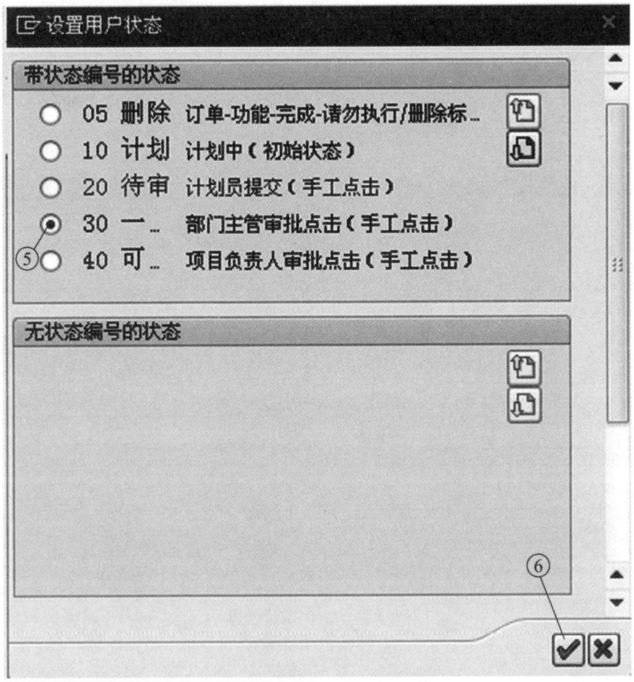

图 3–32　设置用户状态

（5）单击相应的用户状态，例如，把用户状态从“一审通过”状态改为“可下达”，如图 3–32 中 ⑤ 所示。

（6）选择相应的状态后，单击按钮确认审批，返回工单主界面，如图 3–32 中 ⑥ 所示。

（7）用户状态由“一审通过”变为“可下达”，如图 3–33 中 ⑦ 所示。

（8）单击执行，如图 3–33 中 ⑧ 所示。

（9）修改完毕后，单击按钮（如图 3–33 中 ⑨ 所示）保存，返回到“修改工单”界面。

提示：

重复以上动作（1）～（9），可以对多个工单进行审批操作，也可两次单击按钮返回系统主操作界面。

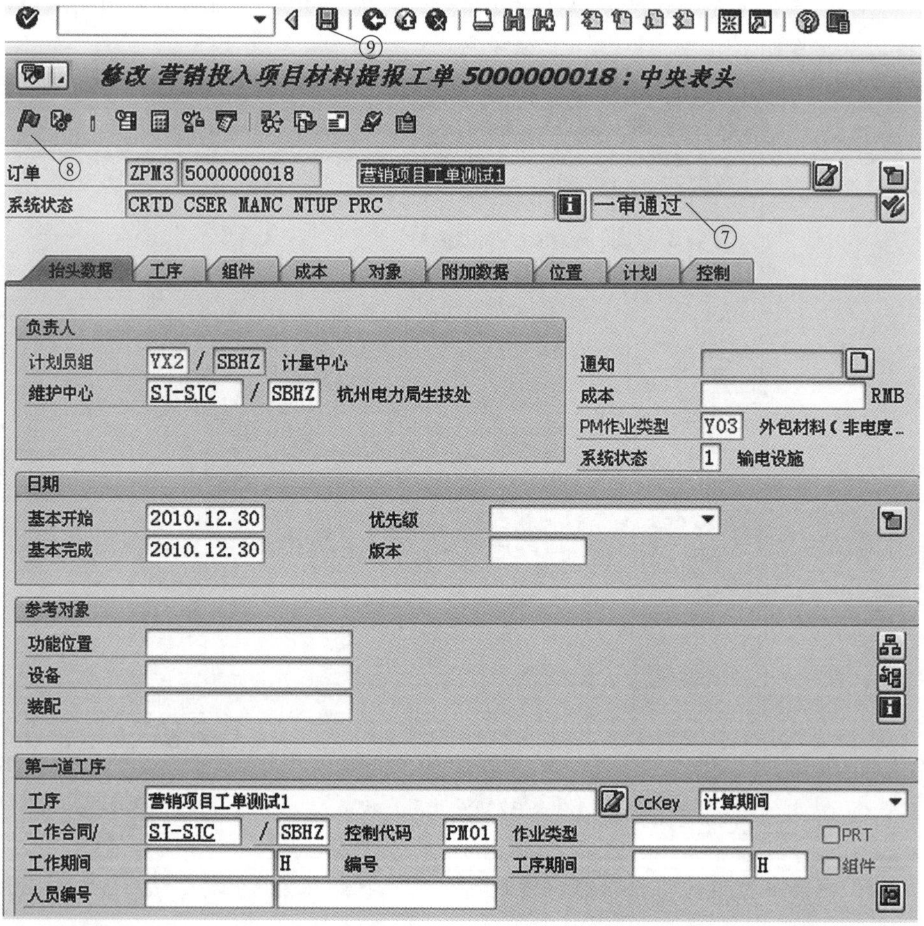

图 3-33　保存修改后的用户状态

3. 查看预留号

物资类采购需要订单预留号来创建电子领料单，而服务类订单则需要订单预留号建立外委服务采购订单。要求查询或更改的工单已经存在，且操作人员具有审批的系统权限。

系统菜单及交易代码如图 3-34 所示。

ERP 菜单	后勤→工厂维护→维护处理→订单→更改
事务代码	IW32

图 3-34 系统菜单及交易代码

系统操作及栏位解释如图 3-35 所示。

（1）在 IW32 界面输入订单号，回车，进入如图 3-35 所示界面。

图 3-35 系统操作及栏位解释

（2）双击 OpAc 列的 0010（如图 3-35 中 ① 所示），进入外协加工工序界面，如图 3-36 所示。

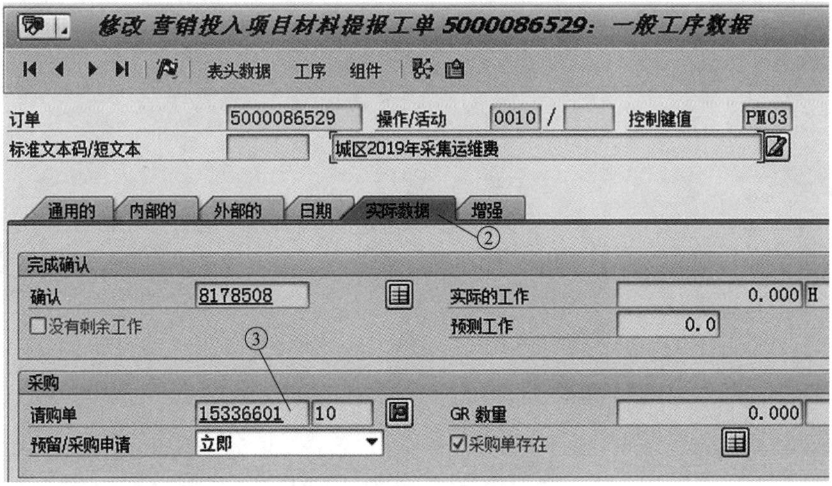

图 3-36 外协加工工序界面

（3）单击 实际数据 页签，如图 3-36 中 ② 所示。

（4）请购单 后面的数据即为预留号（也称作采购申请号），如图 3-36 中

③ 所示。外委服务结算确认前，应使用 ME21N 事务代码建立采购订单，输入采购申请号、合同名称、合同编号等数据并保存获得采购订单号，采购申请号用于外委服务结算确认。

4. 外委服务结算确认

外包业务处理结束后，专业专职依据服务供应商提供的审批后的工程项目结算书将最终合同金额在相关采购工单中维护后，对该服务进行价值的确认，确认完之后，由财务部门进行发票校验。如果最终服务金额和服务采购工单上的金额不一致，需先修改服务采购工单中的服务金额。

系统菜单及交易代码如图 3-37 所示。

ERP 菜单	后勤→工厂维护→维护处理→完成确认→服务
事务代码	ML81N

图 3-37　系统菜单及交易代码

系统操作及栏位解释如图 3-38 所示。

图 3-38　系统操作及栏位解释

（1）双击主菜单中的“后勤→工厂维护→维护处理→完成确认→服务”项（如图 3–38 中 ① 所示），进入服务确认界面，如图 3–39 所示。

（2）或在交易栏输入事务代码 ML81N 后回车（如图 3–38 中 ② 所示），进入服务确认界面，如图 3–39 所示。

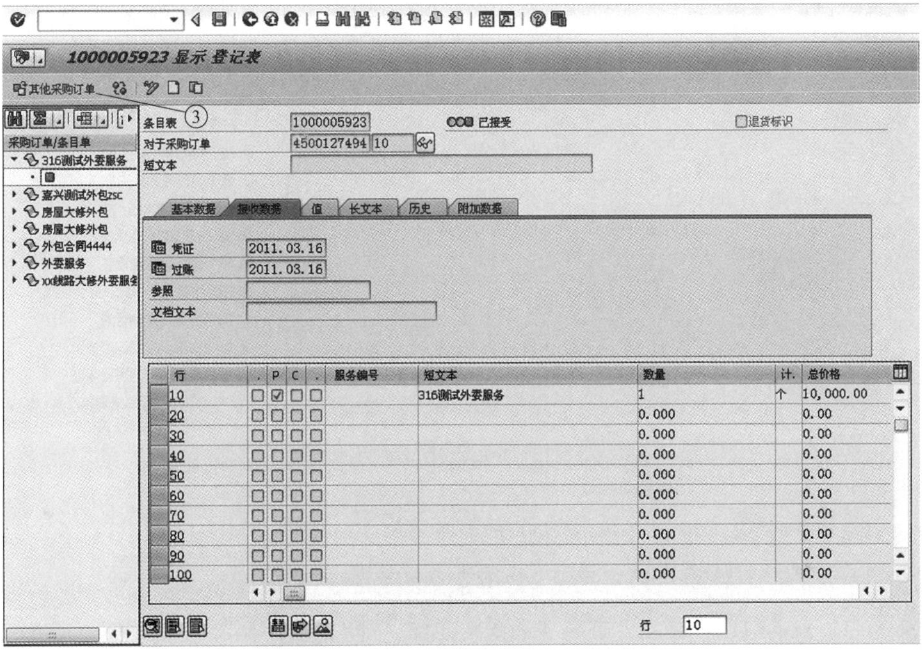

图 3–39　单击“其他采购订单”

（3）单击“其他采购订单”（如图 3–39 中 ③ 所示），弹出“选择采购订单 / 条目单”对话框，如图 3–40 所示。

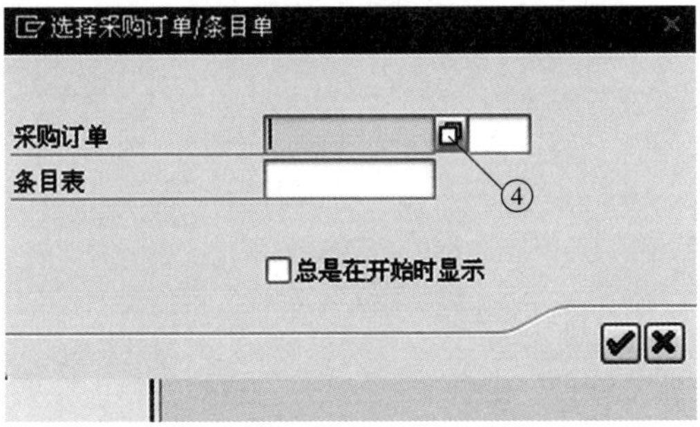

图 3–40　打开采购订单查询对话框

（4）单击采购订单框右上角的□按钮（如图 3–40 中 ④ 所示），打开采购订单查询对话框，如图 3-41 所示。

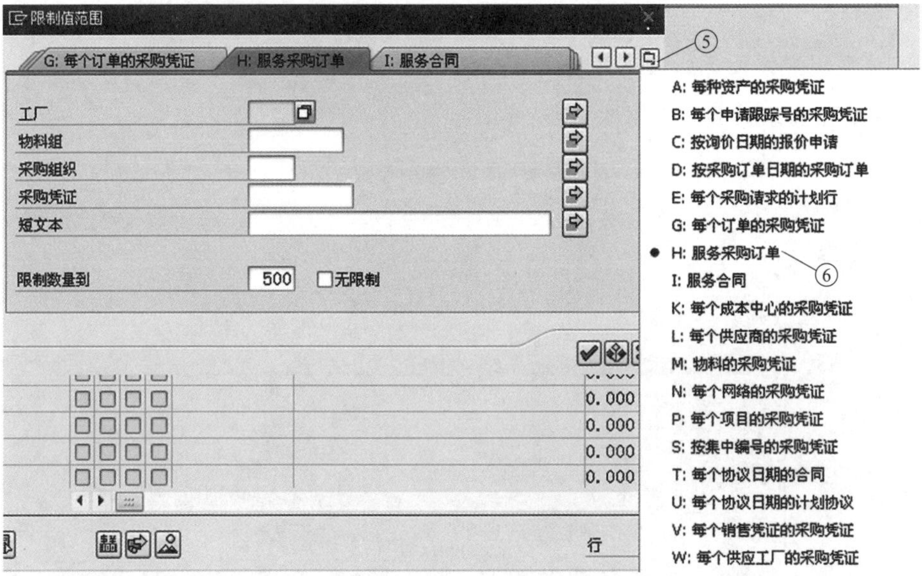

图 3-41　打开采购订单查询选项卡

（5）单击按钮，打开采购订单查询选项卡，如图 3-41 中 ⑤ 所示。

（6）单击“服务采购订单”，如图 3-41 中 ⑥ 所示。

（7）采购组织：输入外部服务的采购组织，如 HZ02，如图 3-42 中 ⑦ 所示。

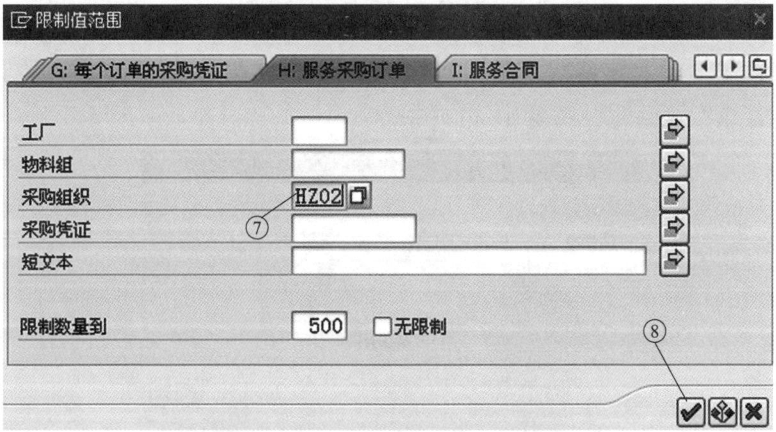

图 3-42　输入外部服务的采购组织

（8）单击按钮（如图 3-42 中 ⑧ 所示），进入搜索结果界面，如图 3-43

所示。

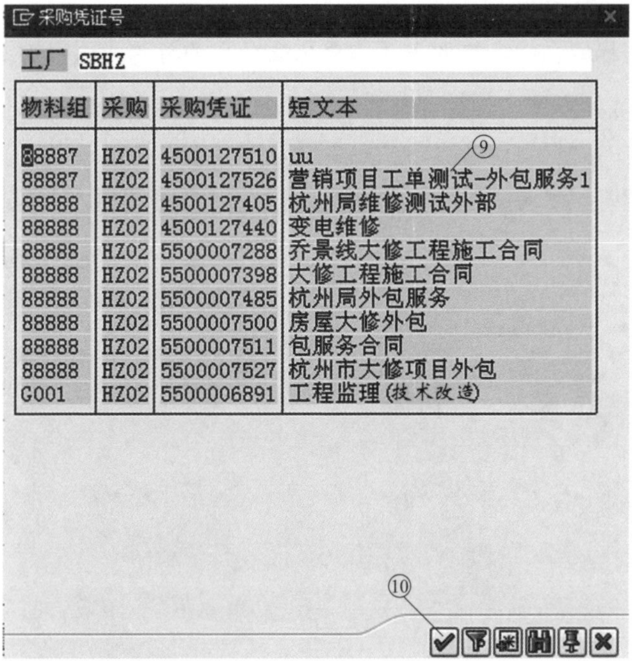

图 3-43　搜索结果界面

（9）双击需要使用的外部服务采购凭证（如图 3-43 中 ⑨ 所示），进入“选择采购订单 / 条目单”界面，如图 3-44 所示。

（10）或选中需要使用的外部服务采购凭证，单击✔按钮（如图 3-43 中 ⑩ 所示）进入“选择采购订单 / 条目单”界面，如图 3-44 所示。

图 3-44　选择采购订单 / 条目表界面

（11）采购订单：显示查询到的采购订单号，如图 3-44 中 ⑪ 所示。

（12）单击☑按钮确认，如图 3-44 中 ⑫ 所示。

（13）光标所在的条目即当前需要确认的采购订单，选中需要确认的采购订单，单击鼠标右键，选择“创建→计划服务”，单击左键，跳出“创建计划服务”界面，如图 3-45 中 ⑬ 所示。

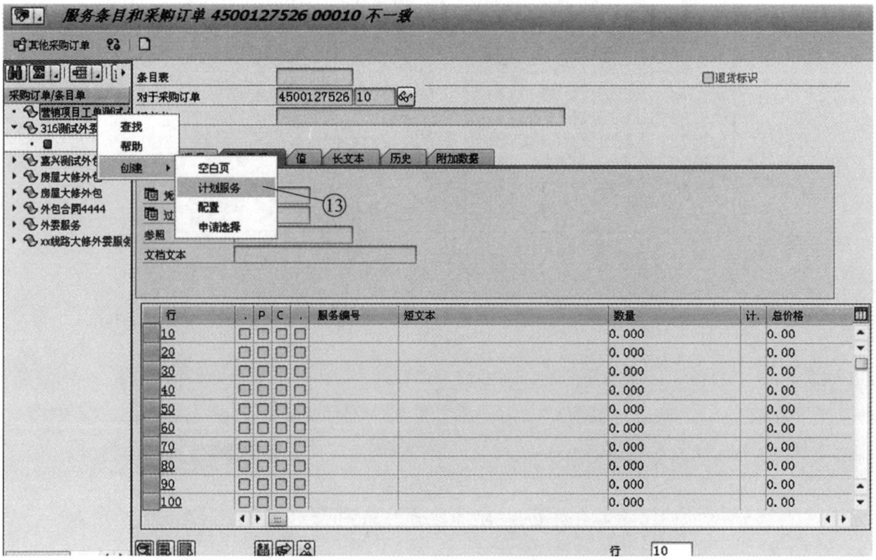

图 3-45　创建计划服务

（14）百分比数量：指确认外委服务的工作量，如输入 100，则指对外委服务 100% 确认；此操作直接与外委服务的费用关联，如图 3-46 中 ⑭ 所示。

图 3-46　保存百分比数量

（15）单击☑按钮（如图 3-46 中 ⑮ 所示）出现外委服务确认界面，如图 3-47 所示。

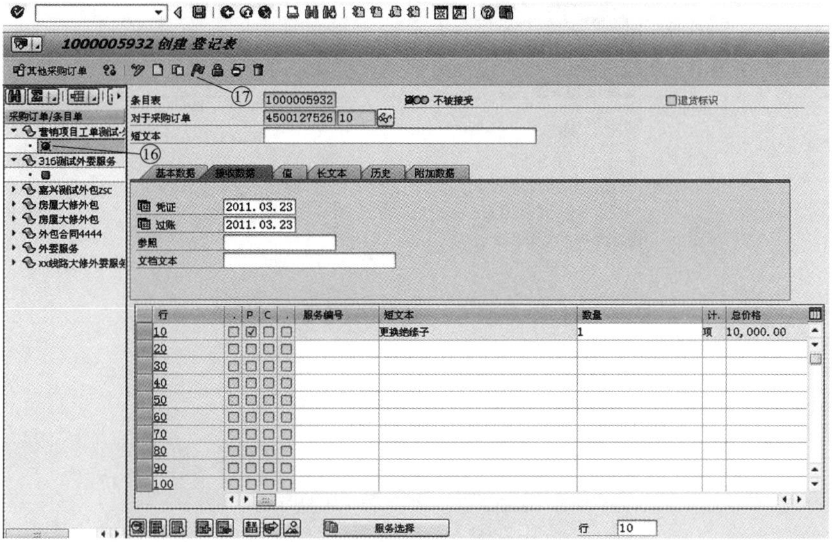

图 3-47 外委服务确认

（16）确认的外委服务下出现（不被接受）的条目，选中，如图 3-47 中 ⑯ 所示。

（17）单击接受，如图 3-47 中 ⑰ 所示。

（18）单击按钮（如图 3-48 中 ⑱ 所示）保存，弹出如图 3-49 所示界面。

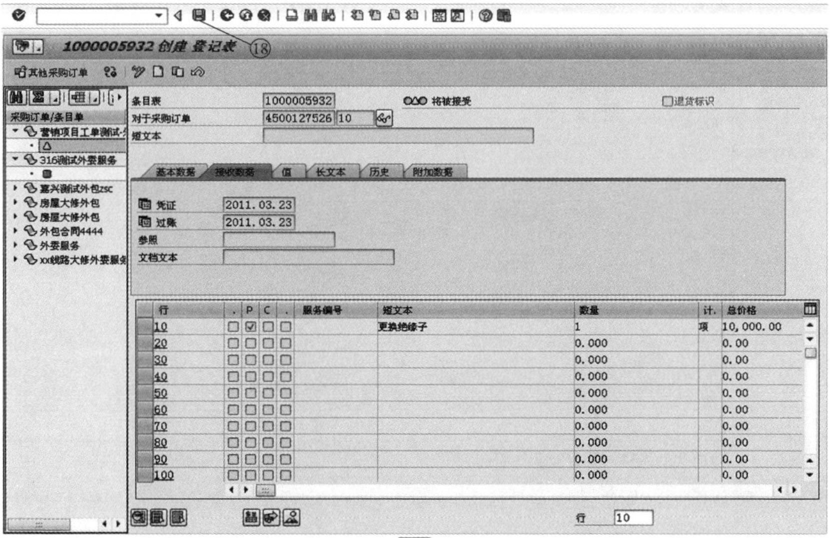

图 3-48 保存工单数据

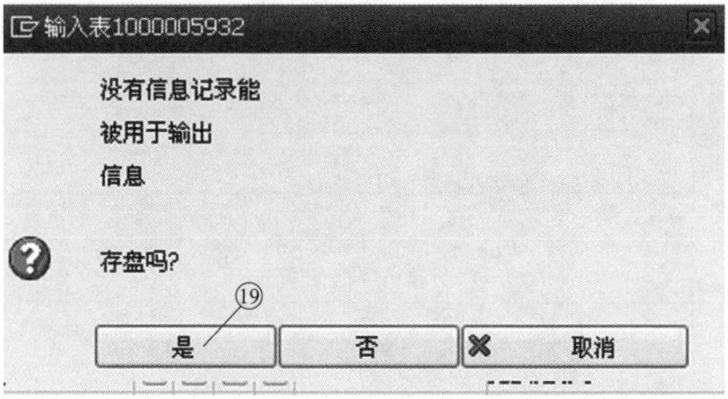

图 3-49　确认是否存盘

（19）确认是否存盘，单击“是”保存，如图 3-49 中 ⑲ 所示。

（20）信息栏出现“服务输入单已保存，接受凭证 5000000403 已入账”表示服务确认成功，如图 3-50 中 ⑳ 所示。

（21）单击按钮（如图 3-50 中 ㉑ 所示）返回，至此，外委服务确认完毕。

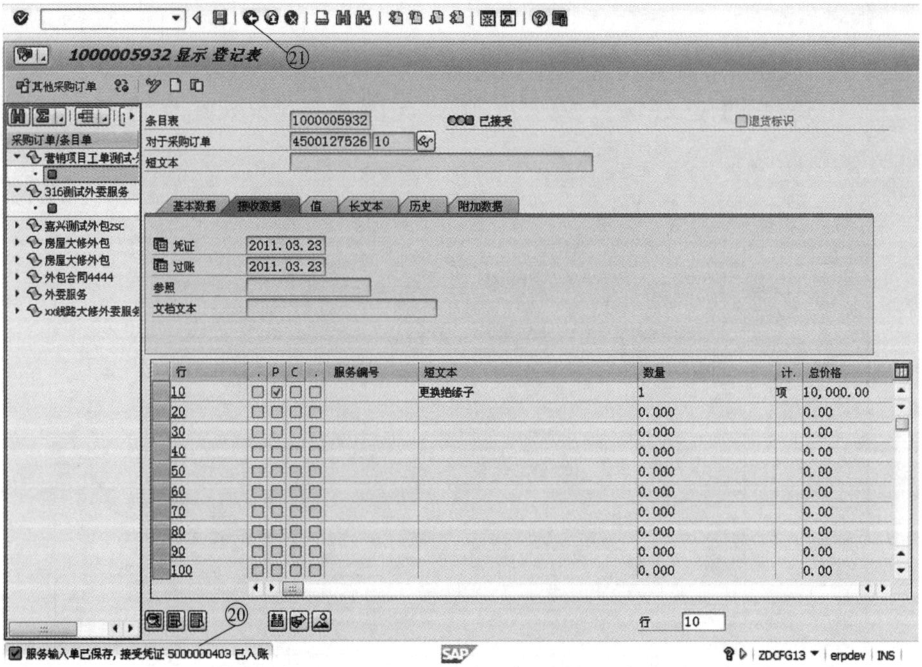

图 3-50　外委服务确认完毕

5. 工单技术完成

当现场检修维护工作结束后，可以对工单执行技术完成操作。在系统中，技术完成后的维护工单将不可以再发生任何实际费用。

系统菜单及交易代码如图 3–51 所示。

ERP 菜单	后勤→工厂维护→维护处理→工单→工单清单→更改
事务代码	集中处理：IW38；单个维护：IW32

图 3–51　系统菜单及交易代码

系统操作及栏位解释如图 3–52 所示。

图 3–52　系统操作及栏位解释

（1）双击主菜单中的“后勤→工厂维护→维护处理→工单→工单清单→更改”项，如图 3–52 中 ① 所示。

（2）或在交易栏输入事务代码 IW38 后回车，进入工单，如图 3–52 中 ② 所示。

通过以上方法进入“更改 PM 订单：选择订单”界面，如图 3–53 所示。

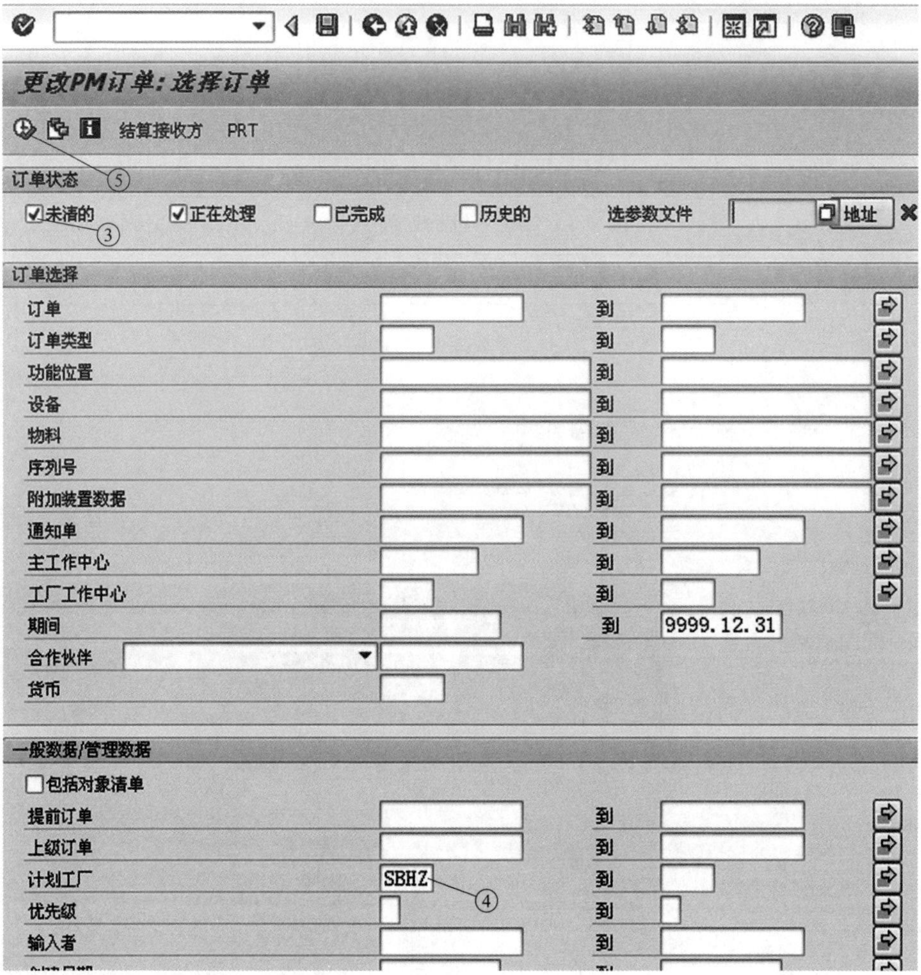

图 3-53 选择订单界面

（3）订单状态：勾选“未清的”，如图 3-53 中③所示。

（4）在订单选择数据及一般数据 / 管理数据内，还可以设定选择订单的条件，如时间、计划工厂等，如图 3-53 中④所示。

（5）单击（如图 3-53 中⑤所示），进入“订单清单”界面，如图 3-54 所示。

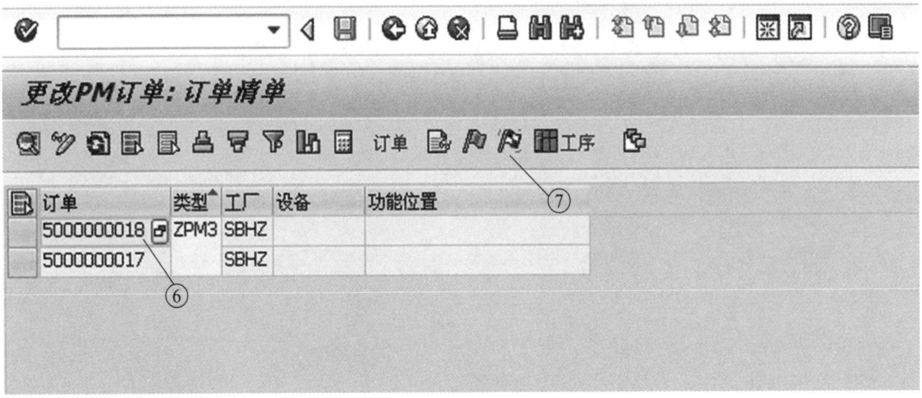

图 3-54 更改订单清单

（6）双击需要修改的工单，可以查看 / 修改工单的细节信息，或选中工单后单击☑按钮，可以查看 / 修改工单的细节信息，如图 3-54 中 ⑥ 所示。

提示：

如果查询结果只有一个，它不会进入“订单清单”界面进行选择，而是会直接进入订单的主界面，在这里可以对订单内容进行查看或者修改。

（7）直接单击按钮对选中的所有工单进行技术完成操作，如图 3-54 中 ⑦ 所示。

工单的技术完成有两种方式：一种是直接单击按钮对选中的所有工单进行技术完成操作；另一种是进入单个工单后单击技术完成，如图 3-55 所示。

（8）单击按钮，对工单进行技术完成，弹出窗口，如图 3-55 中 ⑧ 所示。

（9）输入参考日期和参考时间，如图 3-56 中 ⑨、⑩ 所示。

（10）取消完成通知复选框，如图 3-56 所示。

（11）单击☑按钮确定，如图 3-56 中 ⑪ 所示。

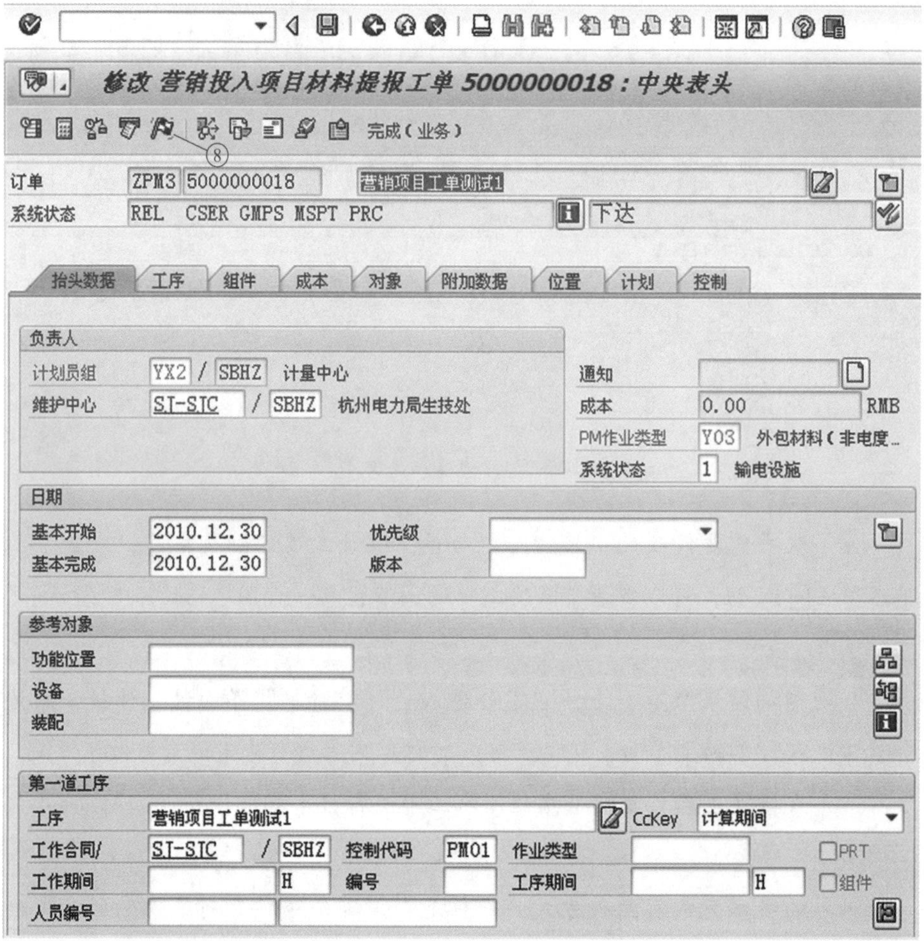

图 3-55 工单技术完成

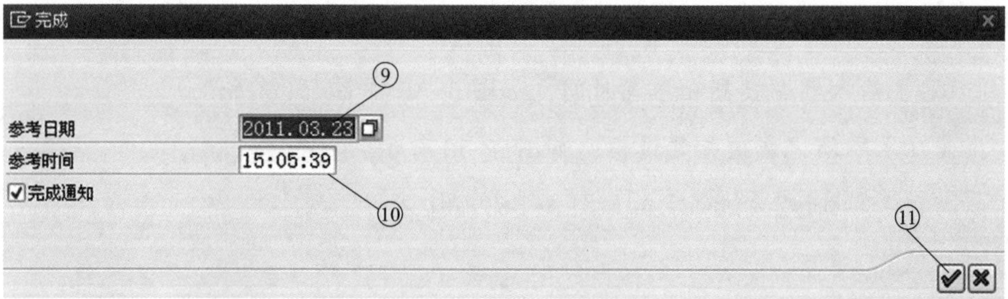

图 3-56 保存工单时间

（二）PS 项目工单管理

1.PS 挂接采购需求

针对 PS 已下达项目和预算已经具备采购申请创建条件的营销资本性项目服务采购，项目单位通过 PS 项目挂接需求自动产生采购申请。

系统菜单及交易代码如图 3–57 所示。系统操作及栏位解释如图 3–58 所示。

ERP 菜单	后勤 → 项目系统 → 项目 →CJ20N– 项目构造器
事务代码	CJ20N

图 3–57　系统菜单及交易代码

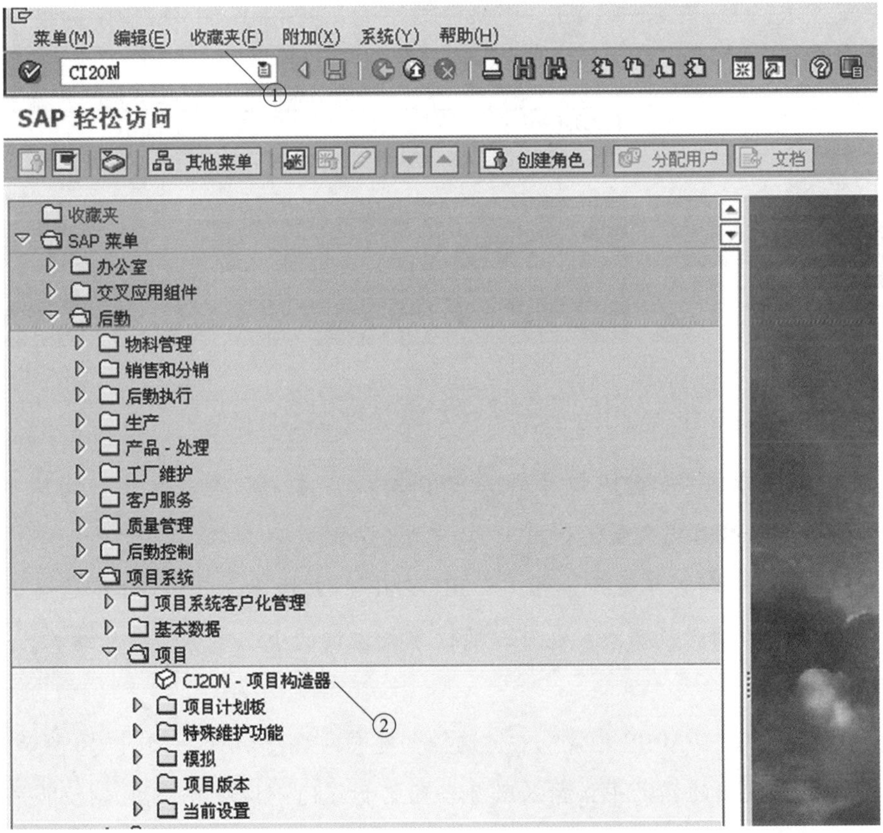

图 3–58　系统操作及栏位解释

（1）在交易代码栏输入交易代码“CJ20N”，回车或者单击✔，如图 3–58 中 ① 可所示。

（2）在 ERP 菜单中根据路径找到“CJ20N– 项目构造器”，双击进入，如图 3–58 中 ② 所示。

通过以上两种方式都可以进入“项目构造器”主界面，如图 3–58 所示。

（3）单击📂按钮，在弹出的对话框“打开项目”中输入项目定义，如图 3–59 中 ③ 所示。

（4）项目定义：输入需要处理的项目定义，如图 3–59 中 ④ 所示。

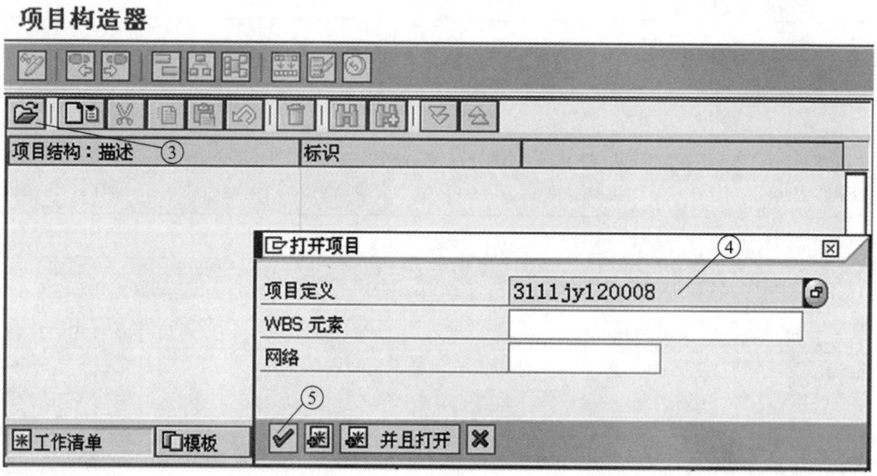

图 3–59　输入项目定义

（5）回车或者单击✔（如图 3–59 中 ⑤ 所示），打开项目，如图 3–60 所示。

（6）单击项目定义层，如图 3–60 中 ⑥ 所示。

（7）单击▽全部展开按钮（如图 3–60 中 ⑦ 所示），将项目结构展开。如果对项目结构比较熟悉，也可以通过单击左侧的小三角展开项目结构，如图 3–61 所示。

（8）选中首层 WBS 元素，右键选择创建—网络，如图 3–61 中 ⑧ 所示。

（9）在跳出的界面中，输入服务合同名称，同一份服务合同只使用一个服务合同名称，服务合同名称可以填写拟定的招标文件上的合同名称，如图

3-62 中 ⑨ 所示。

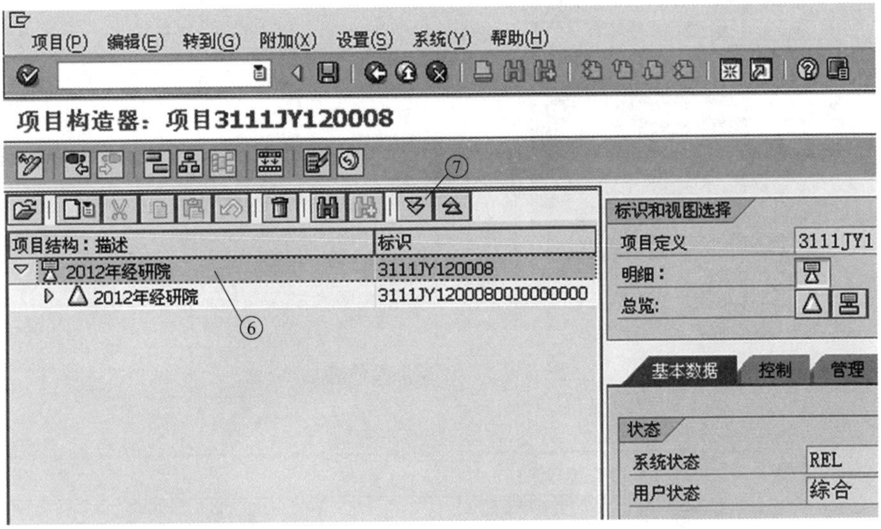

图 3-60　项目结构展开

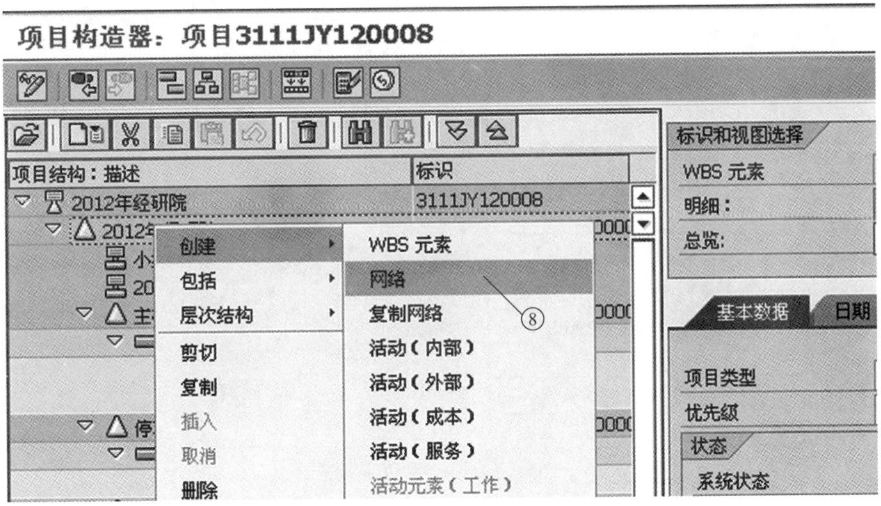

图 3-61　创建—网络

（10）输入 MRP 控制者，单击回车，如图 3-62 中 ⑩ 所示。

（11）选中所创建的网络，右键—创建—活动（服务），如图 3-63 中 ⑪ 所示。

（12）输入外包服务作业描述，如图 3-64 中 ⑫ 所示。

（13）输入采购组织，如图 3-64 中 ⑬ 所示。

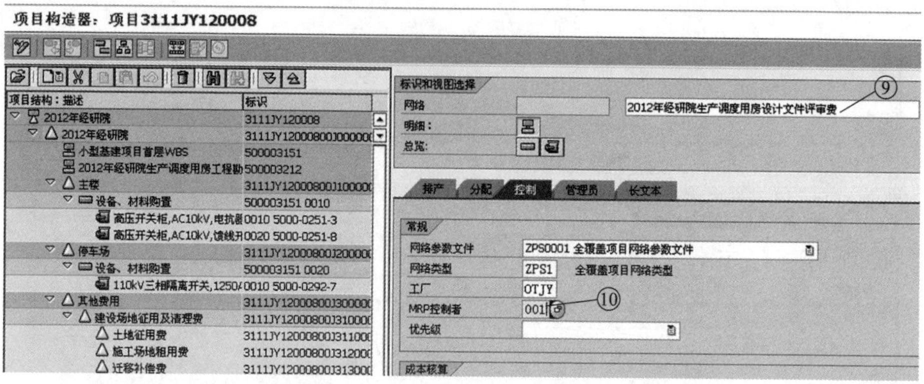

图 3-62　输入合同信息

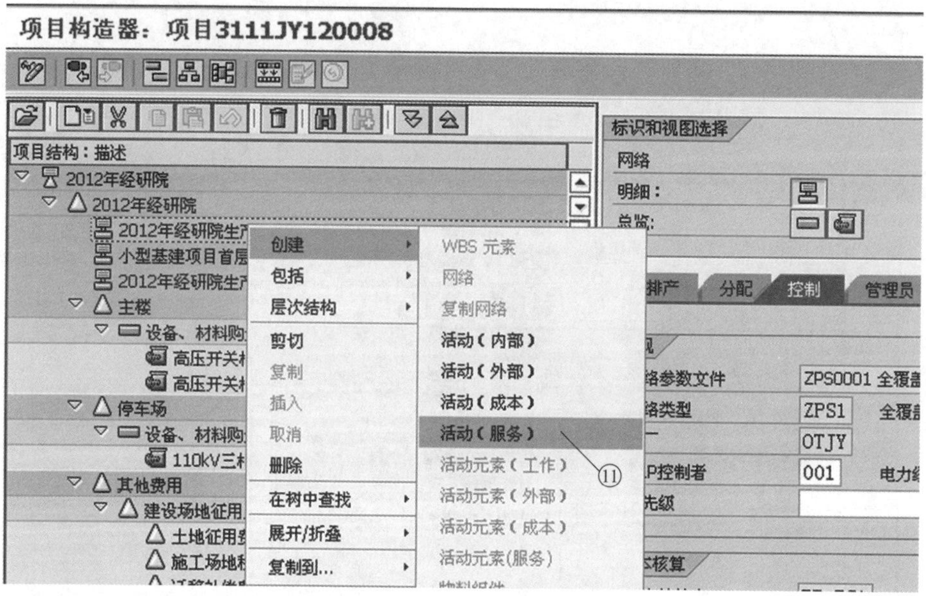

图 3-63　创建 – 活动（服务）

（14）输入采购组，如图 3-64 中 ⑭ 所示。

（15）输入服务主数据编号，如图 3-65 中 ⑮ 所示。

（16）输入服务主数据短文本，如图 3-65 中 ⑯ 所示。

（17）输入服务合同的数量，如图 3-65 中 ⑰ 所示。

（18）输入服务合同的总价格，如图 3-65 中 ⑱ 所示。

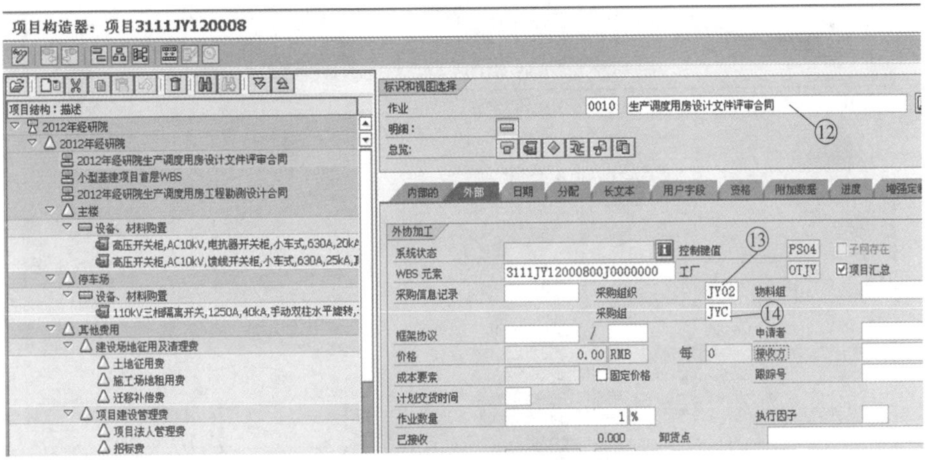

图 3-64　输入服务信息

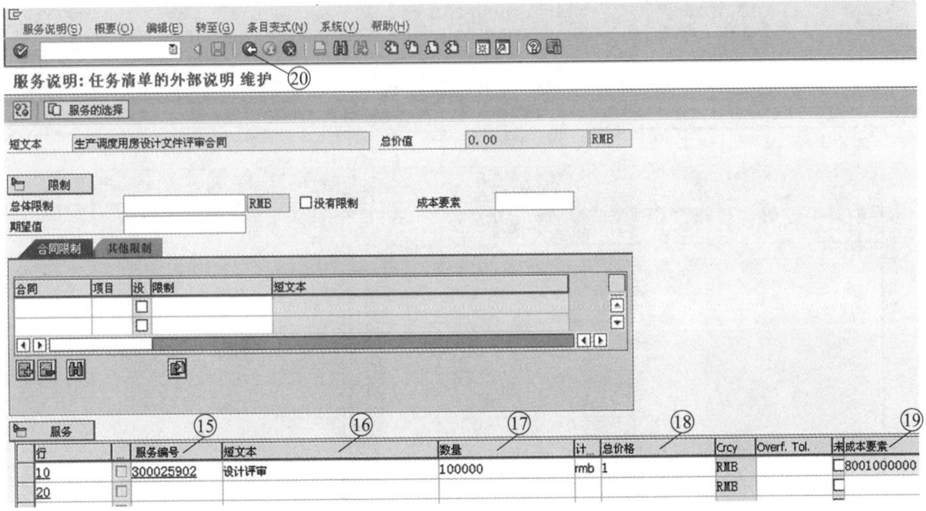

图 3-65　输入服务数据及合同要素

（19）输入服务合同的成本要素，如图 3-65 中 ⑲ 所示。

（20）单击返回，如图 3-65 中 ⑳ 所示。

（21）单击保存，如图 3-66 中 ㉑ 所示。

（22）保存后，系统返回“项目构造器”界面，重新打开项目，如图 3-67 中 ㉒ 所示。

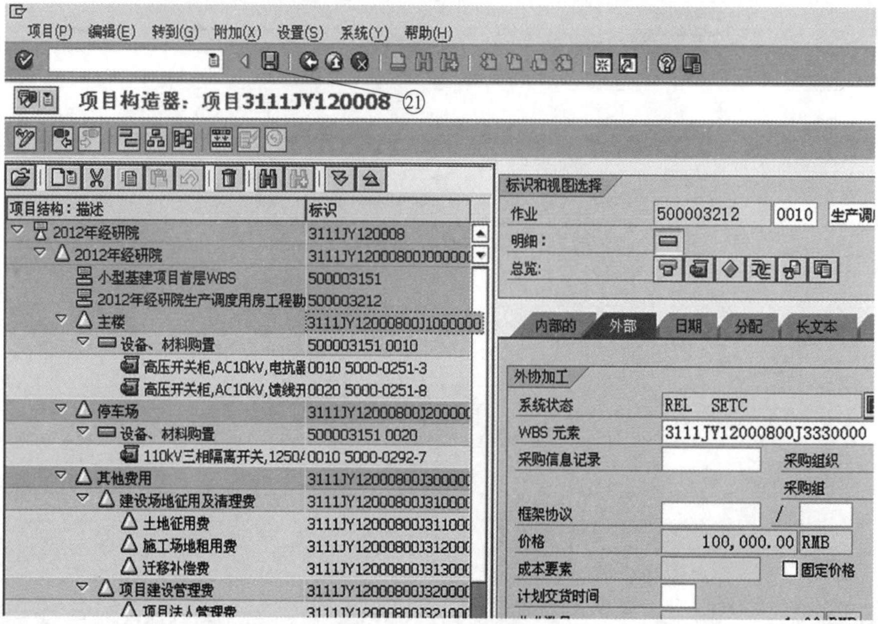

图 3-66 保存信息

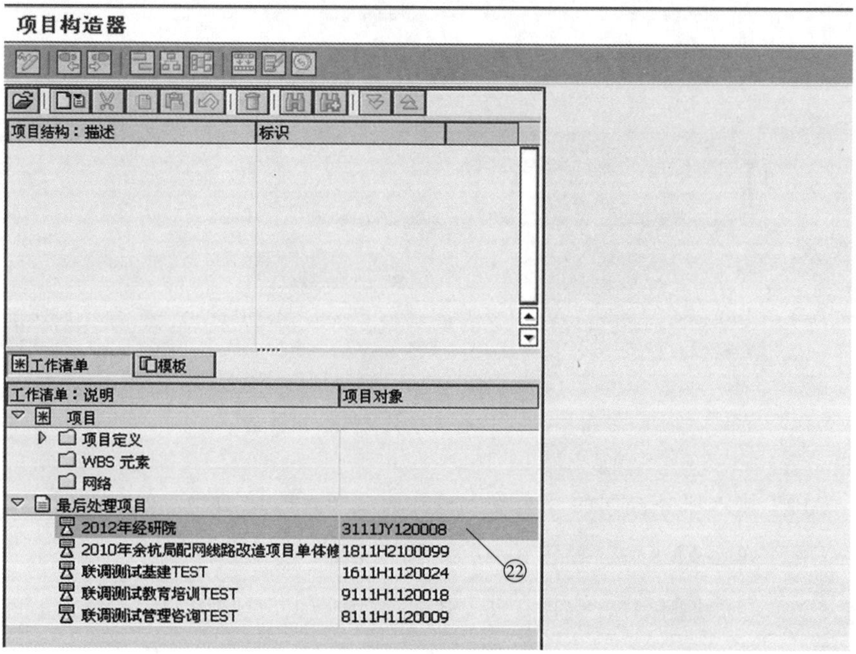

图 3-67 重新打开项目

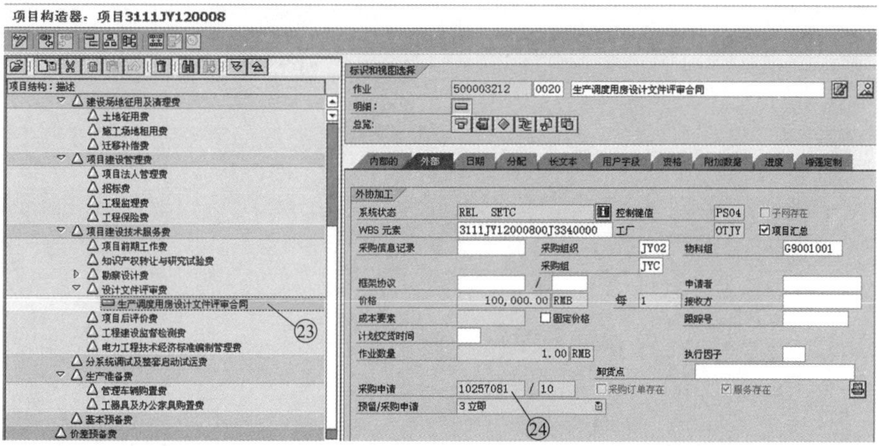

图 3-68　查找采购申请编号

（23）选中刚刚挂接的服务作业，如图 3-68 中 ㉓ 所示。

（24）可以查找到采购申请编号，如 10257081，如图 3-68 中 ㉔ 所示。

注：服务采购申请成功导入之后，需确认所生成的网络是否已经下达，若未下达，则需要进行手工下达，否则会影响后续的服务确认操作。

2. 外委服务采购

PS 项目创建外委服务采购订单同 PM 项目，需要通过 ME21N 事务代码完成，输入采购申请号、合同名称、合同编号等数据并保存获得采购订单号。

3. 服务采购订单确认

项目负责部门根据服务商提供的发票，在系统中进行服务确认，服务确认是付款的前提。

系统菜单及交易代码如图 3-69 所示。系统操作及栏位解释如图 3-70 所示。

ERP 菜单	后勤→后勤执行→内向处理→采购订单，订单，其他事务的收货→ MIGO- 输入采购订单收货
事务代码	MIGO

图 3-69　系统菜单及交易代码

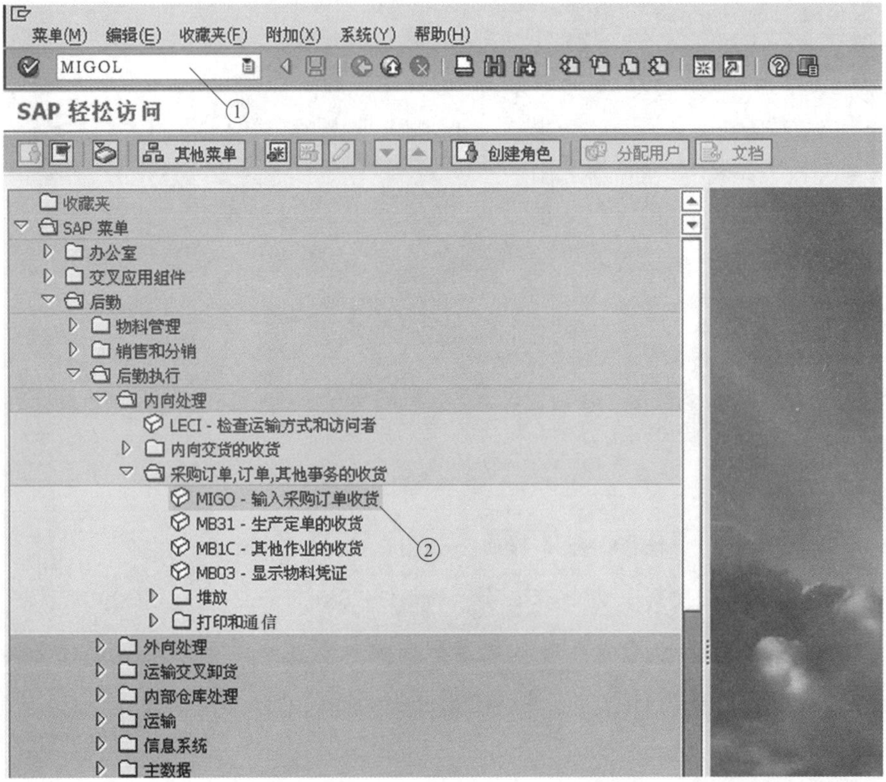

图 3-70　系统操作及栏位解释

（1）在交易代码栏输入交易代码 MIGO，回车或者单击✔，如图 3-70 中①所示。

（2）在 SAP 菜单中找到交易代码“MIGO- 输入采购订单收货”，双击，如图 3-70 中②所示。

通过以上两种方式都可以进入采购订单收货界面，如图 3-71 所示。

（3）单击▤，在下拉菜单中选择 A01 收货，如图 3-71 中③所示。

（4）单击▤，在下拉菜单中选择 R01 采购订单，如图 3-71 中④所示。

（5）输入要做采购订单收货的采购订单号，如 5500007284，回车，如图 3-71 中⑤所示。

（6）交货注释中的数量：输入服务合同确认的金额值，例如确认 10000，如图 3-72 中⑥所示。

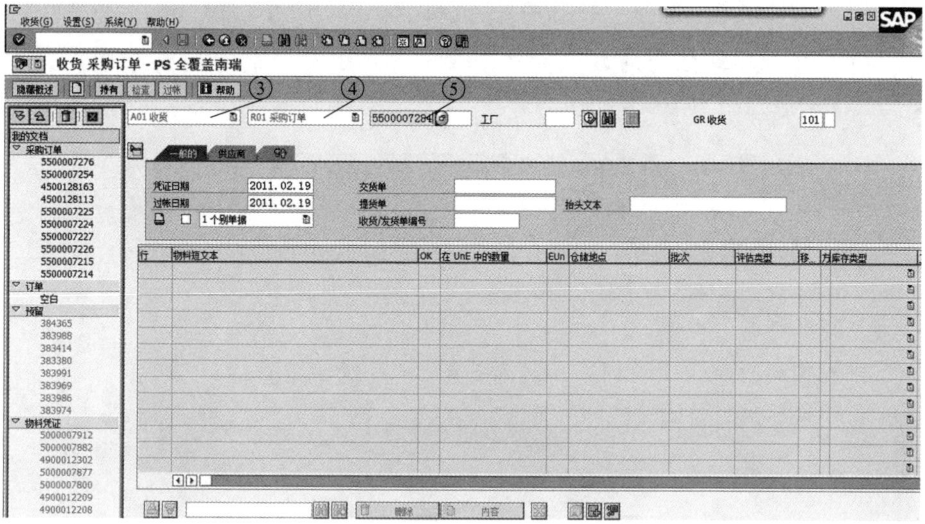

图 3-71　采购订单收货界面

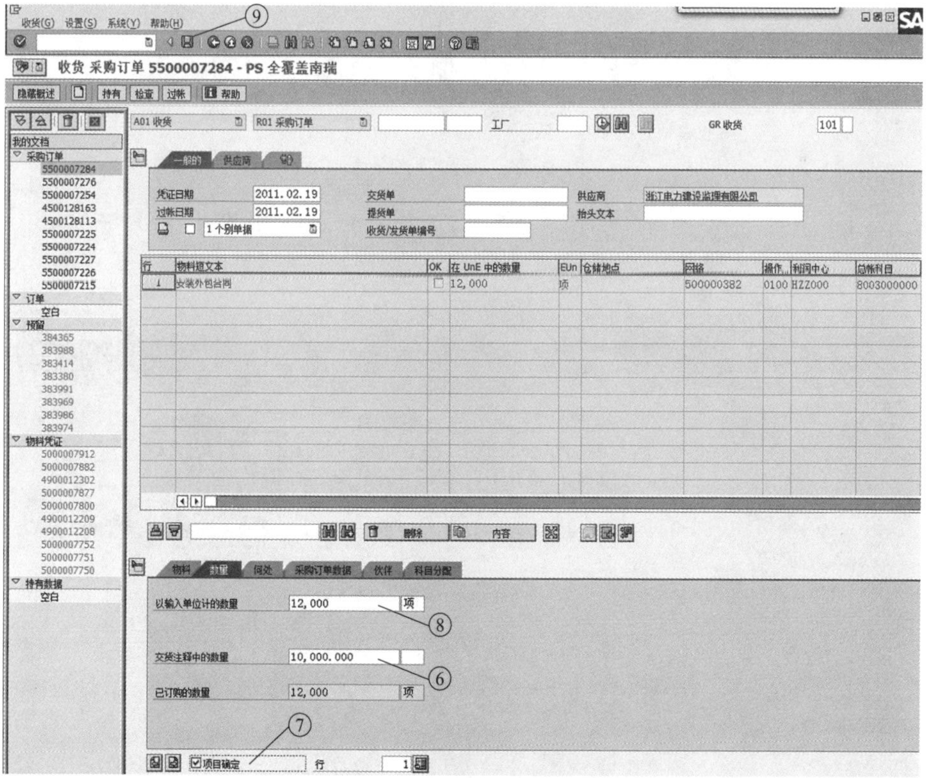

图 3-72　服务采购订单确认

（7）项目确定：勾选“项目确定”栏，如图 3–72 中 ⑦ 所示。

（8）以输入单位计的数量：显示该服务采购订单的合同总金额，如图 3–72 中 ⑧ 所示。

（9）单击按钮，屏幕下方出现 物料凭证 5000000038 已过账，如图 3–72 中 ⑨ 所示。

三、电子报账系统

1. 企业门户

进入内网，登录企业门户，进入如图 3–73 所示界面。

图 3–73 企业门户界面

（1）单击

图标（如图 3–73 中 ① 所示），进入如图 3–74 所示界面。

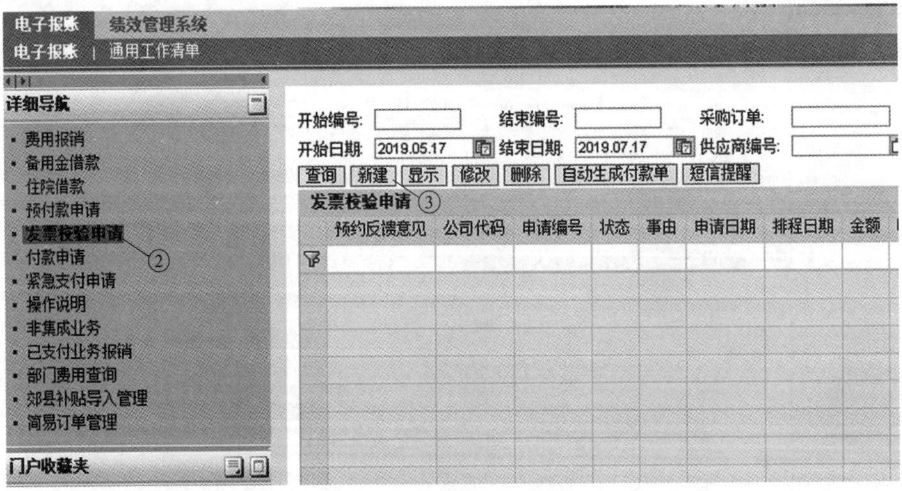

图 3–74 电子报账系统界面

（2）单击**发票校验申请**，如图 3–74 中 ② 所示。

（3）单击**新建**，如图 3–74 中 ③ 所示。

（4）申请类型选择：营销，必填，如图 3–75 中 ④ 所示。

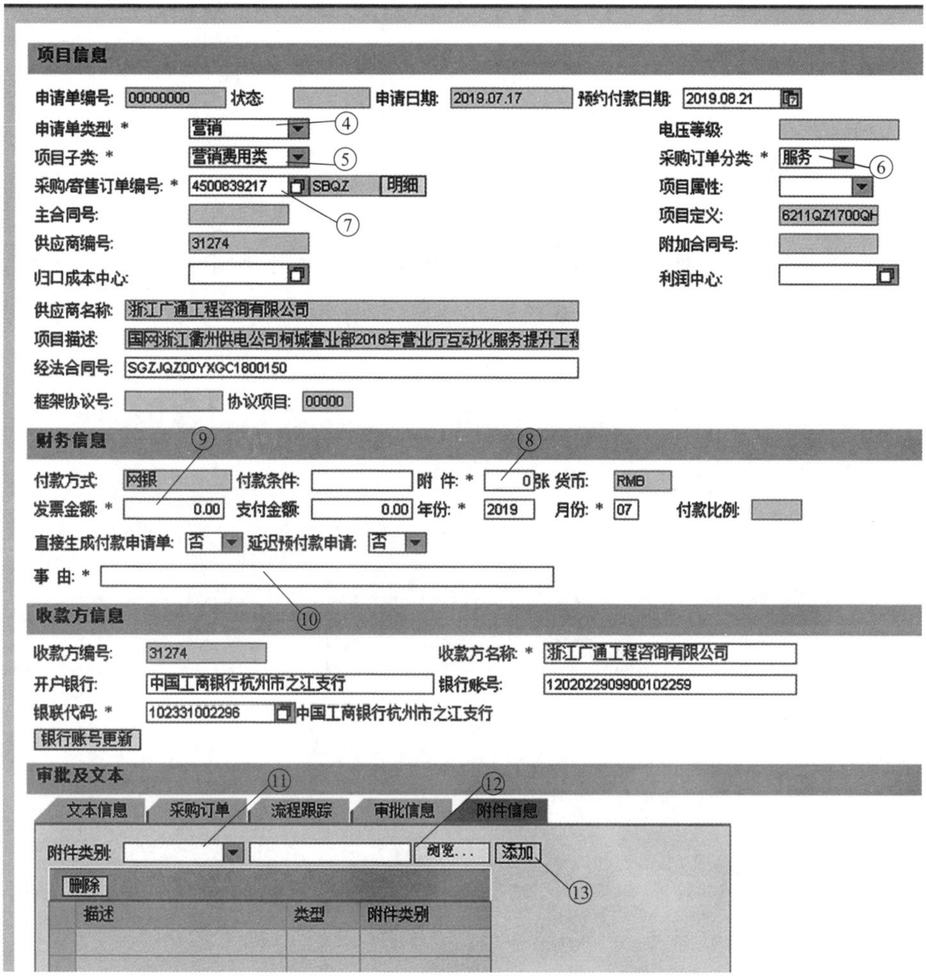

图 3–75　项目信息填写

（5）项目子类：根据实际情况选择“电动汽车、营销资本类、电能表、营销费用类”。一般和电动汽车相关的选择“电动汽车”，营销资本性项目选择“营销资本类”，营销成本性项目选择“营销费用类”，必填，如图 3–75 中 ⑤ 所示。

（6）采购订单分类选择：服务，必填，如图 3–75 中 ⑥ 所示。

（7）输入使用 ME21N 产生的采购订单号（一般为 45 开头或 55 开头的 10 位数），回车，则 SAP 系统中所输入的关于此采购订单的信息在“财务信息”及“收款方信息”中全部显示，必填，如图 3–75 中 ⑦ 所示。

（8）填写附件数量，必填，如图 3–75 中 ⑧ 所示。

（9）填写发票金额（含税金额），必填，如图 3–75 中 ⑨ 所示。

（10）填写支付资金的事由，必填，如图 3–75 中 ⑩ 所示。

（11）选择附件类别，发票、合同等，如图 3–75 中 ⑪ 所示。

（12）选择附件类别所对应的文档，如图 3–75 中 ⑫ 所示。

（13）添加附件。如有多个附件，重复（9）～（11）步骤，如图 3–75 中 ⑬ 所示。

（14）提交，发票校验流程发起。等流程流转至财务后，将附件中的纸质材料交给财务部门，如图 3–76 中 ⑭ 所示。

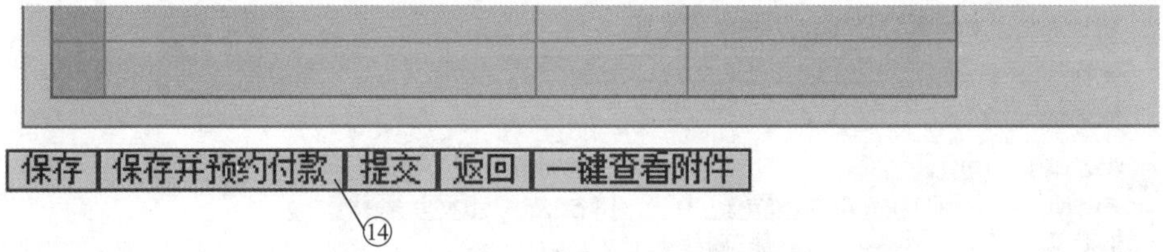

图 3–76　发票校验流程发起

2. 付款申请

（1）发票校验流程结束后，选中需要发起付款申请的条目，单击“自动生成付款单”，付款单生成，如图 3–77 所示。

（2）单击“详细导航”中“付款申请”，出现如图 3–78 所示界面，选中该条目，并单击“修改”，进入需要付款条目的展开界面。

（3）在需付款条目的界面中，在“付款总额 ★”框内输入需要付款的总金额，在下方单击“提交”按钮，如图 3–79 所示等付款流程走完，则整个服务合同的工程款流程全部走完。

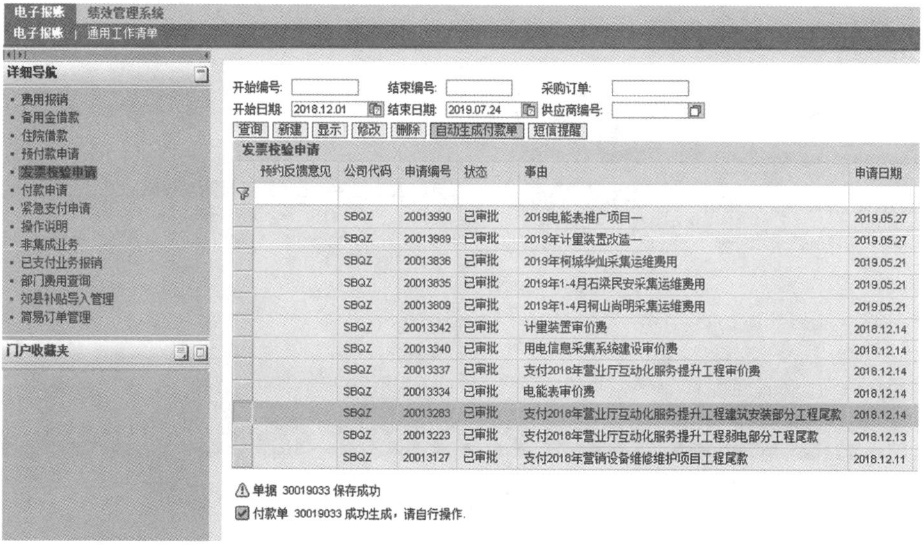

图 3-77　发起付款申请

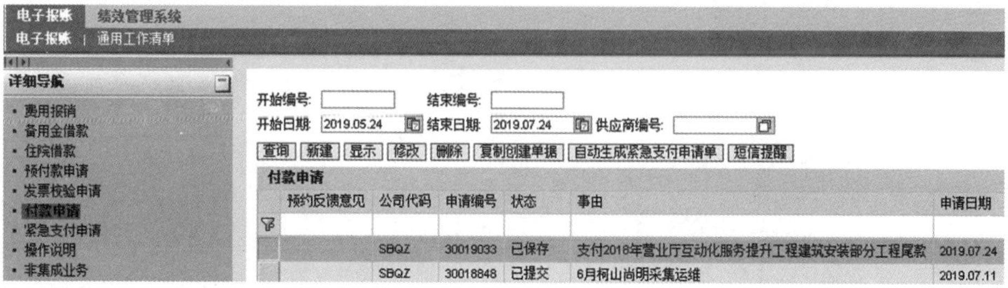

图 3-78　付款申请修改

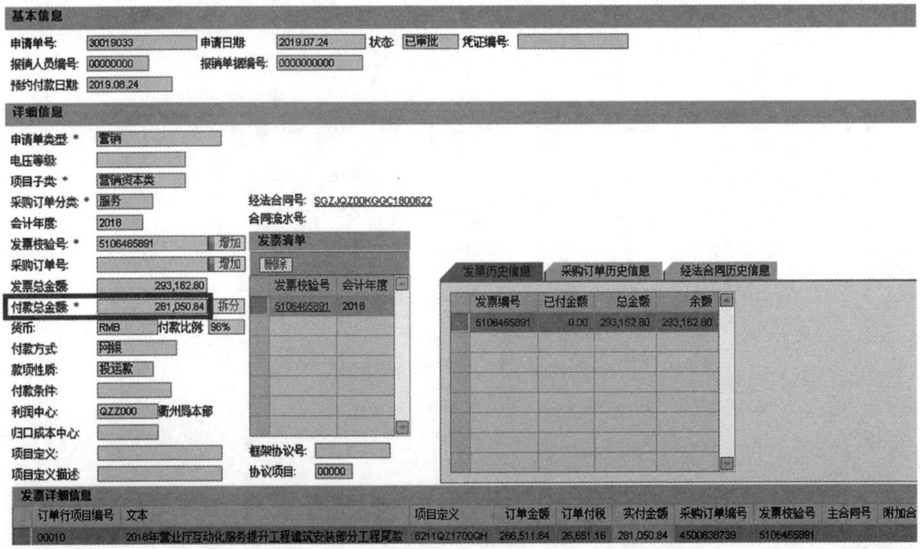

图 3-79 付款申请提交

CHAPTER 4

第四章
项目检查阶段

第一节　项目决算审计和转资

一、概述

公司营销项目执行审计制度，由各级审计部门按照职责分工组织实施或委托有资质的中介机构实施，项目结算金额应以审计部门审计后的定审金额为准，审计费用可列入项目管理费。审计内容重点包括项目结算、决算、资金管理和招标采购情况。通过审计，及时发现问题，促进营销项目管理水平不断提高。

二、流程和资料

（1）包含建筑安装、施工工程的营销项目，项目单位应组织竣工决算审计。项目单位审计部门组织完成财务竣工决算审计并出具审计意见。营销部门应在各类项目过程资料提交财务决算的同时提交审计部门（见图 4–1）。过程管理资料应至少包括以下内容：

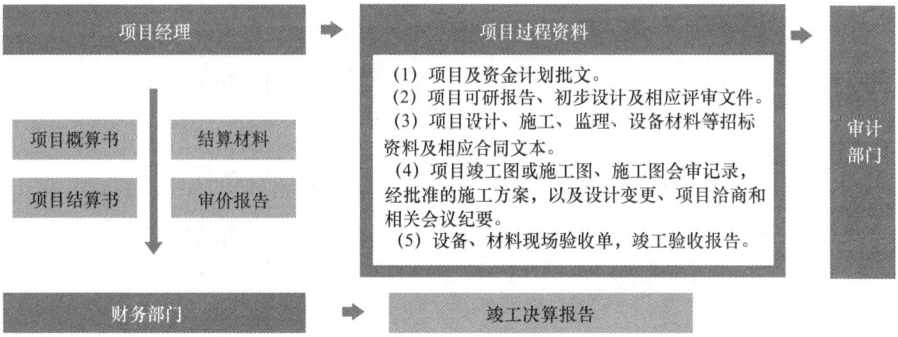

图 4–1　工程决算审计流程图

1）项目及资金计划批文。

2）项目可行性研究报告、初步设计及相应评审文件。

3）项目设计、施工、监理、设备材料等招标资料及相应合同文本。

4）项目竣工图或施工图、施工图会审记录，经批准的施工方案，以及设计变更、项目洽商和相关会议纪要。

5）设备、材料现场验收单，竣工验收报告。

项目单位要根据审计意见，督促项目参建单位严格落实、限期整改，并按照审计意见调整工程结算和决算。

（2）工程竣工，向财务部提交《工程竣工投产通知单》后，项目经理配合财务部门做好固定资产统计和台账建档工作。

第二节　项目档案管理

营销项目档案是项目整体情况的客观反映，是项目检查、评价、审计、运行、维护、改造等工作的重要基础和依据。项目单位营销部门应将项目档案管理纳入建设管理程序、工作计划及合同管理。在签订项目设计、施工及监理等合同、协议时，应设立专门条款，明确有关方面提交项目档案的责任，确保项目档案的真实准确、齐全完整、安全保管和有效利用。

项目单位项目主办部门应对所负责项目的归档材料的完整性、准确性、系统性负责。各项目负责人应在项目竣工后 3 个月内将项目资料（含电子版）移交本单位档案管理部门归档，并根据档案资料移交相关规定编制移交清册，履行签字手续，交接双方各存一份。

营销项目文件归档应做到“一项一档”，含单项工程的项目应按单项工程分别汇总，集中归档。归档文件应按照不同项目类别，根据国家和公司档案管理及相应项目文件要求进行收集整理。

第三节　项目评价和检查

一、概述

项目评价是对项目技术路线、运行状态、投资收益等实际情况进行的综合分析判断。

公司营销部根据国家电网有限公司下达的项目评价计划启动项目评价工作。各单位应客观公正、独立地对项目实施结果作出评价并上报项目评价报告。

二、项目评价和检查管理

（一）评价内容

（1）评价项目的技术可行性、合理性与先进性。

（2）评价项目运行的稳定性、实用性。

（3）评价项目的技术经济指标是否达到了预期目标或达到目标的程度。

（4）评价项目的投资收益、管理效益和社会综合效益情况。

（5）项目单位对项目评价提出的问题，应及时采取相应的补救措施，认真分析原因、总结经验，提出改进措施，提高后续项目决策的科学水平。

（6）营销项目检查是对营销项目基础管理、项目计划管理、项目实施情况等进行的全面检查，对加强营销项目管理、规范项目实施、保证项目计划完成具有重要意义。

（7）营销项目检查范围为本年及近年实施的营销项目，检查应至少包括以下内容：

（二）项目基础管理

（1）各单位落实和执行管理制度的具体措施。

（2）各级营销单位营销项目储备管理、可行性研究报告编制及批复情况。

（三）项目计划管理

（1）年度项目执行情况。

（2）项目计划是否严格执行“月统计、季分析、定期通报、年考核”的制度。

（3）是否建立并执行营销项目里程碑计划。

（四）项目实施情况

（1）是否规范编制并批复初步设计（概算书）。

（2）项目招投标过程是否合法合规。

（3）是否建立健全项目安全和质量管控机制并严格执行。

（4）现场抽检。

（5）保障项目安全、优质、按期完成的主要措施。

（6）项目物资管理，报废物资处置情况。

（五）项目验收情况

（1）项目阶段性验收规范性情况。

（2）竣工验收规范性，手续是否完备、记录是否齐全。

（六）项目决算管理

（1）项目结算规范性、暂估预提合理性情况。

（2）项目付款条件与合同要求，项目质量保证金支付情况。

（3）项目内审规范性情况。

（七）项目档案管理

（1）项目档案资料是否齐全，档案管理是否规范。

（2）营销项目检查按照“统一组织，分级实施”形式开展。省公司营销部负责统一制定下发营销项目检查计划，市公司负责对所属县公司的项目检查具体安排。

1）各单位按照项目检查计划进度要求，组织开展项目检查，项目检查可采取听取汇报、查看资料、实地检查的方式。

2）项目检查完成1个月内，各单位形成检查报告，报送省公司营销部及省客户服务中心。省公司营销部对各单位营销项目管理情况进行通报与考核。

附 录

附录 A 国家电网有限公司营销项目管理系统操作手册

项目计划下达后，每月市县两级单位均需填报国家电网有限公司营销项目管理系统，填入当年项目的完成情况。

系统网址为 http：//10.4.53.144：14002/SGMPMIS2/workbench/default.jsp，网站界面如图 A-1 所示。登录页面单位选择“浙江电力”，用户名为后台统一申请，与协同办公一致。登录后选择“项目实施”→“项目实施进度管理”→“项目实施进度填报”进入填报界面。

图 A-1 营销项目管理系统界面

根据省公司填报通知，在填报界面先完成当月时间选择后单击“生成”，生成当月报表，根据当月实际情况对每个项目的招投标金额、合同金额、财务入账金额及资本性、成本性形象进度进行填报，系统会自动计算完成比例。全部项目填报完成后勾选所有项目“保存”并选择“专职汇总”提交给省公司专职汇总，如图 A-2 所示。

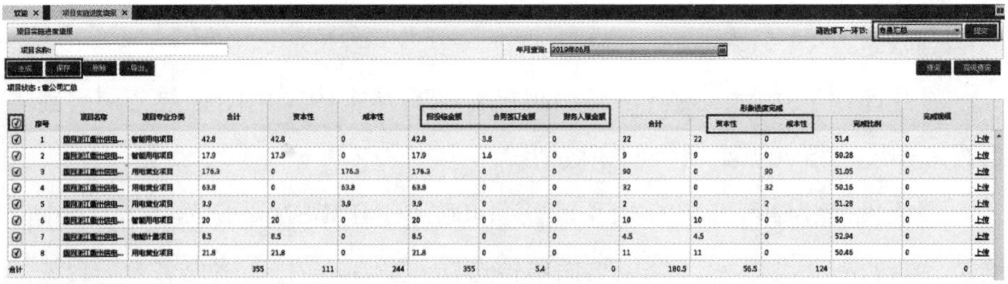

图 A-2　专职汇总表

附录 B 省公司营销项目精益化管控平台简介

一、项目里程碑计划

【功能描述】：里程碑计划的功能包含导入、查询和删除功能；项目里程碑数据具体包含项目 / 工程名称、里程碑节点名称、计划开始时间、计划结束时间、实际开始时间、实际结束时间。

【路径说明】：单击菜单栏的“项目管理”模块→下拉菜单中的“项目里程碑计划”，进入基本信息界面，如图 B–1 所示。

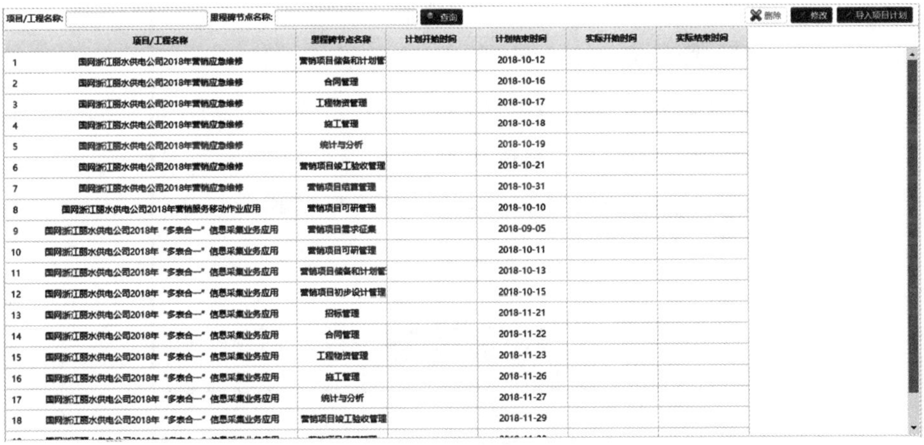

	项目/工程名称	里程碑节点名称	计划开始时间	计划结束时间	实际开始时间	实际结束时间
1	国网浙江丽水供电公司2018年营销应急维修	营销项目储备和计划管		2018-10-12		
2	国网浙江丽水供电公司2018年营销应急维修	合同管理		2018-10-16		
3	国网浙江丽水供电公司2018年营销应急维修	工程物资管理		2018-10-17		
4	国网浙江丽水供电公司2018年营销应急维修	施工管理		2018-10-18		
5	国网浙江丽水供电公司2018年营销应急维修	统计与分析		2018-10-19		
6	国网浙江丽水供电公司2018年营销应急维修	营销项目竣工验收管理		2018-10-21		
7	国网浙江丽水供电公司2018年营销应急维修	营销项目结算管理		2018-10-31		
8	国网浙江丽水供电公司2018年营销服务移动作业应用	营销项目可研管理		2018-10-10		
9	国网浙江丽水供电公司2018年“多表合一”信息采集业务应用	营销项目需求征集		2018-09-05		
10	国网浙江丽水供电公司2018年“多表合一”信息采集业务应用	营销项目可研管理		2018-10-11		
11	国网浙江丽水供电公司2018年“多表合一”信息采集业务应用	营销项目储备和计划管		2018-10-13		
12	国网浙江丽水供电公司2018年“多表合一”信息采集业务应用	营销项目初步设计管理		2018-10-15		
13	国网浙江丽水供电公司2018年“多表合一”信息采集业务应用	招标管理		2018-11-21		
14	国网浙江丽水供电公司2018年“多表合一”信息采集业务应用	合同管理		2018-11-22		
15	国网浙江丽水供电公司2018年“多表合一”信息采集业务应用	工程物资管理		2018-11-23		
16	国网浙江丽水供电公司2018年“多表合一”信息采集业务应用	施工管理		2018-11-26		
17	国网浙江丽水供电公司2018年“多表合一”信息采集业务应用	统计与分析		2018-11-27		
18	国网浙江丽水供电公司2018年“多表合一”信息采集业务应用	营销项目竣工验收管理		2018-11-29		

图 B–1 项目里程碑计划界面

（一）查询

【功能描述】：查询项目里程碑信息。

【操作说明】：在“项目里程碑”菜单栏中输入“项目 / 工程名称”或“里程碑节点名称”，此处输入里程碑节点名称关键字“设计”，单击“查询”按钮，查询结果如图 B–2 所示。

图 B-2　查询项目里程碑信息

（二）修改

【功能描述】：修改项目里程碑功能。

【操作说明】：选中要修改的里程碑节点，单击“项目里程碑计划”界面中的“修改”按钮，进入修改项目信息界面，如图 B-3 所示。

图 B-3　修改项目里程碑功能

在此操作页面根据实际情况修改项目计划开始时间、计划结束时间、实际开始时间、实际结束时间。单击“提交”按钮保存数据。

（三）导入项目计划

【功能描述】：项目计划导入功能。

【操作说明】：单击“项目里程碑计划”菜单栏的“导入项目计划”按钮，进入项目导入界面，如图 B-4 所示。

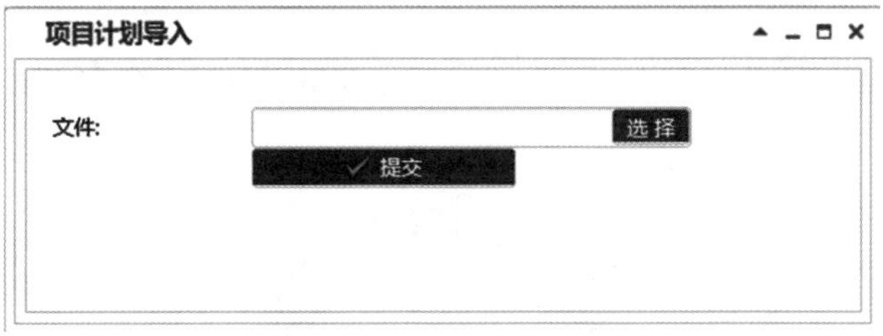

图 B-4　导入项目计划

选择文件，单击“提交”。最终数据导入成功后如图 B-5 所示。

	项目/工程名称	里程碑节点名称	计划开始时间	计划结束时间	实际开始时间	实际结束时间
1	运维1213	招标管理	2017-12-10	2017-12-14	2017-12-10	2017-12-14
2	运维1213	合同管理	2017-12-13	2017-12-14	2017-12-13	2017-12-14
3	运维1213	施工管理	2017-12-15	2017-12-16	2017-12-15	2017-12-16
4	运维项目子项	招标管理	2017-12-13	2017-12-14	2017-12-13	2017-12-14
5	运维项目子项	合同管理	2017-12-13	2017-12-14	2017-12-13	2017-12-14
6	投入项目1213	招标管理	2017-12-11	2017-12-13	2017-12-13	2017-12-14
7	投入项目1213	合同管理	2017-12-13	2017-12-14	2017-12-13	2017-12-14
8	投入项目子项	招标管理	2017-12-13	2017-12-14	2017-12-13	2017-12-14
9	批量导入功能测试	工程物资管理	2018-01-03	2018-01-10	2018-01-03	2018-01-09
10	XXX测试	合同管理	2017-12-19	2017-12-29	2017-12-12	2017-12-29
11	批量导入功能测试	施工管理	2018-01-01	2018-05-12	2018-02-01	2018-06-12

图 B-5　数据导入成功图

图 B-5 中项目名称为“批量导入功能测试”，里程碑节点名称为“施工管理”的工程，为新导入项目计划。

注：导入项目数据格式必须与模板相同。导入数据有误时，下载错误信息并查看。

二、项目投资情况

【功能描述】：用环形图直观地展示各类型项目投资情况。

【路径说明】：“门户”界面。

项目投资情况如图 B-6 所示。

通过单击图 B-6 下方的项目类型，选择需要显示的项目类型。

注：项目当年投资规模为空或为零时，该项目不被计入项目总数，界面不显示。

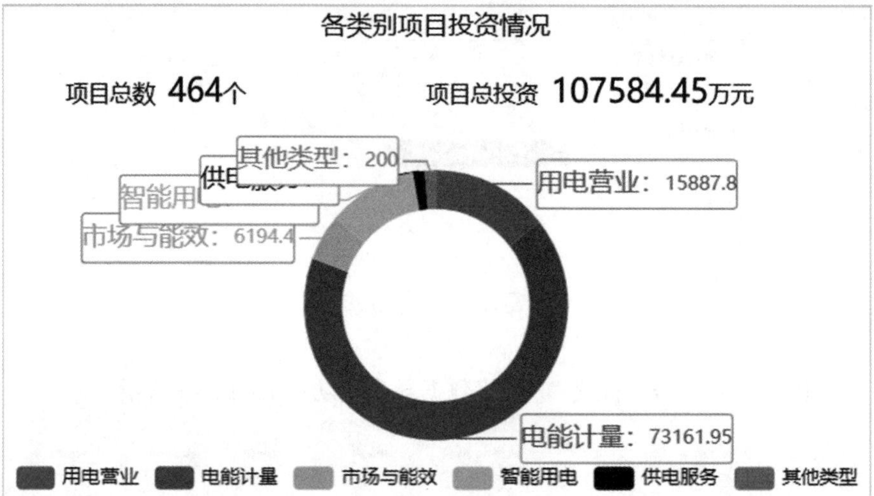

图 B-6　项目投资情况

三、项目资金完成率

【功能描述】：用环形进度条的形式展示资金完成情况，即当前项目完成资金占项目下达总投资的比例。

【路径说明】：“门户”界面。

项目资金完成率如图 B-7 所示。

图 B-7　项目资金完成率

四、项目进度情况

【功能描述】：用柱状图直观展示各地区项目进度情况，单击柱状图可以查看其下属单位的项目进度，项目进度包括项目形象进度和项目资金进度。

【路径说明】："门户"界面。

项目进度情况如图 B–8 所示。

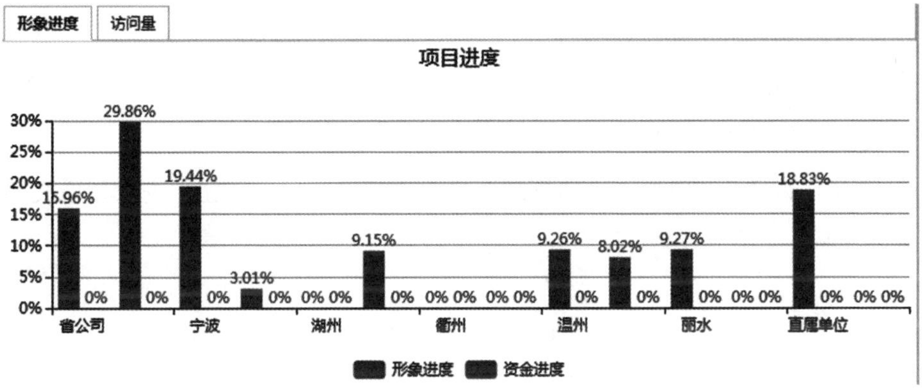

图 B–8　项目进度情况

五、文档管理

【功能描述】：文档管理的功能包含新建、删除、修改、查询及筛选；文档基本信息具体包含文档名称、文档类型、创建人、修改人、所属单位、创建时间、修改时间。

【路径说明】：单击菜单栏的"资料管理"模块→下拉菜单中的"文档管理"，进入文档基本信息界面，如图 B–9 所示。

图 B-9　文档管理

（一）新增

【功能描述】：新增文档功能。

【操作说明】：单击“文档管理”界面中的“新增”按钮，进入新增文档信息界面，如图 B-10 所示。

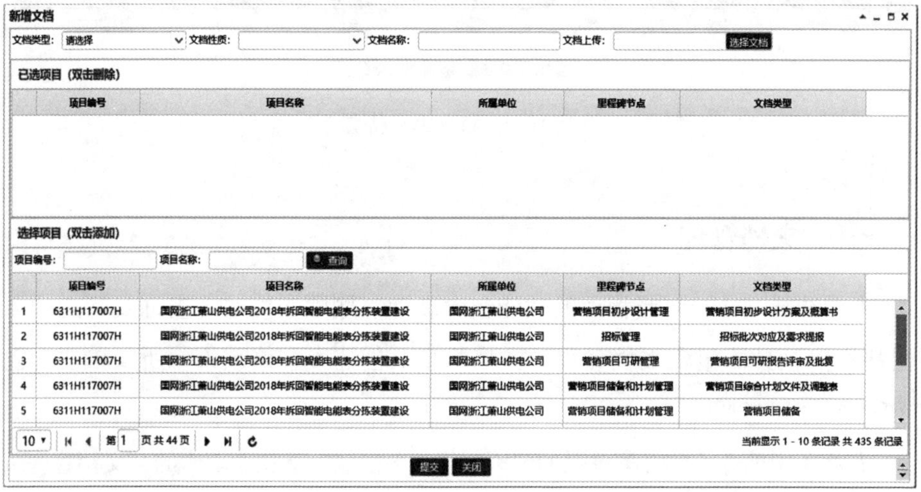

图 B-10　新增文档

在此界面编辑工程的文档类型、文档性质和文档名称等相关信息，如图 B-11 所示。输入信息后如图 B-12 所示。

序号	字段名称	字段说明及内容	是否必填
1	文档类型	下拉菜单选择，有前期查勘、营销项目可行性研究报告及说明书等类型，新增文档时选择文档类型	是
2	文档性质	下拉菜单选择，根据文档类型改变。有需求征集表、项目查勘报告等	是
3	文档名称	输入文档名称，例如：国网浙江衢州供电公司城区 1 号快充站新建	否
4	选择文档	选择要上传的文件资料，配置给正在创建的文档	是
5	已选项目（双击删除）	已关联该文档的工程项目，双击删除已选工程	否
6	选择项目（双击添加）	批量选择要关联该文档的工程，双击添加	否
7	查询	输入项目编号或项目名称，查询筛选出要添加的文档	否

图 B-11　工程文档明细

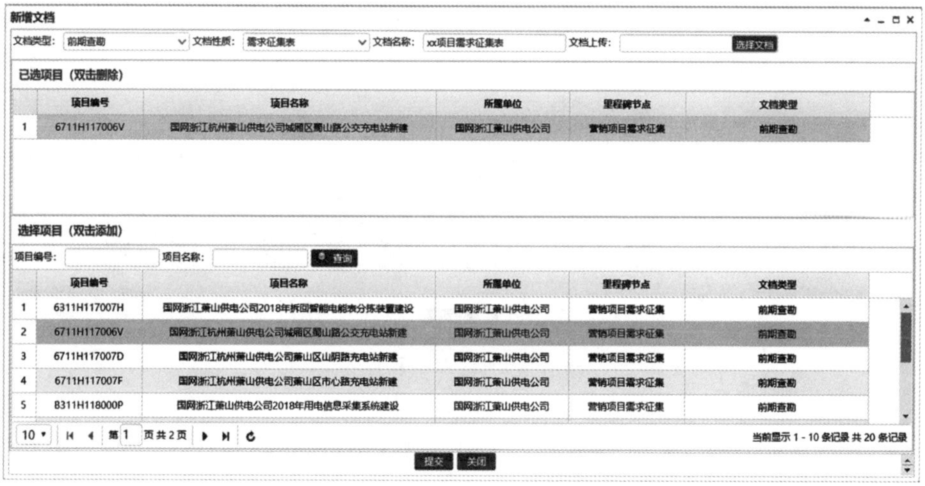

图 B-12　输入信息成功界面

然后单击“保存”按钮创建该文档的基本信息（即将文档基本信息保存至数据表），创建成功后进入文档清单界面，如图 B-13 所示。

（二）修改

【功能描述】：修改文档信息功能。

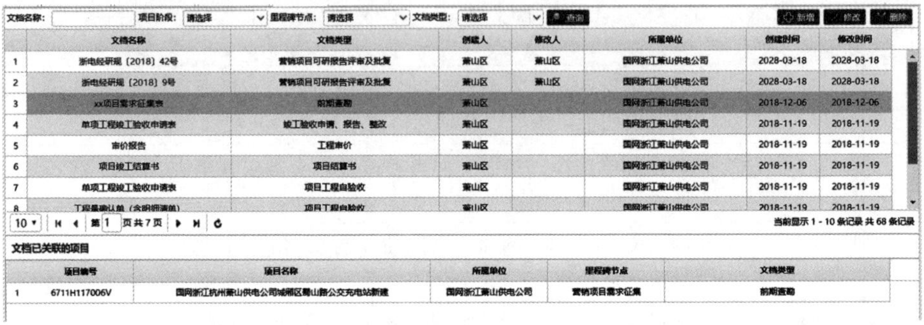

图 B-13　文档清单界面

【操作说明】：单击选中要修改的文档，并单击“文档管理”界面中的“修改”按钮，进入修改文档界面，如图 B-14 所示。

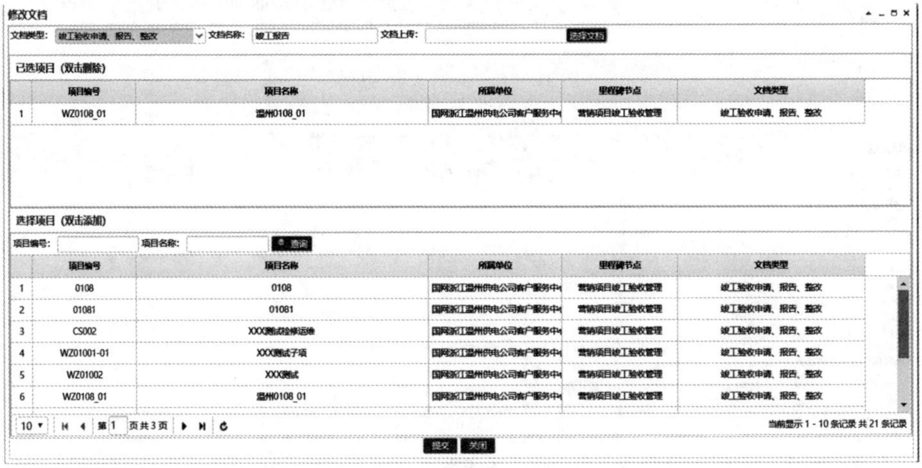

图 B-14　修改文档信息

在此界面修改文档名称、上传文档、已选项目和添加项目，单击“提交”按钮保存数据。

（三）删除

【功能描述】：删除文档功能。

【操作说明】：单击选中要删除的文档信息，并单击“文档管理”界面中的“删除”按钮，进入删除界面。单击对话框中的“确定”按钮，则该条文档信息从数据库被删除成功。

（四）查询

【功能描述】：查询文档信息功能。

【操作说明】：在“文档类型”下框栏中选择“签订合同”，单击“查询”按钮，结果如图 B-15 所示。

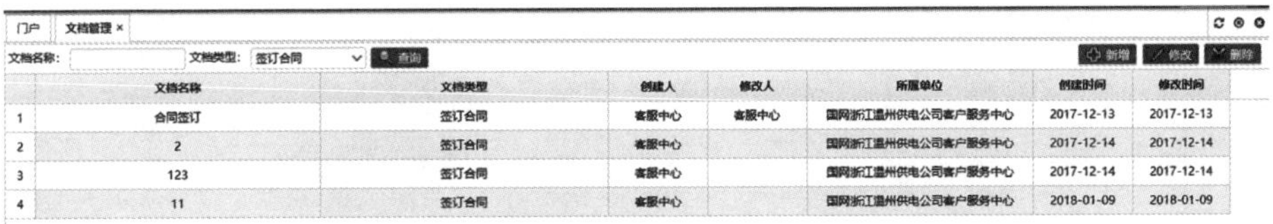

	文档名称	文档类型	创建人	修改人	所属单位	创建时间	修改时间
1	合同签订	签订合同	客服中心	客服中心	国网浙江温州供电公司客户服务中心	2017-12-13	2017-12-13
2	2	签订合同	客服中心		国网浙江温州供电公司客户服务中心	2017-12-14	2017-12-14
3	123	签订合同	客服中心		国网浙江温州供电公司客户服务中心	2017-12-14	2017-12-14
4	11	签订合同	客服中心		国网浙江温州供电公司客户服务中心	2018-01-09	2018-01-09

图 B-15 查询文档信息

六、设备材料管理

【功能描述】：设备材料的功能包含筛选、下载报表功能。

【路径说明】：单击菜单栏的“资料管理”模块→下拉菜单中的“设备材料”，进入设备下载界面，如图 B-16 所示。

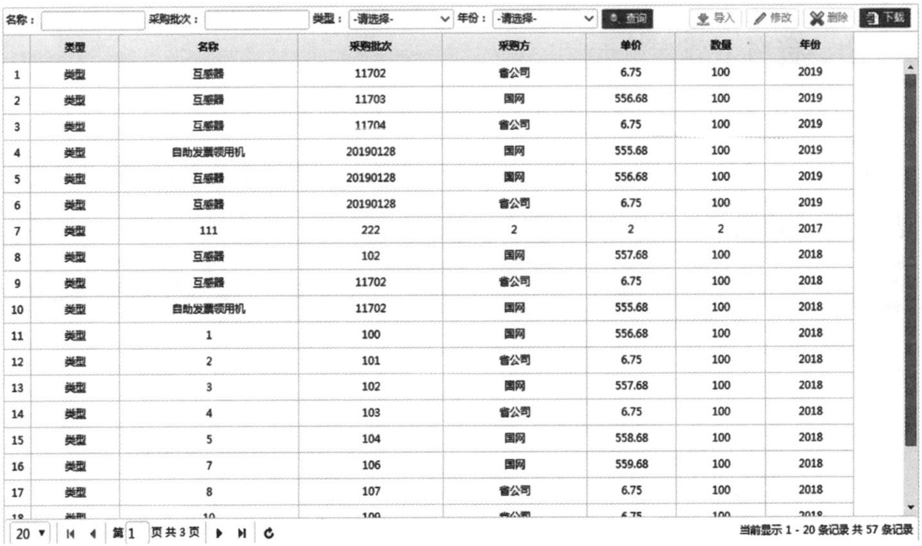

	类型	名称	采购批次	采购方	单价	数量	年份
1	类型	互感器	11702	省公司	6.75	100	2019
2	类型	互感器	11703	国网	556.68	100	2019
3	类型	互感器	11704	省公司	6.75	100	2019
4	类型	自助发票领用机	20190128	国网	555.68	100	2019
5	类型	互感器	20190128	国网	556.68	100	2019
6	类型	互感器	20190128	省公司	6.75	100	2019
7	类型	111	222	2	2	2	2017
8	类型	互感器	102	国网	557.68	100	2018
9	类型	互感器	11702	省公司	6.75	100	2018
10	类型	自助发票领用机	11702	国网	555.68	100	2018
11	类型	1	100	国网	556.68	100	2018
12	类型	2	101	省公司	6.75	100	2018
13	类型	3	102	国网	557.68	100	2018
14	类型	4	103	省公司	6.75	100	2018
15	类型	5	104	国网	558.68	100	2018
16	类型	7	106	国网	559.68	100	2018
17	类型	8	107	省公司	6.75	100	2018

图 B-16 设备下载界面

（一）查询

【功能描述】：查询设备材料信息功能。

【操作说明】：在“设备材料”菜单栏中输入“名称”“采购批次”“类型”“年份”任一信息，单击“查询”按钮，结果如图 B-17 所示。

名称：互感器 采购批次： 类型：-请选择- 年份：-请选择- 查询 导入 修改 删除 下载

	类型	名称	采购批次	采购方	单价	数量	年份
1	类型	互感器	11702	省公司	6.75	100	2019
2	类型	互感器	11703	国网	556.68	100	2019
3	类型	互感器	11704	省公司	6.75	100	2019
4	类型	互感器	20190128	国网	556.68	100	2019
5	类型	互感器	20190128	省公司	6.75	100	2019
6	类型	互感器	102	国网	557.68	100	2018
7	类型	互感器	11702	省公司	6.75	100	2018
8	设备	互感器	102	国网	557.68	100	2018
9	设备	互感器	11702	省公司	6.75	100	2018

图 B-17 查询设备材料信息

（二）导出

【功能描述】：导出设备材料功能。

【操作说明】：单击“设备材料”菜单栏的“下载”按钮，即可导出当前设备材料内容。

七、资料下载

【功能描述】：资料下载的功能包含筛选、下载资料功能。

【路径说明】：单击菜单栏的“资料管理”模块→下拉菜单中的“资料下载”，进入资料下载界面，如图 B-18 所示。

文档名称： 年份：-请选择- 查询 新增 修改 删除

	文件名称	上传时间	大小	发文单位	下载次数
1	营销项目全过程管控评价需求规格说明书-第二版1.17-绿	2019-01-28	1.01MB		1
2	浙电营〔2018〕736号 国网浙江省电力有限公司关于下发营销项目计价依据（2018年版）的通知	2019-01-24	26.3KB	省公司	13
3	测试2	2019-01-23	180.2KB	2312	2
4	测试1	2019-01-23	11.6KB	123	1
5	建设改造	2019-01-22	80.5KB		2
6	test资料下载	2019-01-22	84.5KB	发文单位	3
7	sql	2019-01-15	1.5KB		2
8	大文件test	2019-01-14	9.48MB		3

图 B-18 导出设备材料

（一）查询

【功能描述】：查询投入项目信息功能。

【操作说明】：在“资料下载”菜单栏中输入“文档名称”“年份”任一信息，单击“查询”按钮，结果如图 B–19 所示。

	文件名称	上传时间	大小	发文单位	下载次数
1	营销项目全过程管控评价需求规格说明书-第二版1.17-绿	2019-01-28	1.01MB		1
2	浙电营〔2018〕736号　国网浙江省电力有限公司关于下发营销项目计价依据（2018年版）的通知	2019-01-24	26.3KB	省公司	13
3	测试2	2019-01-23	180.2KB	2312	2
4	测试1	2019-01-23	11.6KB	123	1
5	建设改造	2019-01-22	80.5KB		2
6	test资料下载	2019-01-22	84.5KB	发文单位	3
7	sql	2019-01-15	1.5KB		2
8	大文件test	2019-01-14	9.48MB		3

图 B–19　查询投入项目信息

（二）导出

【功能描述】：导出资料功能。

【操作说明】：单击“资料下载”菜单栏的文件名称，即可下载该文档。

附录C　经法系统操作手册

一、经法系统登录方式

1. 目录单击登录

登录公司门户系统，单击用户登录，如图C-1所示。

图C-1　用户登录

如图C-2所示，企业门户登录成功后，在用户业务系统导航单击“一级部署经济法律”，进入经法系统，如图C-3所示。

图C-2　用户业务系统导航

2. 直接从经法系统网址登录

登录地址为http：//10.1.150.246：9001/sglaw/bsp/jsp/login.jsp，输入用户名及密码，单击“登录”进入系统首页（说明：其中用户名为经法独立8位数字账号或门户账号，密码为门户登录密码），如图C-4和图C-5所示。

图 C-3 经法系统界面

图 C-4 用户登录界面

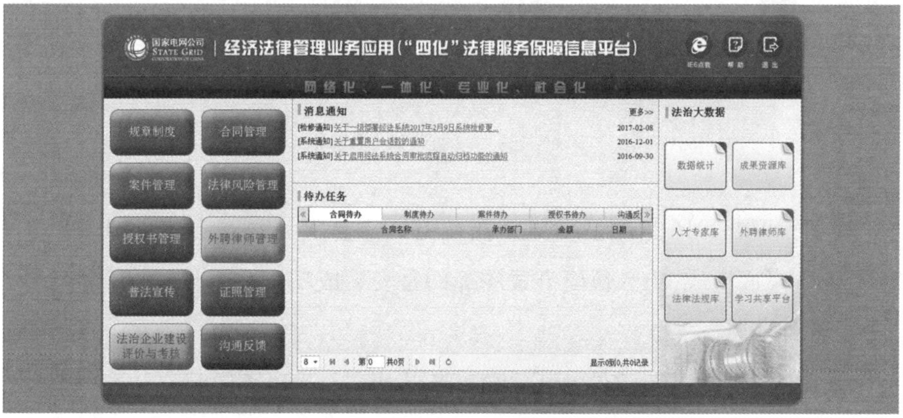

图 C-5 经法系统界面

二、合同起草前期准备工作

1. 文本编辑器检查

使用统一合同文本起草合同时，用户计算机需安装 WPS2016 版办公软件、OFFICE 软件（计算机系统自带即可）。WPS2016 版下载地址：登录国家电网有限公司企业门户网站（http：//portal.sgcc.com.cn），如图 C-6 所示。

图 C-6　国家电网有限公司企业门户网站

单击“服务之窗”，如图 C-7 所示。服务之窗中第一个即为 WPS2016 版，下载安装即可。

图 C-7　服务之窗界面

提示：WPS2016 采用后台默认安装方式进行安装，双击运行即可，等待 2 ~ 3min，桌面生成 WPS 快捷方式图标即是安装成功。

2. 控件安装

（1）安装经法系统控件 (NtkoOfficeControlSetup.msi)。说明：此控件主要作用是在系统内加载合同模板及后期二维码生成。此控件可在第一次使用系统过程中依据提示下载：①选择任意合同类型，如图 C-8 所示；②选择任意统一合同文本，在弹出页面会提示控件下载，单击黑色字体“下载”，如图 C-9 所示。

图 C-8　控件下载提示界面

图 C-9　控件下载提示界面

单击至合同管理→业务手册管理→业务手册下载，选择第一个 NtkoOfficeControlSetup.msi 下载安装运行即可，如图 C-10 所示。

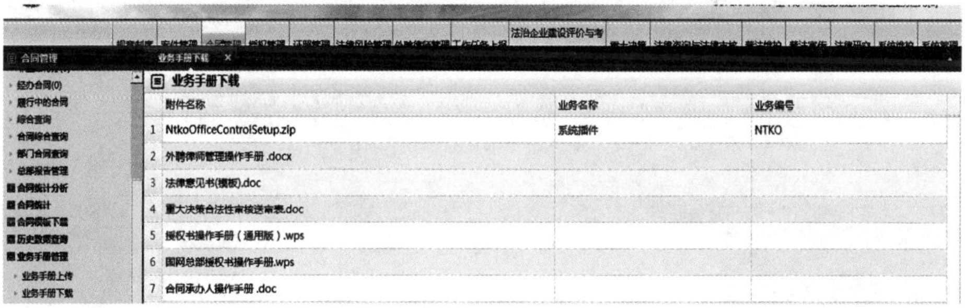

图 C-10　下载安装运行界面

双击运行已下载的控件，默认安装即可，如图 C-11 所示。

（2）控件校验。若控件安装成功后，系统依然提示安装控件，则需要设置浏览器的安全级别。WPS2016、经法控件、浏览器安装并设置完毕后，可再次登录到系统中确认控件是否安装成功，成功加载页面如图 C-12 所示。

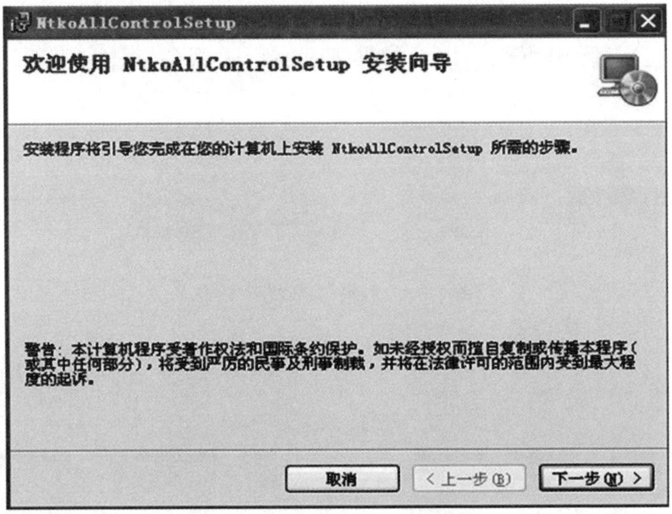

图 C-11　安装向导界面

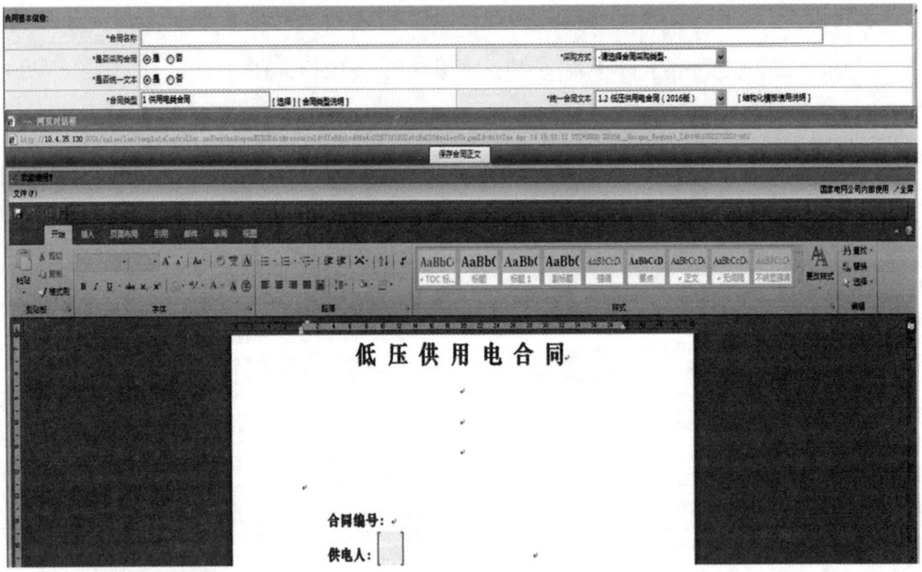

图 C-12　系统安装确认界面

3. 起草信息维护—合同对方信息维护

为加强项目和预算的统一管理，避免录入数据不规则、多头录入、数据重复等问题，将合同对方信息的维护功能单独设置菜单，如图 C-13

所示。

合同起草人员都可以维护合同对方信息。合同起草界面的合同对方信息新增功能去掉，不允许在起草界面手工新增合同对方信息。

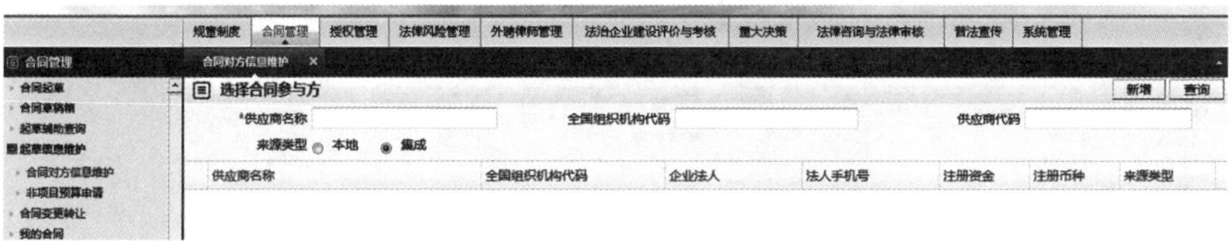

图 C-13　合同对方信息维护界面

在合同对方信息维护菜单中，菜单功能包括新增、查询、编辑与查看，单击“新增”进入供应商信息新增菜单，供应商名称为必填字段，其他字段为选填项。其中供应商新增页面最下方为供应商资质附件上传模块，用户可以上传“营业执照”“法人代表身份证明”等相关资质附件，如图 C-14 所示。

图 C-14　编辑合同对方信息界面

三、合同起草

单击“合同起草”菜单进入合同起草主页面，如图 C-15、图 C-16 所示。

用于合同承办人起草的合同，起草后可以将合同保存到草稿箱，也可将合同按照所选流程送审。

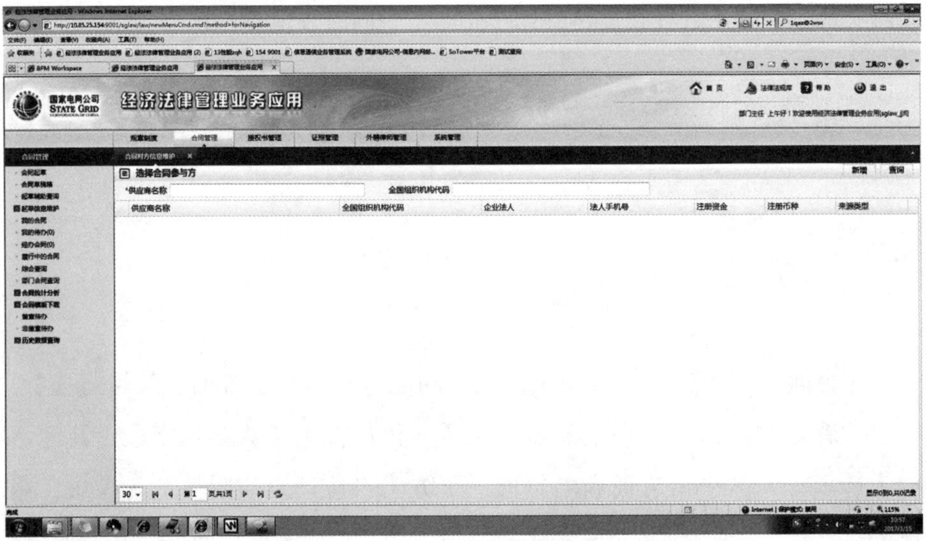

图 C-15　合同起草界面

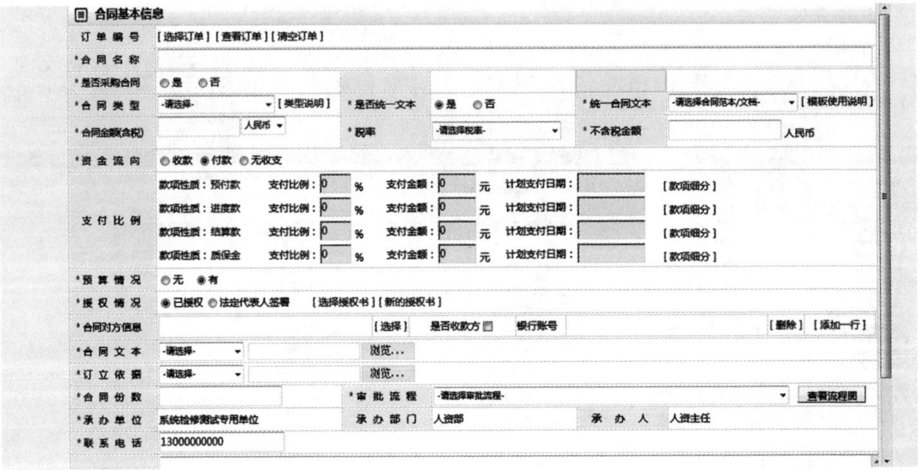

图 C-16　填写合同基本信息界面

如图 C-15 所示，起草页面左上角提示“前面标有 * 的项为必填项”，若标有 * 号的未填写或未选择，合同会在送审时进行相关校验，并进行提示。另外，合同起草时只填写“合同名称”就可以保存，但送审必须将所有的必填项填写完整。

1. 使用统一合同文本起草合同

即使用国家电网有限公司制定的统一合同文本起草合同。

（1）统一文本线上编辑。订单编号：字段承办人可手工选择订单，系统根据选择的订单自动填充合同相关内容。如合同不是集成类合同，此项菜单不需维护，如图 C–16 所示。

合同名称：填写合同名称(注：@、^、&、$、!、<、> 等属于特殊字符合同名称不允许填写)。

是否采购合同：如果是采购合同需要在“采购方式”处选择对应的采购方式，其中“采购方式”如果选择“招标”，需承办人维护中标时间。

是否统一文本：选择“是”使用国家电网有限公司提供的合同范本，选择“合同类型”及对应的“统一合同文本”，如图 C–16 所示。

统一合同文本选择后会自动弹出界面并加载出对应合同模板，黄色部分可以编辑，编辑完成后单击正上方的保存合同文本按钮，提示保存成功即可；已保存的统一文本会显示在“正本及附件”模块，文本名称获取的是已填写的合同名称；在“正本及附件”模块单击统一合同文本的文本名称可以在线打开文本进行再次编辑，如图 C–17 和图 C–18 所示。

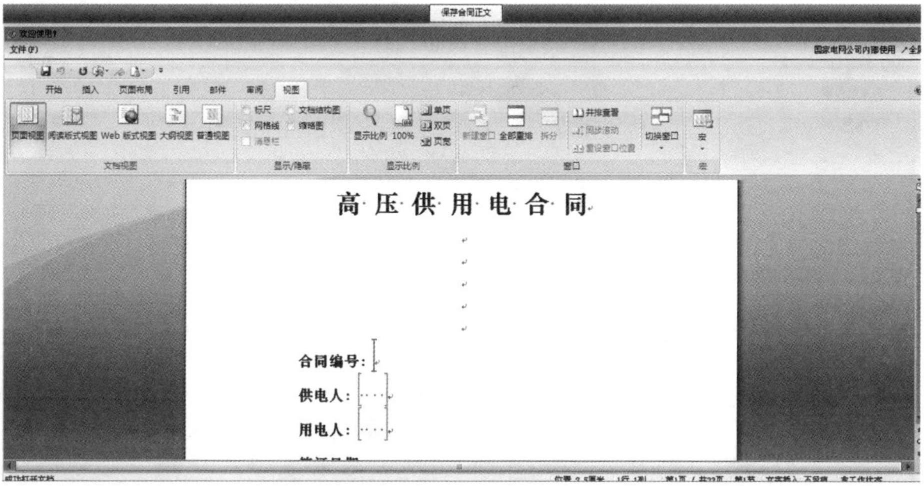

图 C–17　合同正文整理界面

图 C-18　正本附件整理界面

合同金额：根据合同签订情况，填写合同金额，如图 C–16 所示。

税率：根据合同签订情况，选择合同税率，如图 C–16 所示。

不含税金额：根据合同金额和税率自动计算得出（可手工进行修改），如图 C–16 所示。

资金流向：分为收款、付款、无金额（选择“无金额”系统会自动置灰“合同金额”选项），如图 C–16 所示。

合同对方信息查询：单击“选择单位”，根据供应商名称来查询单位信息，选中查询到的供应商信息，单击确定后即可，如图 C–19 ~ 图 C–21 所示。

图 C–19　查询供应商信息界面

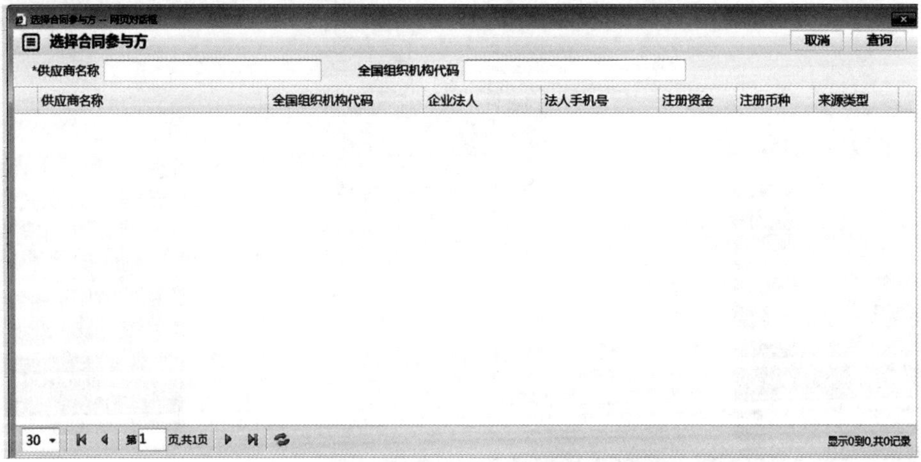

图 C–20　选择供应商信息界面

供应商信息查询页面，如图 C–21 所示。

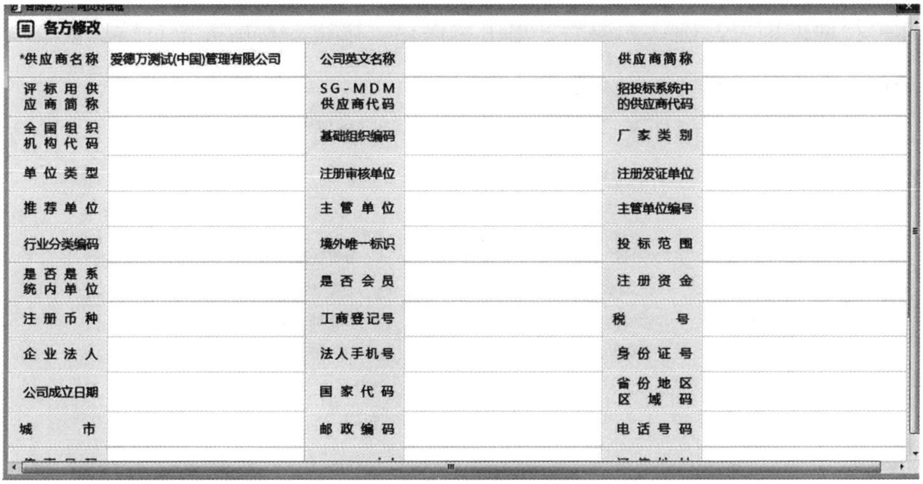

图 C–21 供应商信息查询页面

是否收款方选择，如图 C–22 所示。

图 C–22 收款方选择界面

勾选“是否收款方”后，系统会弹出选择供应商银行信息页面，如图 C–23 所示。

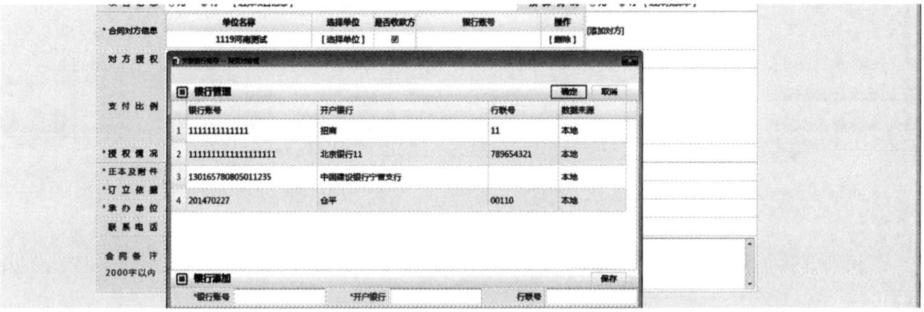

图 C–23 供应商银行信息页面

银行管理：已保存的供应商银行信息页面，选中单击确定即可，如已提供的供应商银行信息有误，可自行添加银行信息，在最下方输入银行账号、开户行地址即可，确认无误后，单击“保存”按钮，新增的银行信息会自动保存入银行管理页面，再次选中即可。

支付比例：此模块为选填项，根据实际需求填写款项细分即可（注：支付比例之和相加需为 100%），如图 C–24 所示。

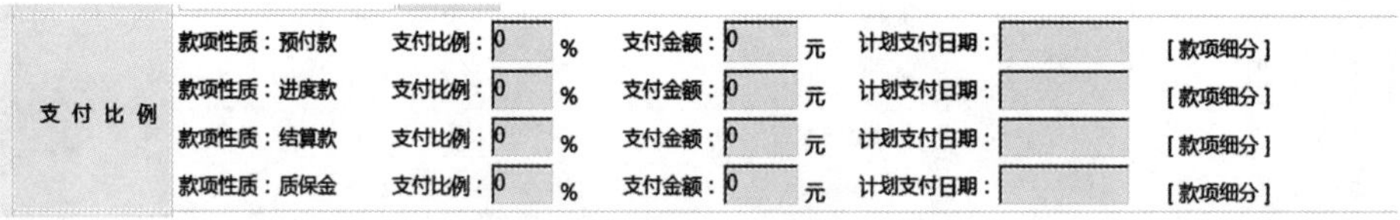

图 C–24　填写款项细分界面

授权情况：授权情况分为已授权和法定代表人签署，如图 C–25 所示。

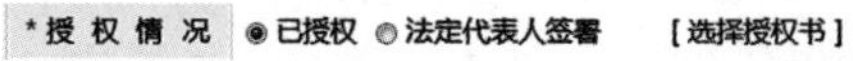

图 C–25　授权情况选择界面

已授权：需要选择对应的授权书，单击“选择预算书”，系统会弹出授权书页面，如图 C–26 所示。

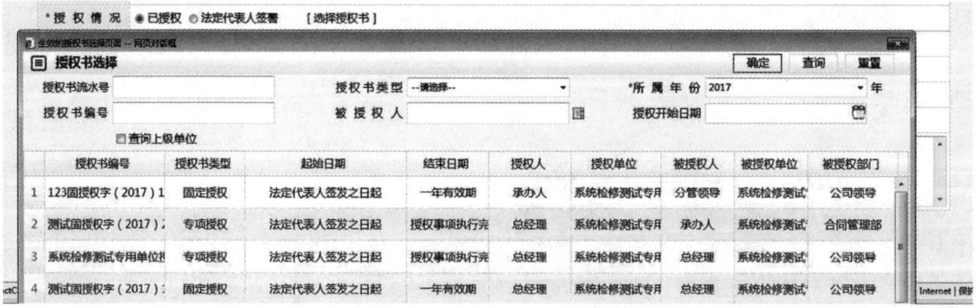

图 C–26　授权书选择页面

选择对应的授权书（公司分管领导或部门主任），单击“确定”即可，如图 C–26 所示。

法定代表人签署：“选择授权书”选项会自动屏蔽，无须授权，法人直接签署，如图 C-25 所示。

授权书列表中的信息是由负责授权书的相关人员在授权书管理模块进行定期维护。

正本及附件：如使用统一合同文本起草合同，当合同范本保存后，合同正本自动保存到此模块，无须手工本地上传合同正本，此模块可上传其他与合同相关的附件。如使用非统一合同本文起草合同，需在此处手工上传本地合同正本及附件，如图 C-27 所示。

图 C-27 上传本地合同正本及附件界面

订立依据：订立依据为必填选项，单击“增加一行”根据所上传的依据文件，选择对应的依据类型，单击“浏览”，在本地找到对应的上传依据文本即可。如有多个依据可以逐一上传，如图 C-28 所示。

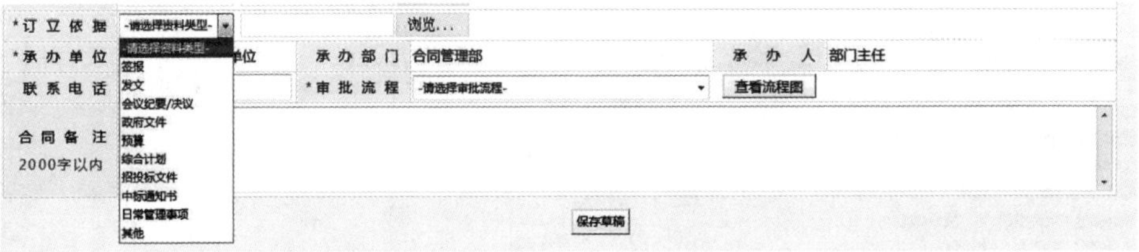

图 C-28 填写订立依据界面

承办人基本信息：

承办单位：系统自动获取承办人所在单位的单位名称，如图 C-28 所示。

承办部门：系统自动获取承办人所在部门的部门名称。

承办人：系统自动获取承办人姓名。

联系电话：手工维护（自动获取上一次所填写的联系电话）。

审批流程：审批流程是指根据合同实际情况选择对应的合同审批流程，

如图 C–28 所示。

查看流程图选项：可以预览合同审批流程，如图 C–28 所示。

合同备注：针对合同签订情况加以说明，如图 C–28 所示。

合同送审及保存：确认无误后单击“保存草稿”或“选择会签部门”，如图 C–29 所示。

保存草稿：可以进行临时保存，保存后的合同可以到合同管理页面中的合同草稿箱中查找，可以对已保存的合同基本信息进行修改或删除操作。

选择会签部门：送往流程中的各个环节进行审批。

图 C–29　合同送审及保存界面

将需要会签的相关部门从可选部门列表中双击添加至已选部门列表中即可，在合同流转中，会将合同传送至已选部门列表中的各个相关业务部门进行会签。会签部门选择完毕后，单击“送审”按钮，如图 C–30 所示。

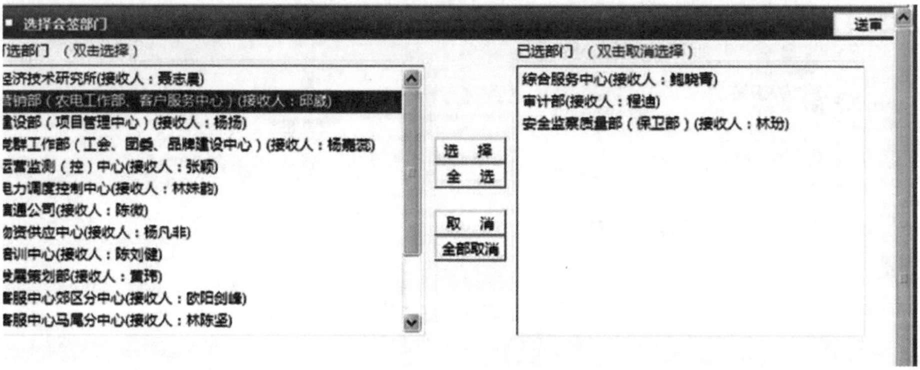

图 C–30　选择会签部门界面

单击送审按钮后，进入承办部门内部会签页面，将起草完毕的合同发送至部门内部进行承办部门内部会签。

（2）统一文本线下编辑。统一合同文本可以直接在合同起草界面打开在线填写，也可以把统一文本下载到本地桌面，在线下编辑然后上传到系统。

下载位置：合同管理模块—合同模板下载—国家电网有限公司总部统一合同文本—选择需要下载的合同类型—单击“查询”按钮，系统会查询出该类型下的所有合同模板，查询到对应的范本后，左键单击会提示下载选项。下载完成后打开，在指定的区域内填写合同内容，如图 C-31 所示。

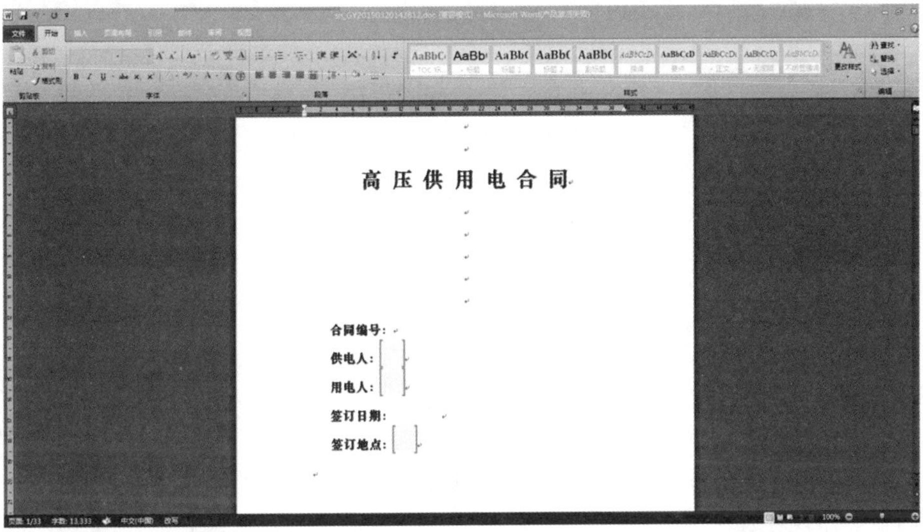

图 C-31　填写合同内容界面

上传到系统：填写合同名称及其他基本信息。“是否统一合同文本”选择“是”，选择相关模板，模板加载成功后，单击窗口“文件”按钮选择“打开”，打开本地编辑好的合同文本，会将合同模板覆盖成已填写完毕的合同文本。单击“保存合同正文”即可，如图 C-32 所示。

其他信息填写方法同统一文本在线编辑的操作方法。

2. 使用非统一合同文本起草合同

非统一文本说明：承办人所使用的合同由其他来源的模板制作而成。

合同基本信息：“是否统一合同文本”选择“否”，系统中会自动屏蔽掉“统一合同文本”选项，只需选择“合同类型”即可。

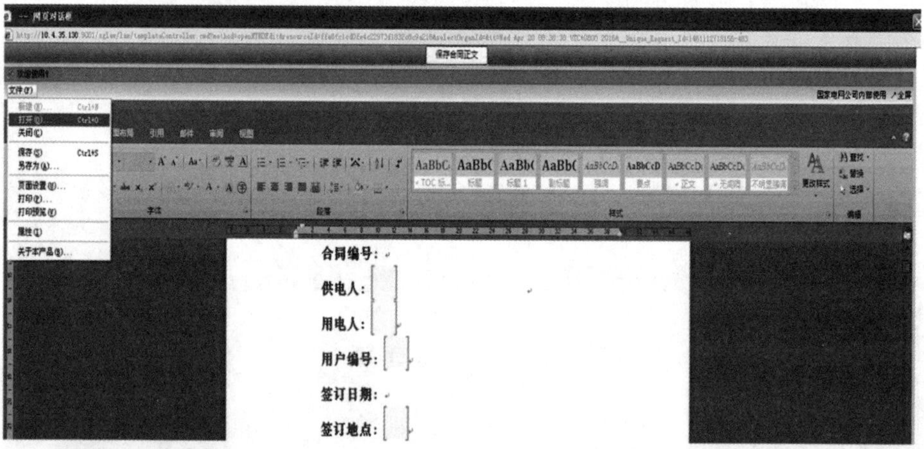

图 C-32　填写合同基本信息界面

在“正本及附件”的位置选择文本类型，选择“浏览”然后选择本地文件，选择完毕后系统自动上传，如图 C-33 所示。

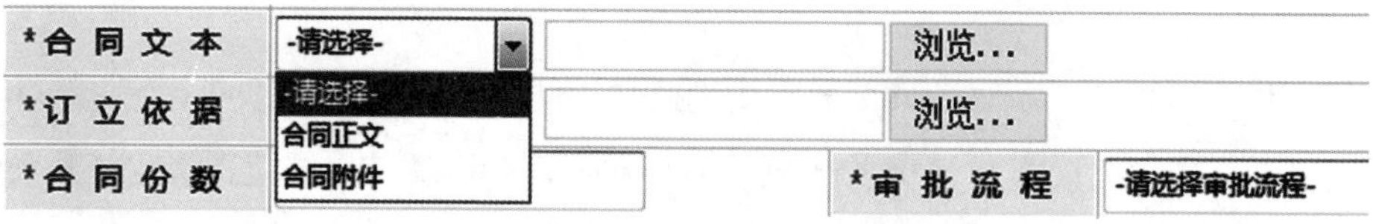

图 C-33　上传合同到系统界面

非统一合同文本起草合同与统一文本起草合同除上传方式不同以外，其他操作相同。

四、合同流转

承办人在经法系统中的操作不仅仅是承办合同，还会参与合同流转，例如，承办人将合同起草完毕后送审到承办部门内部会签，承办人确认、合同审核、合同回退修改、合同催办、合同回收、合同作废、合同回退草稿、合同生成、合同生效等。

1. 合同送审

合同承办单位的审批流程有“相关业务部门会签”环节：合同起草完毕后再起草页面的最下方有两个按钮为“选择会签部门”和“保存草稿”，单击“选择会签部门”，会弹出选择会签部门的窗口，如图 C-34 和图 C-35 所示。

图 C-34　选择会签部门界面

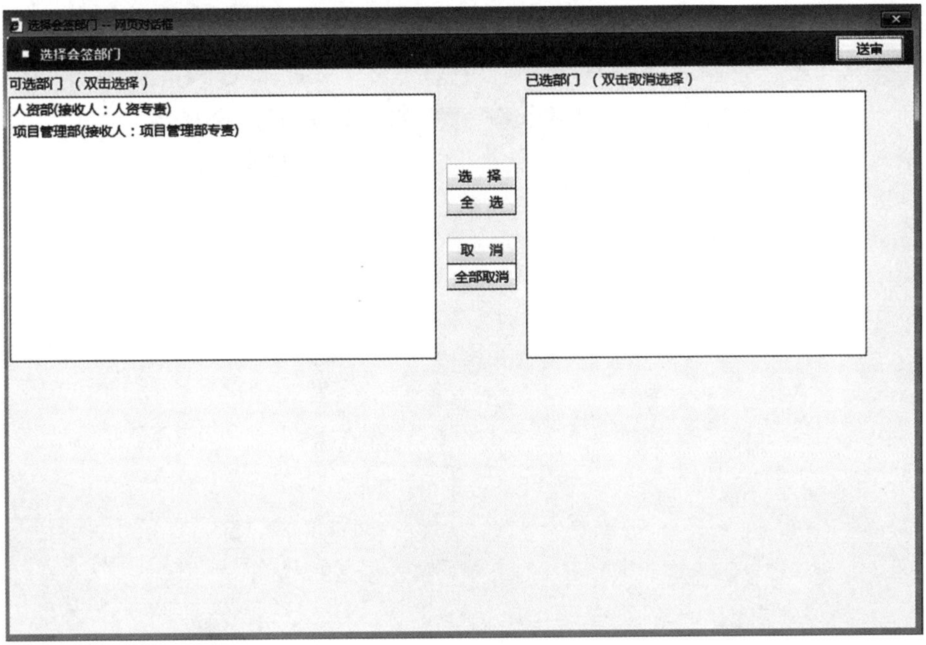

图 C-35　选择会签部门界面

在选择会签部门的窗口，可选部门中不包含合同审批流程中已固化的部门，如图 C-36 所示，即物资部、财务部、法律部、公司领导。另外，选择会签部门时不能选择承办部门。如果不需要选择相关业务部门，承办人可以直接单击“送审”选择承办部门内部人员审核，如图 C-37 所示。

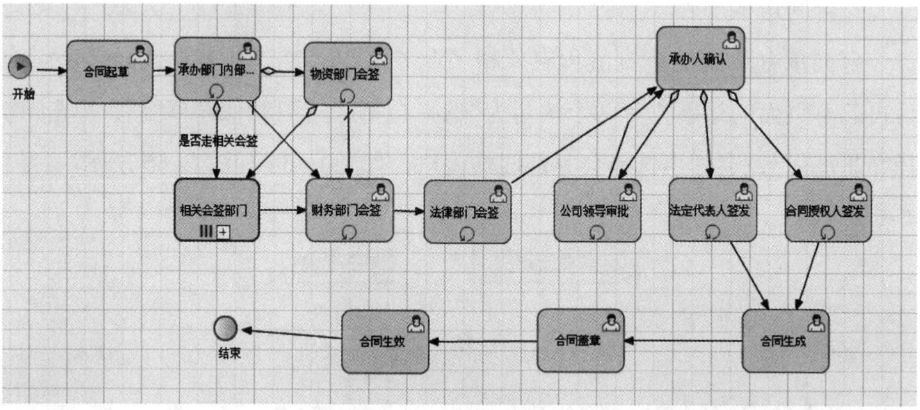

图 C-36　承办人送审流程

图 C-37　选择承办部门界面

合同承办单位的审批流程无“相关业务部门会签”环节：合同起草完毕后再起草页面的最下方有两个按钮为“送审”和“保存草稿”，单击送审，如图 C–38 所示，会弹出选择承办部门内部人员的窗口（如图 C–37 所示）。

图 C–38　送审提交界面

2. 承办人确认

承办人确认流程如图 C–39 所示。

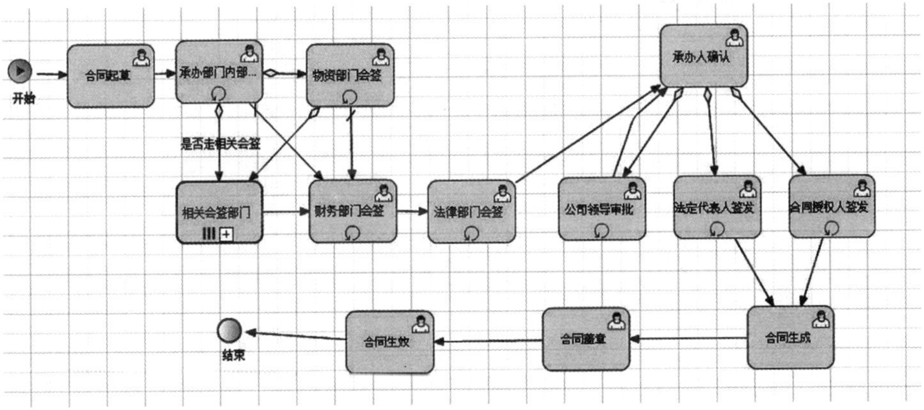

图 C–39　承办人确认流程

在承办人确认环节的会签页面只有一个按钮为“承办人确认”，如图 C–40 所示；系统允许在此环节不填写会签意见直接发送至下一审批环节。“承办人确认”环节后有三个环节为“公司领导审批”“法定代表人签发”“合同授权人签发”，如图 C–41 所示。当承办人单击“承办人确认”按钮后会弹出选择会签环节的窗口，根据业务需求，选择相应的会签环节图，如图 C–42 所示。说明：如果选择“公司领导”审批环节，当领导审批完成后需要发送至“承办人确认”环节，承办人选择“法定代表人签发”或“合同授权人签发”环节。

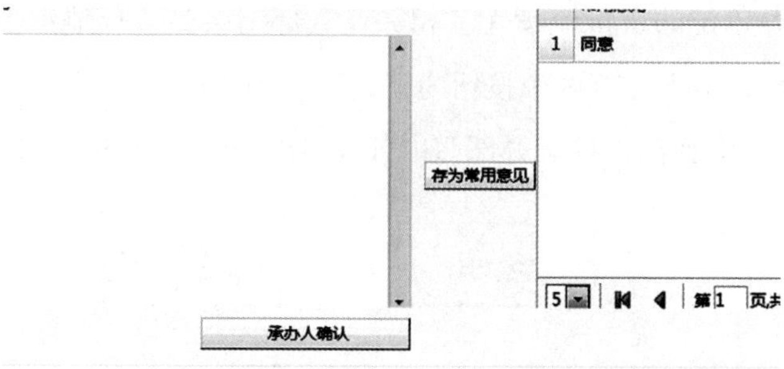

图 C-40　承办人确认页面

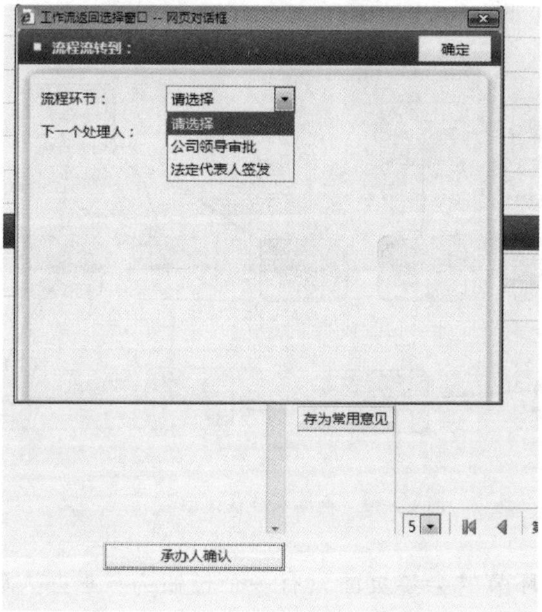

图 C-41　承办人选择界面

3. 合同生成

此环节是实现对合同的合同正本及合同附件生成二维码、文件加密及合同流转单导出的操作。

此环节的会签页面有三个按钮，分别为“导出流转单”“生成合同文本”“完成会签”，如图 C-42 所示。

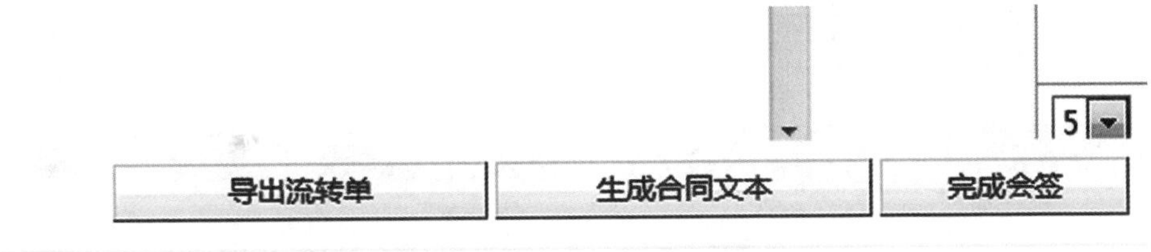

图 C-42 会签页面界面

导出流转单：将合同流转单导出到本地。此处导出的流转单为简版的流转单，即为各环节终审人的会签意见单。合同流转单还可以在经办合同中导出。具体操作：进入经办合同→查询需要导出流转单的合同→单击导出流转单或导出流转单明细（导出流转单明细：包含各个合同审核人审批意见的流转单）。

生成合同文本：在合同正本及合同附件的每页左上角生成二维码并且把文档进行加密处理，如图 C-43 所示。说明：只生成 WPS 文档和 WORD 文档，其他格式文档不能生成二维码；合同二维码扫描结果为合同编号。

完成会签：将合同发送至下一环节。

图 C-43 合同二维码

因为合同流转单在任何时候均可在“经办合同”菜单中导出，所以建议承办人在此环节直接单击“生成合同文本”按钮，二维码生成后系统自动将合同发送至下一审批环节。

若在此环节未生成二维码，承办人可在“我的合同”菜单中单击需要生成二维码的合同，单击“生成二维码”即可。

4. 合同生效

合同处于生效环节并不代表合同已经生效，在此环节承办人需要填写合同的签订日期及合同生效日期，然后单击“确定合同成立”按钮后合同正式流转完毕，如图 C-44 所示。

图 C-44 合同生效界面

5. 合同作废

撤销当前流转中的合同，由承办人进行操作。

操作方法：登录承办人账号→合同管理→查询出需要作废的合同→单击合同作废，进行作废合同，作废后合同状态变为“已作废”，如图 C-45 所示。

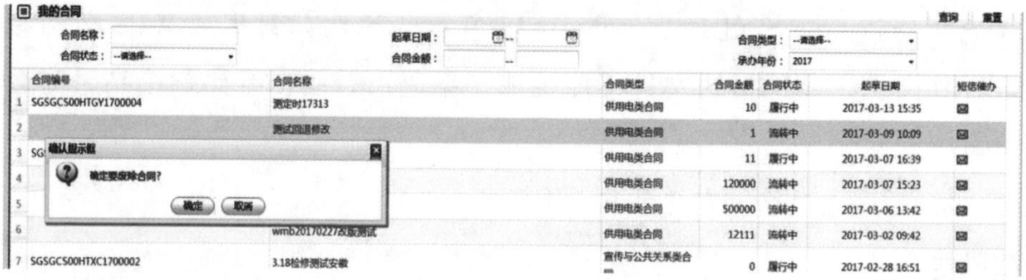

图 C-45 作废合同界面

6. 合同回退修改

审核或会签人员审核后，认为合同有需要修改的地方，将合同发送给合同承办人进行修改。处于回退修改环节的合同，承办人可以修改合同基本信息、追加相关业务部门会签。

修改信息操作方法：承办人打开待办任务→打开基本信息页面→修改合同信息→保存，如图 C-46 所示。

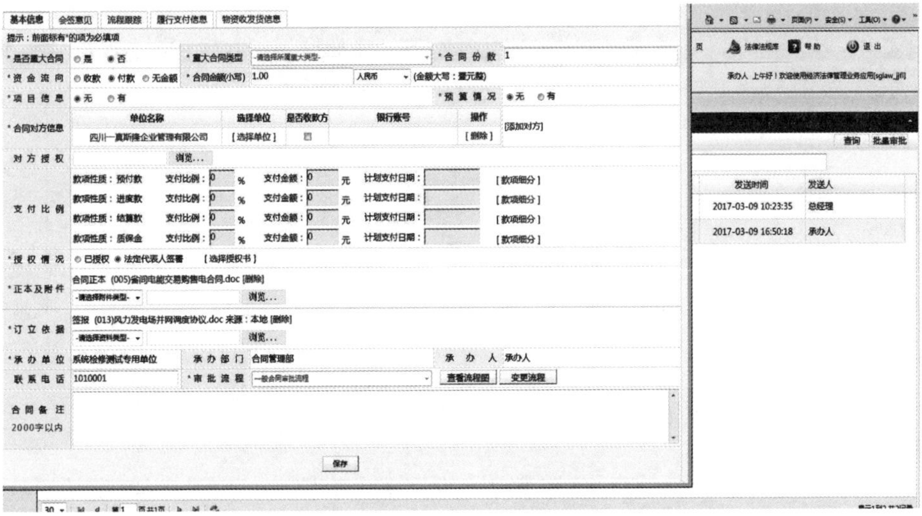

图 C-46 合同回退修改界面

打开会签意见页面→填写会签意见→返回上一审核人，如图 C-47 所示。

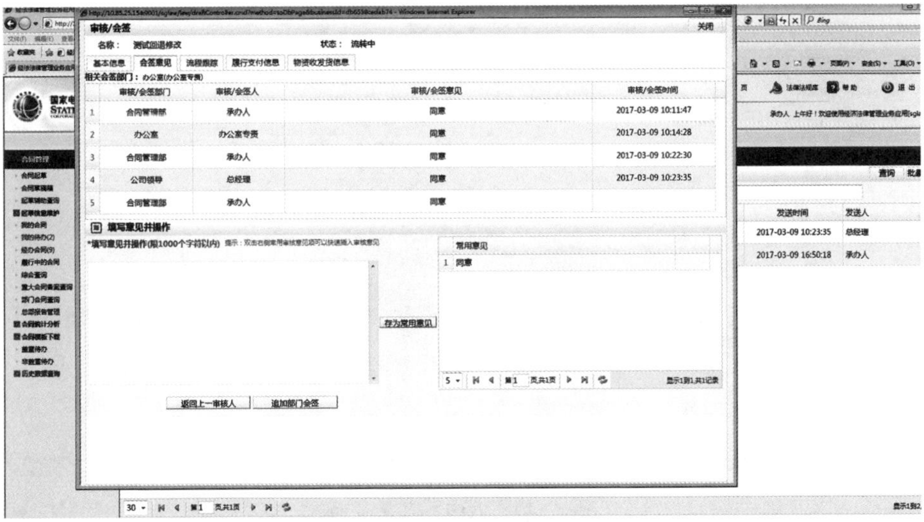

图 C-47 会签意见页面

追加会签部门操作方法：承办人打开待办任务→进入会签意见页面→单击追加会签部门→选择会签部门→送审，如图 C-48 所示。

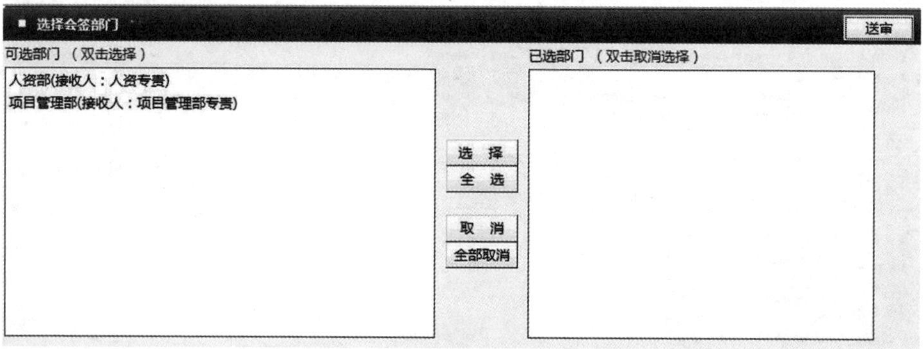

图 C-48　追加会签部门操作界面

返回签意见页面→填写会签意见→返回上一审核人，如图 C-49 所示。

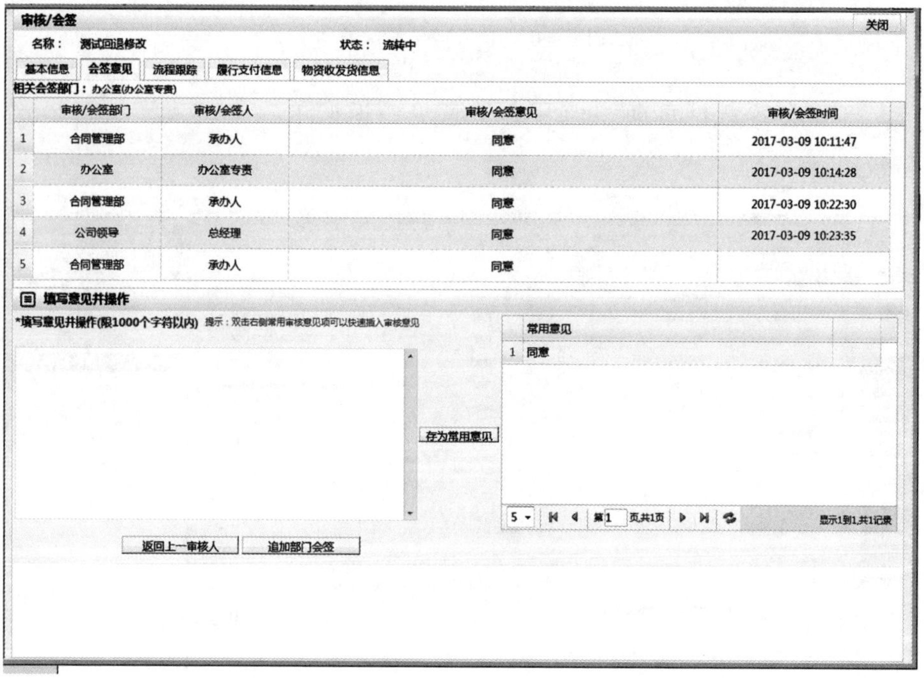

图 C-49　返回签意见页面

7. 合同催办

在承办人“我的合同”菜单中找到需要催办的合同，单击 合同催办 ，进行催办，催办信息将在当前审核人的首页显示，如图 C-50 所示。

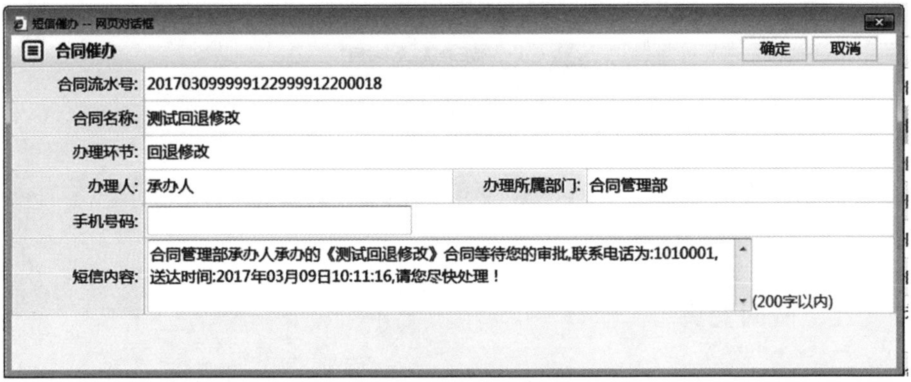

图 C-50　合同催办界面

8. 合同退回到草稿箱

承办人可以将处于流转中的合同回退到草稿箱重新编辑送审，也可以直接删除，回退草稿箱的操作会将合同的流程跟踪、代办任务、经办合同记录全部清空。

操作方法：承办人进入“合同管理”→“我的合同”→查询出需要回退的合同→单击 合同回退到草稿 。

注意：此操作需要谨慎使用，如果操作失误导致合同回退到了草稿箱，系统无法恢复。

9. 合同回收

选择一条流转中的经办合同，单击 合同收回 ，可以收回到待办中重新审批，提示：

（1）在下一环节或者下一审核人未处理前，合同可以收回，若下一审核人已经处理，则会提示无法收回，如图 C–51 和图 C–52 所示。

（2）承办人起草完毕送审后无法回收起草环节、与“相关业务部门会签”环节相邻的环节无法执行回收操作、合同生成后无法收回。

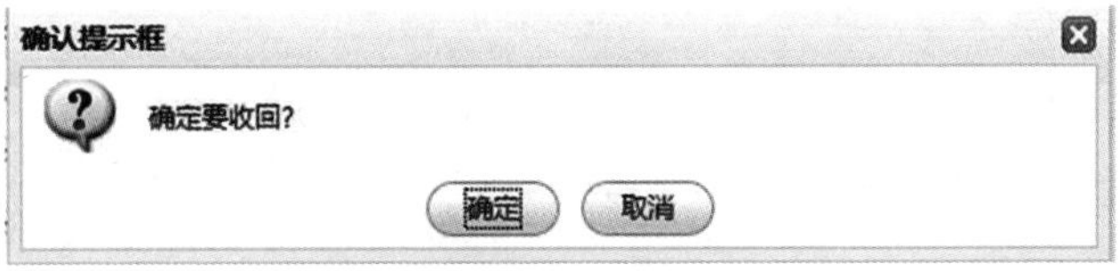

图 C-51　合同收回提示界面

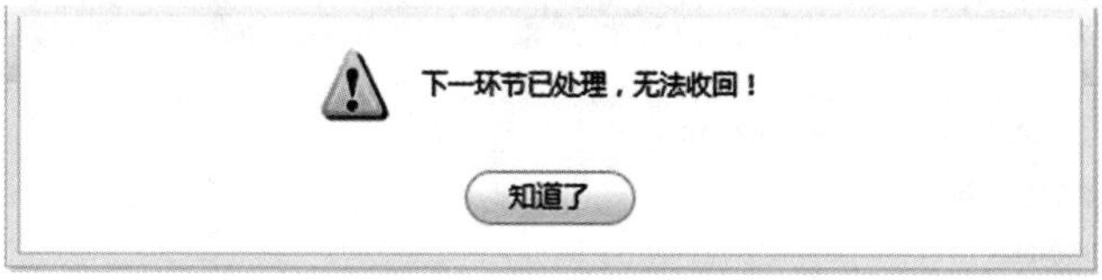

图 C-52　无法收回提示界面

五、合同变更

在“我的合同”菜单中单击需要进行变更的合同，单击 合同变更 进入合同变更页面，合同变更的基本信息会自动加载出原合同信息，但其中不包括“正本及附件”模块(如图 C-53 所示)，新增“合同变更信息”模块(如图 C-54 所示)。对于变更过的合同，单击合同变更，会弹出提示，如图 C-55 所示；对于转让过的合同，单击合同变更，会弹出提示，如图 C-56 所示。

变更合同的基本信息修改完成后，选择审批流程送审即可。审批操作和正常起草合同审批操作相同。

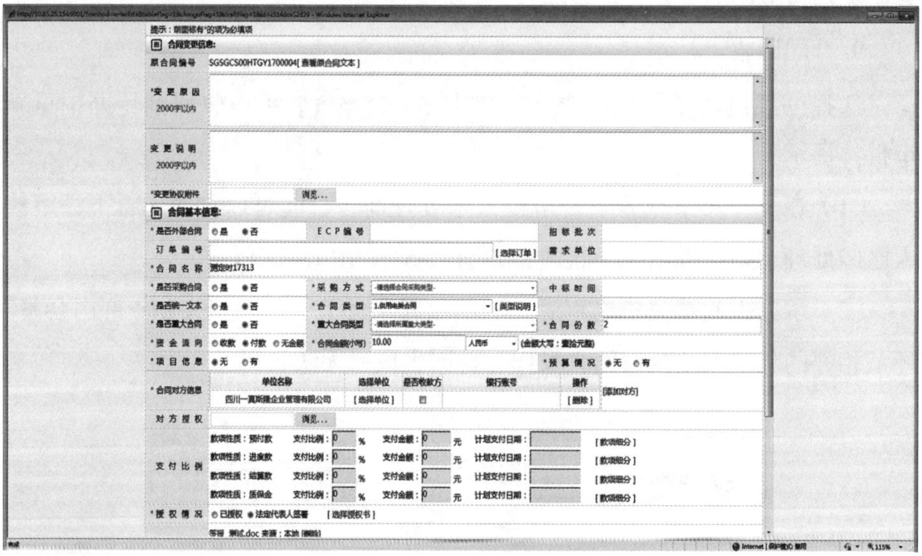

图 C-53　合同变更的基本信息界面

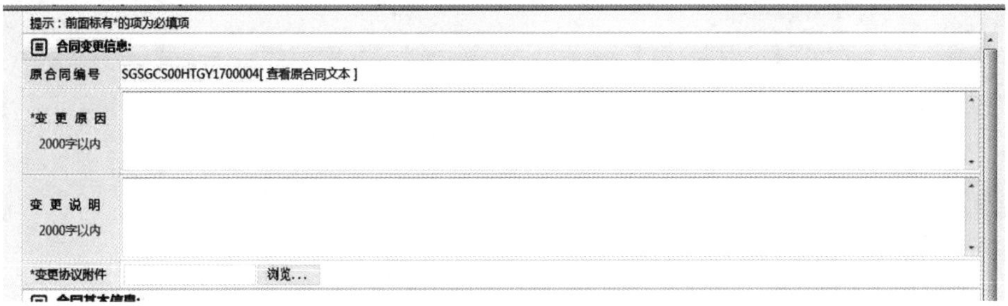

图 C-54　合同变更界面

图 C-55　再次变更提示界面

图 C-56　已转让的合同进行变更提示界面

六、合同转让

在“我的合同”菜单中单击需要进行转让的合同，单击 合同变更 ，将弹出转让合同页面，如图 C-57 所示。可以选择“部分转让”或“全部转让”，“部分转让”或“全部转让”原合同信息保留，新增“合同转让信息”，取消“正本及附件”模块。已经转让或变更过的合同，单击 合同变更 ，会弹出提示，如图 C-58、图 C-59 所示。

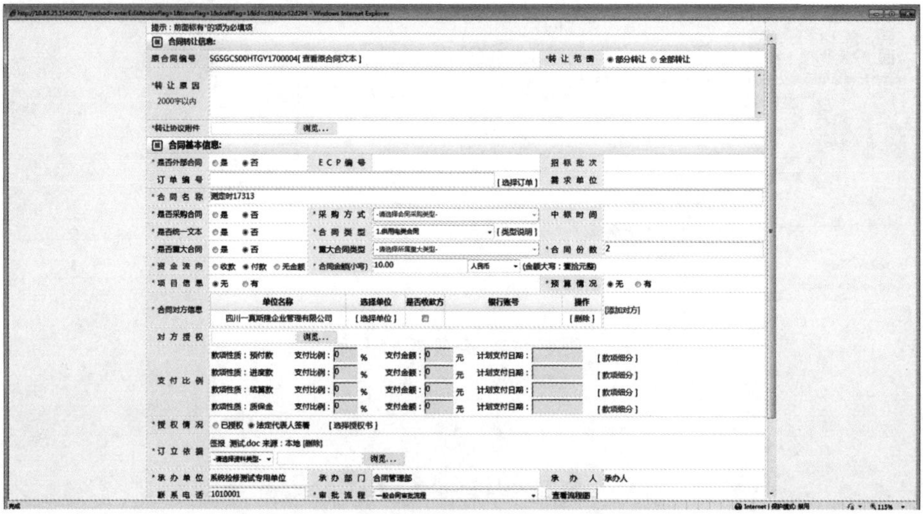

图 C-57　合同转让界面

图 C-58　转让提示界面

图 C-59　已变更合同转让提示界面

七、合同终止

合同终止分为履行完毕和解除。在“我的合同”菜单中单击需要操作的合同，单击 合同终止 ，会弹出合同终止申请页面，可以进行“履行完毕”和“解除”操作，在终止处选择“履行完毕”，单击“确定”，则合同状态将变为

“已履毕”；在终止处选择“解除”，填写终止原因和上传相关文档后，单击“确定”，如图 C-60、图 C-61 所示。

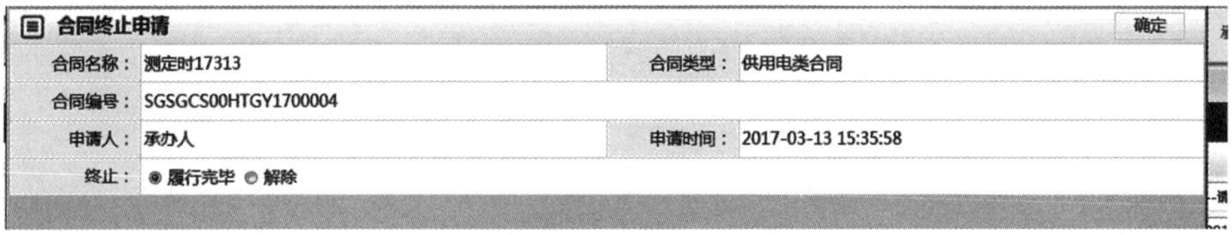

图 C-60　合同履行完毕界面

图 C-61　合同解除界面

八、合同履行信息填写

当合同审批流程结束后合同在经法系统中为已生效的状态，可以在 履行中的合同 中查询到相关记录。单击可以执行相关操作，如图 C-62 所示。

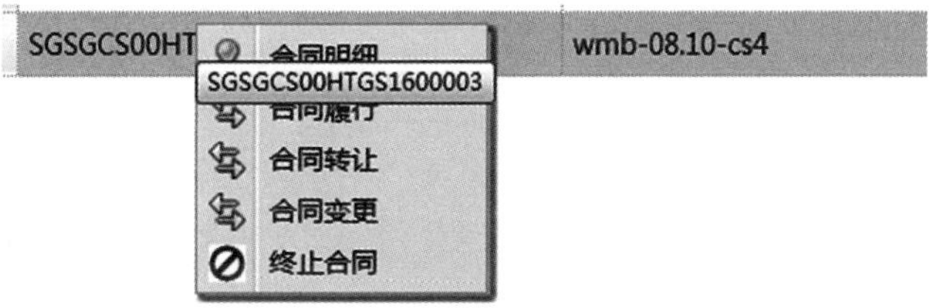

图 C-62　查询履行中的合同界面

单击“合同履行”进入履行信息填写界面，如图 C-63 所示。

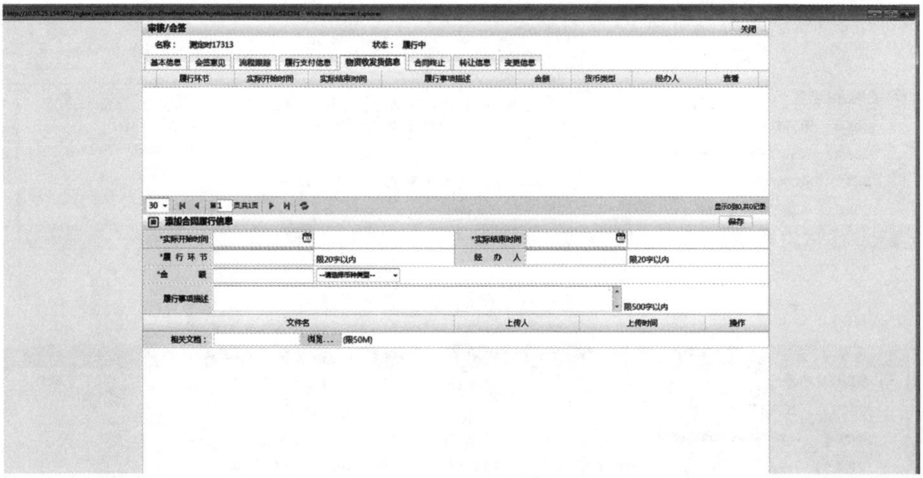

图 C-63　履行信息填写界面

履行信息添加完，单击“保存”，信息将添加到页面上方列表中，单击“查看附件”，可以查看添加合同履行信息时上传的附件，在查看附件页面，单击“下载”可以下载附件，保存并查看，如图 C-63 和图 C-64 所示。

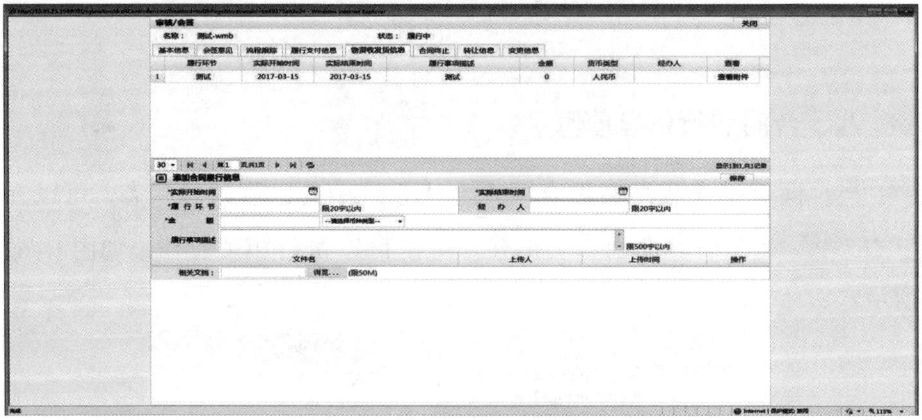

图 C-64　合同明细—履行信息界面